Constituições Estaduais e a Ordem Econômica
Autonomia e Limites dos Estados

FERNANDA GURGEL RAPOSO

CONSTITUIÇÕES ESTADUAIS E A ORDEM ECONÔMICA

AUTONOMIA E LIMITES DOS ESTADOS

PACO EDITORIAL

Conselho Editorial

Profa. Dra. Andrea Domingues
Prof. Dr. Antônio Carlos Giuliani
Prof. Dr. Antonio Cesar Galhardi
Profa. Dra. Benedita Cássia Sant'anna
Prof. Dr. Carlos Bauer
Profa. Dra. Cristianne Famer Rocha
Prof. Dr. Cristóvão Domingos de Almeida
Prof. Dr. Eraldo Leme Batista
Prof. Dr. Fábio Régio Bento
Prof. Ms. Gustavo H. Cepolini Ferreira
Prof. Dr. Humberto Pereira da Silva
Prof. Dr. José Ricardo Caetano Costa
Profa. Dra. Ligia Vercelli
Prof. Dr. Luiz Fernando Gomes
Prof. Dr. Marco Morel
Profa. Dra. Milena Fernandes Oliveira
Prof. Dr. Narciso Laranjeira Telles da Silva
Prof. Dr. Ricardo André Ferreira Martins
Prof. Dr. Romualdo Dias
Profa. Dra. Rosemary Dore
Prof. Dr. Sérgio Nunes de Jesus
Profa. Dra. Thelma Lessa
Prof. Dr. Vantoir Roberto Brancher
Prof. Dr. Victor Hugo Veppo Burgardt

©2018 Fernanda Gurgel Raposo
Direitos desta edição adquiridos pela Paco Editorial. Nenhuma parte desta obra pode ser apropriada e estocada em sistema de banco de dados ou processo similar, em qualquer forma ou meio, seja eletrônico, de fotocópia, gravação, etc., sem a permissão da editora e/ou autor.

CIP-BRASIL. CATALOGAÇÃO NA PUBLICAÇÃO
SINDICATO NACIONAL DOS EDITORES DE LIVROS, RJ

A0000

Raposo, Fernanda Gurgel
Constituições estaduais e a ordem econômica: autonomia e limites dos estados/ Fernanda Gurgel Raposo.
- 1. ed. - Jundiaí [SP]: Paco, 2018. 224p.; 21cm.

Inclui bibliografia
ISBN: 978-85-462-1417-4

1. Direito constitucional - Brasil. 2. Constituições estaduais - Brasil. 3. Direito econômico - Brasil I. Título.

Vanessa Mafra Xavier Salgado - Bibliotecária - CRB-7/6644
18-52390   CDU: 346(81)

Paco Editorial
Av. Carlos Salles Block, 658
Ed. Altos do Anhangabaú, 2º Andar, Sala 21
Anhangabaú - Jundiaí-SP - 13208-100
11 4521-6315 | 2449-0740
contato@editorialpaco.com.br

Foi feito Depósito Legal.

Aos meus pais Geraldo Raposo e Nilzete Raposo (*in memoriam*) e aos meus irmãos Flavia Raposo e Fernando Flávio Raposo, os quatro alicerces da minha vida.

AGRADECIMENTOS

Ao professor Dr. Gilberto Bercovici, por todos os ensinamentos e orientações no curso da pesquisa que resulta neste livro, e especialmente pela semeadura de uma nova paixão chamada Direito Econômico.

Ao professor Dr. Antônio Ponciano Bezerra e à Faculdade de Administração e Negócios de Sergipe, nas pessoas do Diretor Professor Ionaldo Vieira Carvalho e do Coordenador Acadêmico José Albérico Ferreira, cujos apoios incondicionais à consecução dessa pesquisa foram imprescindíveis à sua conclusão.

A todos os professores que passaram pela minha vida e que, mesmo sem perceber, me presentearam com ao menos uma das peças desse imenso e infinito quebra-cabeças chamado conhecimento.

A Deus, por escrever, no plano da minha vida, tudo isso.

"No fundo da nossa intranquilidade presente encontraremos esta verdade simples: sabemos onde estão os erros de nosso desenvolvimento desordenado, sabemos que está a nosso alcance poder erradicá-los ou minorá-los, e temos consciência disso. Não é por outra razão que nos sentimos responsáveis e intranquilos." (Celso Furtado)

LISTA DE ABREVIATURAS

ADI – Ação Direta de Inconstitucionalidade
ADCT – Ato das Disposições Constitucionais Transitórias
Bandepe – Banco do Estado de Pernambuco S/A
DNOCS – Departamento Nacional de Obras Contra as Secas
GTDN – Grupo de Trabalho para o Desenvolvimento do Nordeste
IFOCS – Inspetoria Federal de Obras contra as Secas
IOCS – Inspetoria de Obras Contra as Secas
Sudene – Superintendência de Desenvolvimento do Nordeste
STF – Supremo Tribunal Federal

SUMÁRIO

Prefácio   11

Apresentação   13

Introdução   15

1. O Poder Constituinte dos estados federados   19
    1.1 Poder constituinte derivado e poder constituinte decorrente   27
    1.2 Poder constituinte dos estados-membros e a repartição de competências constitucionais   36

2. Competência em matéria de Direito Econômico   51
    2.1 Competência Federal em Direito Econômico   60
    2.2 Competência Estadual em Direito Econômico   69

3. Da Ordem Econômica: autonomia e limites dos Poderes Constituintes Derivados Decorrentes pós-Constituição de 1988   81

4. Políticas locais e políticas de exploração de recursos naturais   91
    4.1 Políticas hídricas e minerarias   94
    4.2 Pesca e extrativismo   108
    4.3 Turismo   115

5. Políticas agrícolas, agrárias e fundiárias   127

6. Políticas urbanas e de infraestrutura   159

7. Ciência e tecnologia   187

8. Organização da Atividade Econômica   203

Considerações finais   223

Referências   231

PREFÁCIO

A Constituição de 1988 definiu o federalismo como forma de Estado vigente no Brasil. Mas o fato de a Constituição definir o Brasil como um Estado Federal não nos poupa do trabalho de analisar detidamente que federalismo é o brasileiro. O fundamento da Federação é a Constituição rígida comum. Os diferentes centros de poder político não são dotados de hierarquia uns em relação aos outros. Um não é superior ao outro. O que diferencia cada membro da Federação é a atribuição de competências distintas pela Constituição. Outro dado essencial para a caracterização de um regime federal é a qualidade estatal dos entes federados, a chamada "estatalidade", qualidade esta que depende da configuração destes entes enquanto centros de poder político autônomo e de sua capacidade de influir na tomada de decisões do Estado como um todo. As tentativas de melhorar a capacidade política e administrativa dos entes federados dizem respeito, portanto, ao núcleo essencial da ideia de federalismo.

Neste sentido, o poder de cada ente da Federação, dentro de certos limites, de elaborar a sua própria constituição diz respeito ao núcleo essencial da sua autonomia política. O poder constituinte estadual, ou poder constituinte decorrente, é um tema pouco estudado entre nós,[1] embora de suma importância para a compreensão do fenômeno federativo. O trabalho de Fernanda vem contribuir para esse pouco desvendado campo de estudos com uma análise sobre a relação entre o poder constituinte estadual e o direito econômico.

De forma inédita até hoje no Brasil, Fernanda pesquisou e buscou comparar os textos de todas as constituições estaduais em vigor no tocante à sua ordem econômica, ou seja, no que se preocupavam em especificar a respeito das relações econômicas em âmbito estadual, para além do já definido na esfera nacio-

---

1. Dentre as exceções, destaca-se o hoje clássico trabalho de Anna Cândida da Cunha Ferraz, *Poder Constituinte do Estado-Membro* (São Paulo, RT, 1979).

nal pela ordem econômica da Constituição Federal de 1988. O resultado da pesquisa, que o leitor tem em mãos neste livro, foi um levantamento de suma importância sobre como se articulam os diferentes níveis de governo no Brasil no que diz respeito a temas vinculados ao direito econômico, tais como política agrícola, mineração, ciência e tecnologia, urbanismo, organização da atividade econômica, dentre muitos outros.

Com o presente livro, Fernanda nos oferece uma nova e importante contribuição para o debate sobre o federalismo no Brasil. Com esta obra, ganha a doutrina publicista brasileira mais uma obra que demonstra a centralidade da necessidade de articulação entre o desenvolvimento nacional e o desenvolvimento regional por meio de uma estrutura federativa funcional e eficaz, elementos essenciais para o nosso processo de superação do subdesenvolvimento e de construção de uma sociedade livre, justa e solidária, conforme determina a Constituição de 1988.

São Paulo, junho de 2018

Gilberto Bercovici
Professor Titular de Direito Econômico e Economia Política da Faculdade de Direito da Universidade de São Paulo
Professor do Programa de Pós-Graduação em Direito Político e Econômico da Universidade Presbiteriana Mackenzie

APRESENTAÇÃO

A obra que segue apresenta os resultados de pesquisa que se propôs a tratar da Ordem Econômica das Constituições Estaduais, numa perspectiva analítica, para estabelecer os limites impostos ao Poder Constituinte Decorrente nas deliberações em matéria de Direito Econômico, especialmente considerando-se que a autonomia dos entes federativos é regra do Estado Federal, e que a Constituição Federal de 1988, que agora completa 30 anos, outorgou aos Estados-Membros competência concorrente para legislar em Direito Econômico.

Para tanto, foram considerados aspectos teóricos sobre o sistema federativo e sua repartição de competências, questões referentes à autonomia dos entes federativos, os limites gerais impostos a essa prerrogativa e à competência estadual em matéria de Direito Econômico para, só então, através de um estudo das vinte e seis Constituições Estaduais brasileiras, se chegar aos limites reais que se impuseram a normas constitucionais estaduais de direito econômico, e à efetividade da autonomia e da competência concorrente para instituir diretrizes econômicas regionais, pela via da elaboração de dispositivos dessa natureza nas suas Constituições.

Para tanto, cinco áreas de potencial desenvolvimento econômico estadual foram selecionadas para fins de estabelecer o recorte da pesquisa, e foram elas: (1) políticas locais e de exploração de recursos naturais, entendidas as locais como aquelas que tomaram por objeto especificidades estaduais – e, sobre elas, acabamos por encontrar políticas hídricas, minerarias, de pesca, extrativismo e turismo –, (2) políticas agrícolas, agrárias e fundiárias, (3) políticas urbanas e de Infraestrutura, (4) ciência e tecnologia e, por fim, (5) políticas de organização da atividade econômica.

As conclusões nos permitem perceber que alguns Estados-Membros arriscaram instituir dispositivos constitucionais que contemplassem necessidades que lhes eram peculiares, e que viabilizassem a exploração de recursos regionais disponíveis para contribuir com o desenvolvimento da sua localidade. Os resultados foram bem diversificados e surpreendentes, e seguem para conhecimento.

INTRODUÇÃO

O Estado Federal pressupõe um conglomerado de unidades autônomas se auto-organizando, autoadministrando e autogovernando, com uma dose de liberdade comedida pela própria estrutura do pacto federativo. Para tratar de forma jurídica da prerrogativa em questão, outorgando-lhe possibilidades de aplicação, com limites que atendem às finalidades do Estado, o direito atribui-lhe a natureza jurídica de autonomia. Tratar dessa característica das unidades federadas como autonomia, e não mera liberdade, possibilita enquadrá-la nos devidos termos, considerando-se o sistema no qual se insere, qual seja, o federalismo. Tomando por base essa especificidade que constitui elemento fundamental do federalismo, o presente livro se propõe a tratar de uma questão inserida numa área do direito ainda pouco explorada, apesar de já ter decorrido 30 anos desde a promulgação da Constituição Federal de 1988, qual seja: os limites impostos à autonomia do Direito Constitucional Estadual.

Por questões metodológicas, e pela própria natureza da pesquisa de mestrado, a análise acerca da temática da autonomia do Poder Constituinte Decorrente trouxe um corte teórico, e tratou especificamente dos limites a essa autonomia para legislar constitucionalmente em matéria de Direito Econômico. A proposta e o problema da presente pesquisa foram investigar o Poder Constituinte dos Estados-Membros – reconhecidamente nomeado pela doutrina como Poder Constituinte Decorrente – em relação à autonomia e aos possíveis limites desse poder, em matéria de Direito Econômico, a fim de responder à seguinte pergunta: Em que medida os Estados-Membros do Estado Federal Brasileiro legislaram em matéria de Direito Econômico, nas suas respectivas constituições estaduais, considerando especificidades regionais ou locais, usufruindo da autonomia que lhe foi outorgada pela Constituição Federal de 1988?

Com isso, a pesquisa objetivou, de forma geral, realizar um estudo no texto das vinte e seis Constituições Estaduais brasileiras, a partir de um recorte teórico dos dispositivos constitucionais que se inserem na ordem econômica material, agrupados a partir de cinco temáticas selecionadas (Políticas Locais, nas quais se inserem as políticas de exploração de recursos naturais, Políticas Agrícolas, Agrárias e Fundiárias, Políticas urbanas e de Infraestrutura, Ciência e Tecnologia e Organização da Atividade Econômica), a fim de verificar "se" e "quais" Constituições Estaduais trouxeram normas que contemplassem matéria de Direito Econômico considerando aspectos locais ou regionais, conforme autoriza a Constituição Federal de 1988.

Para diagnosticar o exercício efetivo dessa prerrogativa para legislar em matéria de Direito Econômico, na própria Constituição Estadual, objetivos específicos norteadores também foram estabelecidos, e foram eles: realização de um estudo teórico-bibliográfico acerca de temáticas que perfazem o Estado Federal e suas características, abordagem das concepções teóricas acerca da autonomia e da prerrogativa de auto-organização dos Estados-Membros (como decorrência da própria estrutura federativa), questões referentes ao próprio Poder Constituinte Decorrente e suas peculiaridades, e uma discussão sobre a competência estadual em matéria de Direito Econômico, seguida da investigação minuciosa do texto das normas sobre as temáticas selecionada e que possuem conteúdo de Direito Econômico, das vinte e seis Constituições Estaduais.

Para apresentação dos resultados da referida pesquisa, o livro que aqui se apresenta foi dividido em três capítulos, sendo o primeiro destinado ao tratamento do Poder Constituinte dos Estados Federados e, na oportunidade, foram abordados aspectos característicos que diferenciam o referido Poder Constituinte em relação aos demais, bem como a repartição de competências e as prerrogativas dos Estados-Membros em matéria constitucional. Para tratar da temática, um referencial teórico específico foi destacado a partir da seleção de um grupo de doutrinadores referência em matéria de Estado Federal, autonomia e repartição de competências, tais como Gilberto Bercovici, Oswaldo

Aranha Bandeira de Mello, Raul Machado Horta, Anna Candido da Cunha Ferraz, Gabriel Ivo e André Luiz Borges Netto.

Na sequência, fez-se mister tratar das competências em matéria de Direito Econômico, passando pela competência federal para melhor delimitar a competência regional e, para isso, um segundo capítulo apresenta a relação desse ramo do direito com o interesse regional, e com as prerrogativas legislativas estaduais constitucionais em relação à competência federal. Dessa forma, o segundo capítulo deste trabalho foi dividido em dois subcapítulos que trataram das competências federal e estadual em Direito Econômico, ocasião em que são abordadas as prerrogativas legislativas estaduais nessa matéria, possíveis de serem objeto de legislação constitucional estadual, conforme estudo teórico acerca de Estado Federal e de competências legislativas constitucionais dos Estados-Membros. As referências base para a discussão dessa temática foram Gilberto Bercovici, Giovani Clark, Washington Peluso Albino de Souza, André Luiz Borges Netto, Fabio Konder Comparato, além dos teóricos já mencionados na referência do primeiro capítulo, entre outros.

E, por fim, o terceiro e último capítulo do presente estudo se destinou exclusivamente a tratar de parte do texto de todas as Constituições Estaduais brasileiras, a fim de verificar quais Estados-Membros legislaram em matéria de Direito Econômico em sede de norma constitucional. Metodologicamente, a análise foi feita por amostragem, a partir de temas relevantes ao direito econômico selecionados, independentemente de onde se inserem formalmente nas cartas constitucionais estaduais, se no título "Da Ordem Econômica" ou em qualquer outro.

Isso porque as Constituições Estaduais não apresentam uniformidade nem mesmo no título designado para tratar da referida ordem, ora parecendo associados à ordem financeira, seguindo a designação literal e semântica da Constituição Federal, ora à ordem social, ou como subtítulo do título "Da sociedade" ou "Do desenvolvimento (regional)" entre outras designações. Além disso, as Constituições Estaduais, e mesmo a Federal, apresentam normas de conteúdo econômico esparsas por todo o corpo do texto constitucional. Dessa forma, para fins de estabelecer parâmetros metodológicos de análise, o Capítulo 3 foi subdividido em temáticas, segundo o critério de maior relevância às questões regionais e ao Direito Econômico conforme diretrizes normativas da Carta Magna e teóricas da doutrina especializada.

As conclusões apresentadas partiram de um estudo teórico sobre o poder constituinte decorrente e suas prerrogativas e limites, considerando-se a repartição de competências da Constituição Federal, em especial em matéria de Direito Econômico, no Brasil, a fim de viabilizar a pesquisa documental das Constituições Estaduais para tratar do exercício efetivo da autonomia, no que compete à elaboração de norma constitucional estadual em matéria de Direito Econômico, considerando os aspectos locais, conforme previu e permitiu a própria Constituição Federal de 1988, e as limitações que se impõem efetivamente a essa autonomia.

I. O PODER CONSTITUINTE DOS ESTADOS FEDERADOS

A proposta do presente capítulo é tratar especificamente do Poder Constituinte dos Estados-Membros brasileiros, iniciando-se por uma abordagem geral acerca da origem desse poder para, na sequência, tratar sobre onde ele se insere e o fundamento da sua criação e existência e, só então, tratar da repartição de competências constitucionais, do papel dos Estados-Membros nessa distribuição e dos limites que se impõem ao exercício dessa capacidade de legislar, especialmente em matéria concorrente.

Toda essa abordagem teórica introdutória servirá de base para as exposições acerca da competência constitucional do Poder Constituinte Decorrente em matéria de Direito Econômico, que serão feitas no capítulo seguinte, bem como para as investigações no texto das vinte e seis Constituições Estaduais, que se destinam a verificar a efetiva instrumentalização da prerrogativa de legislar em matéria de Direito Econômico, outorgada pela Constituição Federal que, ao repartir competências constitucionais, designou competência concorrente ao Estado-Membro em algumas matérias, e que será tratada no capítulo das análises que encerra o presente estudo.

Para iniciar qualquer explanação teórica acerca do Poder Constituinte do Estado-Membro é preciso, antes de tudo, tratar da origem da própria unidade federativa e do contexto em que essa se insere. Só assim será possível abordar questões referentes ao poder constituinte desse ente, e aos limites impostos a esse poder. Por esse motivo, antes de qualquer abordagem mais específica sobre o que seria uma unidade federada, torna-se imprescindível tratar do Estado Federal em si, pois é a própria estrutura desse sistema que prevê a repartição territorial em unidades menores, que, no caso brasileiro, chamamos de Estados-Membros, assim como é inerente a esse sistema de organização estatal a repartição de competências, temática que subsidiará o objeto do presente livro.

Apresentar uma discussão acerca da autonomia do Poder Constituinte Decorrente e dos seus limites, passando por uma apresentação dos caracteres que integram a estrutura do Estado Federal, requer a exposição primeira da distinção entre os conceitos de Estado e de Estado-Membro, pois que constituem elementos distintos tanto no aspecto político quanto no aspecto jurídico, de que tratamos.

Sobre Estado, seguimos a tradicional lição de Oswaldo Aranha Bandeira de Mello, renomado doutrinador de direito público, que o definiu como sendo a organização de um povo em um dado território submetido a um poder supremo cujo objetivo é o bem comum dos seus membros. Ou seja, na sua dissertação de Mestrado cuja temática foi a Natureza Jurídica do Estado Federal, Bandeira de Mello aponta para o Estado enquanto poder supremo que compreenderia a aptidão ou capacidade de autodeterminação, de demarcação do seu campo de atuação, mas sem deixar de observar e atender aos princípios que sustentam a ordem jurídica.[2]

Com isso, para o autor, a existência do Estado pressupõe quatro elementos bem definidos, quais sejam: povo, território, poder supremo e finalidade, entendida *lato sensu* como sendo o bem comum do povo. Note-se que já na primeira noção de Estado o doutrinador trata da liberdade associada ao poder, que chamou de supremo, mas destaca que mesmo se tratando de um poder supremo, este esbarra em limites de natureza principiológica, considerados como tais os alicerces da própria ordem jurídica.

Posto o conceito de Estado, necessário se faz destacar que no Brasil muitas vezes encontramos referências a Estados quando o que se está tratando, na realidade, é de um Estado--Membro, que nada mais é do que uma das unidades autônomas que integra uma forma de organização do Estado: o sistema Federativo ou Estado Federal. Nesse sentido, entendendo que se referir a Estado-Membro sob a designação de "Estado",

---

2. Bandeira de Mello, Oswaldo Aranha. *Natureza Jurídica do Estado Federal*. São Paulo: Prefeitura do Município de São Paulo, 1948.

como comumente se faz, mesmo em contextos jurídicos, implicaria em desordem semântica que poderia induzir a confusão na compreensão, optamos por nos referir às unidades federativas brasileiras sob a designação "Estado-Membro".

Assim, considerando-se o Estado sob a forma da Federação, como é o caso do sistema brasileiro, indispensável abordar a distinção entre autonomia e soberania, já que ambos também figuraram no palco da confusão conceitual, na história do Direito Constitucional Estadual. Somente depois da distinção desses institutos é que poderemos tratar com mais propriedade dos possíveis limites que se lhes impõem. Reiteramos que a presente exposição se justifica porque essas concepções teóricas, arraigadas à estrutura político-jurídica do Estado Federal, aparecerão ao longo de toda discussão que vise tratar de elementos e características do Estado Federal, que é o que apresentamos nesse primeiro capítulo. A própria prerrogativa da auto-organização que se materializa também na elaboração de uma Constituição Estadual, e a repartição de competências com previsão de competências concorrentes são decorrências dessa liberdade limitada que juridicamente chamamos de autonomia.

Para inaugurar a referida diferenciação, traremos o conceito de soberania de Bandeira de Mello,[3] segundo o qual se trata da qualidade do Estado nas suas relações com a comunidade internacional, sempre que este atue representando os interesses dos seus membros, interesses esses que consolidam a própria finalidade do Estado. Temos, na conceituação do respeitado doutrinador, um enfoque nas relações internacionais, ou seja, soberania, aqui, é tratada como atributo da Pessoa Jurídica de Direito Internacional que representa os interesses de determinado Estado.

Não havemos de descartar a referida conceituação, posto que no nosso entendimento, soberania é inclusive caractere do Estado Federal nas suas relações exteriores e, nos estudos teóricos do direito internacional, ganha inclusive status de princí-

---

3. Bandeira de Mello, op. cit., p. 64.

pio ou característica. O que interessa destacar da conceituação apresentada, para fins de fundamentar a pesquisa que se apresenta, é a concepção de Bandeira de Mello,[4] complementar ao conceito de soberania limitada, uma vez que, para o autor, não obstante se tratar de prerrogativa que respalda a defesa de interesses do Estado, soberania não implica em possibilidades de tudo fazer ilimitadamente, posto que a esta se impõem os próprios princípios do Direito enquanto fator limitador de vontade.

De forma complementar, ainda sobre o conceito de soberania, a concepção adotada pela presente análise caminha ao encontro das diretrizes teóricas conceituais de Raul Machado Horta, que trata do tema considerando não somente prerrogativa das relações externas do Estado, mas também como um elemento caracterizador da própria estrutura federativa, que se revela na repartição de competências, indo além da concepção de Bandeira de Mello, nesse sentido. Para Horta, o conceito clássico apresentado está em crise, fruto dessa deslocação da soberania para a Ordem Jurídica Internacional. Para ele, a soberania na acepção interna, característica do Estado Federal, surge na versão de competência exclusiva, e abrange, basicamente, "o domínio limitado, no qual não se apresenta nenhuma outra autoridade superior".[5]

Apesar da extensão do conceito de soberania para as relações internas do Estado, considerando que essa se manifesta no exercício de competências exclusivas, o autor considera que esse ponto de vista permite afirmar que as unidades federativas, se contempladas com competências exclusivas, também se caracterizariam como soberanas, o que não parece ser o posicionamento atual sobre a matéria, e nem é aquele que foi adotado para fins de estudo das Constituições Estaduais.

Data vênia o conceito de Bandeira de Mello e de Raul Machado Horta, cabe-nos uma complementação a essa delimitação teórica que encontramos em outra grande referência do Direito

---

4. Bandeira de Mello, op. cit., p. 64.
5. Horta, Raul Machado. *A Autonomia do Estado-Membro no Direito Constitucional Brasileiro*. Belo Horizonte, 1964, p. 36 et seq.

Constitucional em matéria de Estado Federal, bem como do Direito Econômico, vertente essa diretamente ligada à temática do presente trabalho, sem ressalvas como nas concepções acerca da soberania apresentadas até aqui: os ensinamentos do doutrinador e professor Gilberto Bercovici,[6] que considera que a acepção jurídica desse atributo pressupõe titularidade na elaboração de normas jurídicas que deverão prevalecer sempre que a ordem jurídica se encontre no seu estado de normalidade.

Nesse sentido, é salutar a adoção do conceito de Bercovici,[7] segundo o qual "a soberania necessita de um sujeito capaz de decidir sobre a produção das normas jurídicas" e acrescenta que a soberania do Estado deve apresentar identidade em relação à soberania do povo. Nesse sentido, o autor reconhece o Poder Constituinte, enquanto poder ilimitado juridicamente, e o estado de exceção, nos limites da constituição, como as duas maiores manifestações da soberania no Estado Constitucional. Destaque-se que Constituição aqui é entendida como direito político, que não somente deve ter origem democrática, como deve organizar um Estado que garanta a soberania do povo.

Sobre essa relação entre a Constituição Federal e o próprio Federalismo é possível afirmar que se trata de vínculo tão imbricado que Raul Machado Horta, ao tratar da Organização Constitucional do Federalismo, considera sabiamente que a Constituição é pressuposto originário da Federação, entendida essa como sendo uma criação jurídico-política instituída por aquela. Para o autor, o que existe entre ambos é uma relação de causalidade de modo que é sempre uma constituição inaugural que estabelece as diretrizes basilares de cada Estado Federal.[8]

Até aqui temos a soberania enquanto atributo do Estado Federal, e não das suas unidades federadas, e que deve ser reflexo

---

6. Bercovici, Gilberto. *Soberania e Constituição*: Para uma crítica do constitucionalismo. São Paulo: Quartier Latin, 2013.
7. Ibid., p. 23 et. seq.
8. Horta, Organização Constitucional do federalismo. *Rev. de Informação Legislativa*, Brasília, a. 22, n. 87, jul./set. 1985, passim.

da soberania do povo que constitui esse sistema. Além disso, é a Constituição Federal o instrumento jurídico que viabiliza e ao mesmo tempo consolida a Federação. De igual modo, a descentralização administrativa, de governo e de organização, consiste em fundamento da ordem federativa, e é dela que decorrem as unidades federadas, a que no Brasil deu-se o nome de Estados--Membros, mas não somente eles, vez que também integram o Estado Federal brasileiro outros entes, são eles: a União, o Distrito Federal e os Municípios, todos autônomos entre si.

Fato é que o Estado, quando organizado sob a forma federativa, subdivide-se em unidades menores, que são dotadas de autonomia. A autonomia dessas unidades pressupõe a capacidade de auto-organização, de autogoverno e de autoadministração. No Brasil, as unidades imediatas ao Estado maior são chamadas de Estados-Membros, e apresentam uma subdivisão decorrente do pacto federativo, em Municípios. A União é o ente federativo ou a Pessoa Jurídica de Direito Público interno que representa e administra os interesses da Federação como um todo.

Essas unidades federativas, conforme posto, são autônomas entre si e o conceito de autonomia nada tem a ver com soberania. Uma vez expostas as acepções sobre soberania, cabe destacar a distinção desta em relação à autonomia. Reiteramos a justificativa da abordagem conceitual embrionária de elementos do Estado Federal como algo necessário, dado o longo período de confusão com os termos na história das Constituições Estaduais. Osvaldo Trigueiro,[9] ao tratar das primeiras Constituições Estaduais, lembra que as que surgiram a partir de 1891 por vezes atribuíram soberania ao Estado-Membro em seus textos, a exemplo das constituições do Piauí, Bahia, Goiás e Mato Grosso. A do Paraná atribuiu autonomia e soberania ao Estado, e a do Rio de Janeiro, soberania e independência. Esses são apenas alguns exemplos da falta de uniformização na

---

9. Trigueiro, Oswald. *Direito Constitucional Estadual*. Rio de Janeiro: Forense, 1980, p. 64.

própria autocaracterização das unidades federadas, quando no exercício da sua capacidade de auto-organização.

Contudo, essa lacuna na uniformização dos atributos da soberania e da autonomia resta sanada, o que não implica afirmar o mesmo em relação às discussões sobre os limites que se impõem a cada uma, e é justamente sobre essa lacuna que debruçamos a presente pesquisa, vez que o objetivo central é extrair das vigentes constituições estaduais os limites à autonomia, em matéria de Direito Econômico, no texto das suas constituições.

Sobre o conceito de autonomia adotado para fins da análise que segue, ficamos com algumas das diretrizes da mais respeitada doutrina que tratou da temática, a saber, mais uma vez, a concepção de Bandeira de Mello sobre o conceito de autonomia, segundo o qual está associada à existência de governo próprio. Para o autor, autônoma é qualquer coletividade pública que goza de certa capacidade de provimento próprio dos cargos governamentais, observados os "circuitos prefixados pela coletividade superior". Soma-se a essa característica a faculdade de auto-organização dentro dos limites das questões que são de seu peculiar interesse.[10]

Todavia, para fins da pesquisa acerca dos limites à autonomia do Estado-Membro em matéria de Direito Econômico, o conceito adotado conglomera a acepção de Bandeira de Mello com uma complementação conceitual da concepção de Horta sobre autonomia, posto que este trata explicitamente da distinção em relação à soberania, atribuindo aos Estados-Membros somente a prerrogativa da autonomia que conceitua como sendo um instituto jurídico que pressupõe um poder não soberano que em decorrência de direito próprio que estabelece normas jurídicas de cumprimento e observância obrigatórias.[11]

Dessa forma, entende-se autonomia enquanto atributo das unidades federadas que compõem o Estado, atributo esse que lhe confere capacidade de auto-organizar-se, de autogovernar-

---

10. Bandeira de Mello, O. A. *Natureza Jurídica do Estado Federal*. São Paulo: Prefeitura do Município de São Paulo, 1948, p. 95.
11. Horta, op. cit., 1964, p. 40.

-se e de autoadministrar-se, não se confundindo com a soberania externa e interna, atributo característico somente do ente político representante dos interesses de todas as unidades.

Tratado do conceito de autonomia e do contexto em que se insere o Estado-Membro no Estado Federal brasileiro, cabe abordar os limites que são impostos a essas unidades, como característica do próprio sistema federativo. Todavia, esses limites teóricos apresentados são gerais e ainda não contemplam de forma específica aquelas limitações constitucionais em matéria de Direito Econômico, objeto da presente pesquisa e que serão tratadas no terceiro capítulo. Aqui serão abordados os limites gerais que viabilizam a organização federativa e o exercício da autonomia, e que se impõem para evitar uma descaracterização da estrutura do próprio sistema, conforme as concepções teóricas do Estado Federal. A proposta do presente trabalho é também estabelecer um paralelo entre essas limitações teóricas e aquelas que de fato se impuseram na constituição da auto-organização dos Estados-Membros.

Sobre as propostas teóricas de limitações dos Estados-Membros, Bandeira de Mello considera que estas são estritamente necessárias para evitar um choque com a própria estrutura do sistema e, para ele, "o Estado Federal exerce superintendências sobre a atividade dos estados particulares, impedindo que eles violem a ordem legal estabelecida pela carta da federação".[12] Nesse sentido, nota-se que a própria estrutura federativa se caracteriza pela descentralização como caractere inerente a essa forma de organização política. Descentralização entendida como uma repartição de funções, que serão elencadas por normas da Constituição Federal, que atribuem maior ou menor círculo de ação às pessoas jurídicas internas, que designamos por entes federativos.

Isso significa que é a Carta Magna que determina o âmbito de ação de competência da União e dos Estados-Membros, numa relação mesmo de causalidade, como destacou Horta,[13]

---

12. Bandeira de Melo, op. cit., p. 69.
13. Horta, 1985, op. cit., p. 41.

de modo que a manutenção do sistema político federativo depende da permanência de atuação de cada um desses entes estritamente no campo a que lhes foi atribuída competência, sem interferência na esfera dos demais. Além disso, a impossibilidade de modificação contínua das atribuições dos Estados-Membros é característica da Federação, e isso garante a esses entes certa estabilidade em relação às suas competências e em relação ao próprio sistema.

Segundo Bandeira de Mello,[14] a federação passará por um processo evolutivo natural resultante das modificações interpretativas do texto constitucional, constantes das jurisprudências, juntamente com a consolidação de práticas legislativas e administrativas que culminarão num aumento dos poderes dos estados federados. Essa divisão, entretanto, não descarta a existência de pontos de intersecção entre a competência da União e a competência dos Estados-Membros, que, entre outras, são as chamadas competências concorrente e/ou suplementar, que serão tratadas nos capítulos que seguem.

De pronto, resta uma análise mais pormenorizada acerca desse Poder Constituinte dos Estados-Membros, para análise de autonomia e limites no estudo das constituições.

1.1 Poder constituinte derivado e poder constituinte decorrente

Tratados dos aspectos gerais acerca da organização do Estado Federal e dos pontos introdutórios relativos ao Poder Constituinte, numa abordagem que correlaciona este ao próprio fundamento do sistema federativo, cabe-nos aprofundar a exposição teórica tratando das características e prerrogativas desse poder, especialmente daquele derivado que se alinha com as competências dos Estados-Membros, relação essa que, aliás, constitui elemento basilar do próprio sistema, conforme apontou André

---

14. Bandeira de Mello, op. cit. passim.

Luiz Borges Netto.[15] A propósito, foi da teoria geral do Estado Federal do referido autor que extraímos as características gerais desse sistema para fins da análise de dados, e são elas: a existência de uma constituição como base jurídica do Estado, a repartição constitucional de competências, a autonomia das entidades federadas, a soberania enquanto atributo do Estado Federal, a ausência do direito de secessão, rendas próprias para as entidades federadas, participação da vontade dos Estados-Membros na vontade nacional e existência de uma Corte Suprema Nacional.

A adoção da caracterização supracitada como diretriz fundamental da presente análise não descarta, para fins de referencial teórico complementar de pesquisa, todas as concepções acerca do Estado Federal em seu conceito e fundamentos, abordados até aqui, perpassando desde as contribuições da doutrina brasileira mais tradicional, a exemplo de Bandeira de Mello e Raul Machado Horta, Oswaldo Trigueiro, até as concepções modernas e atuais de Gilberto Bercovici, entre outros cujas concepções que norteiam o nosso estudo serão ainda apresentadas. O destaque às características segundo Borges Netto se deu por julgarmos o referido rol como bastante pertinente em relação aos parâmetros adotados na Constituição Federal de 1988, aquela que atribuiu aos Estados-Membros a autonomia de que tratamos na pesquisa apresentada.

Nesse sentido, antes de tratarmos do Poder Constituinte dos Estados-Membros em si, adequado se faz tratar do federalismo cooperativo enquanto evolução de um federalismo dualista que, segundo Borges Netto,[16] vinha sendo adotado pelas constituições brasileiras que antecederam a Constituição Federal de 1988, marco, aliás, que esbarra em dissonâncias na própria doutrina. Para o autor, a competência concorrente da Constituição Brasileira de 1988 é a modalidade de competência que efetiva uma colaboração entre os entes federativos, através do exercício

---

15. Borges Netto, André Luiz. *Competências Legislativas dos Estados-Membros*. São Paulo: Revista dos Tribunais, 1999, p. 46 et. seq.
16. Ibidem, p. 86.

da função legislativa, e simboliza uma evolução. As modalidades de competência admitidas pela Carta Magna de 1988 serão tratadas ainda no presente capítulo. Por hora, destaque-se o lugar dado por Borges Netto à competência concorrente, posicionando-a como caractere fundamental do federalismo cooperativo.

Do referencial teórico de Borges Netto[17] acerca do federalismo cooperativo ficaremos apenas com o lugar que o autor atribui à competência concorrente, pois em relação ao momento histórico de integração de um federalismo cooperativo no Brasil, ficamos com o marco apontado por Gilberto Bercovici, e adotamos a Constituição Federal de 1934 como a primeira a prever o sistema nesses moldes, e a de 1946 como a que de fato o consolida, e não a de 1988, especialmente quando a primeira estabelece a redução dos desequilíbrios regionais, favorecendo a cooperação e a integração nacional, como diretriz da República Federativa dos Estados Unidos do Brasil.[18]

É adequada a previsão de normatização para redução das desigualdades na carta de 1988, especialmente se considerada a amplitude territorial brasileira, posto que esta favorece a regionalização tanto em termos de igualdades, se considerado um grupamento de Estados-Membros mais ou menos limítrofes, quanto de desigualdades, se consideradas as regiões e suas particularidades. Fato indiscutível é que o Brasil é um país amplo o suficiente para abarcar diferenças inclusive climáticas e de diversidade biológica suficientes para que tenhamos regiões com demandas específicas distintas. Horta[19] vai atribuir às causas dessas demandas, e à necessidade de um reconhecimento das diferenças entre os Estados-Membros, o fato de o Brasil ser um país cujo federalismo possui o que ele convencionou chamar de dimensão continental, que favorece as disparidades sociais, econômicas, financeiras e administrativas igualmente imensas e flagrantes.

---

17. Borges Netto, op. cit., p. 121.
18. Bercovici, Gilberto. *Dilemas do Estado Federal Brasileiro*. Porto Alegre: Livraria do Advogado, 2004, passim.
19. Horta, Organização Constitucional do federalismo. *Rev. de Informação Legislativa*, Brasília, a. 22, n. 87, jul./set. 1985.

Eis a razão pela qual a adoção de um modelo de repartição de competências, com previsões de assunção de papéis que consolidam o federalismo cooperativo, parece ser além de razoável, bastante adequado. De igual modo, essa repartição é fruto da previsão constitucional de autonomia de governo, organização e administração, sem a qual não haveria que se falar em organização estatal participativa dos entes federativos. Com isso, chegamos ao cerne do presente subcapítulo, qual seja, o Poder Constituinte Decorrente, ora designado com a categorização de Derivado Decorrente, ora somente decorrente, cuja existência é reflexo direito dessa autonomia de organização, ou auto-organização, dos Estados-Membros.

Fato é que muita polêmica acerca dessa denominação perfez as discussões doutrinárias. De um lado se apresenta um segmento da doutrina que discorda se tratar de poder de fato "constituinte", outra parte levanta discussão sobre ser ele derivado ou não. Para que se possa apresentar justificadamente a teoria adotada pela presente análise, vejamos quais são as referidas dissonâncias teórico-doutrinárias.

Com relação ao Poder Constituinte *lato sensu*, a doutrina diverge em relação a elementos de conceituação e de subdivisão ou classificação. Comecemos pelas concepções de Anna Cândida da Cunha Ferraz,[20] segundo a qual a organização fundamental de um Estado requer a intervenção de um Poder Constituinte posto que este é o único poder capaz de estabelecer, modificar ou complementar a referida organização. Assim, tudo que diz respeito a uma Constituição formal requer o exercício do Poder Constituinte, em qualquer tempo ou circunstância.

O conceito apresentado pela autora trata do Poder Constituinte considerado em todas as suas vertentes que não somente aquela que compete ao Originário, pois trata do referido poder como sendo competente para, além de estabelecer a organização fundamental do Estado, também modificá-la e complementá-la,

---

20. Ferraz, Anna Cândida. *Poder Constituinte do Estado-Membro*. São Paulo: Revista dos Tribunais, 1979, p. 13.

ou seja, trata de Poder Constituinte abrangendo as suas classificações ou decorrências, na forma como a melhor doutrina de Direito Constitucional trata na atualidade. Ferraz[21] considera que o exercício do Poder Constituinte se apresenta em todas as ações que tem por objeto a Constituição.

Em contrapartida, há teóricos que, ao tratar do Poder Constituinte, o faz considerando somente a atividade do chamado Poder Constituinte Originário, assim como Ferrari,[22] que aponta o conceito tradicional de Poder Constituinte como "o poder de elaborar uma Constituição, fundando um novo ordenamento jurídico", e ainda o caracteriza, na sequência, como sendo inicial – visto que a constituição precede as demais manifestações do direito –, incondicionado – pois não há procedimentos ou requisitos preestabelecidos a sua inauguração –, ilimitado e soberano.[23]

Uma possível explicação para essa visão mais restritiva do Poder constituinte, em relação àquela apresentada por Ferraz, pode ser a própria terminologia, segundo a doutrina que se alinha a essa vertente teórica. Entre os teóricos que tratam dessa controvérsia linguística, vale a pena expôs a argumentação de Ferrari,[24] segundo o qual a designação "constituinte" somente pode ser atribuída ao poder que inaugura uma nova ordem jurídico-constitucional, enquanto que os demais – de revisão constitucional e, por analogia, considerando a citação, o de elaboração da constituição dos Estados-Membros – não passam senão de Poderes Constituídos pela Carta Magna, mas jamais constituintes.

Nesse mesmo sentido, Ivo[25] reitera que somente pode ser chamado de Constituinte o poder que elabora a Constituição

---
21. Ferraz, op. cit., loc. cit.
22. Ferrari, Sergio. *Constituição Estadual e Federação*. Rio de Janeiro: Lúmen Juris, 2003, p. 13.
23. Sobre o atributo da ilimitação absoluta, Ferrari (2003, p. 19) destaca que desde o advento de certos consensos em determinadas disposições de Direito Internacional não há mais que se falar de ausência de limites às deliberações de um Poder Constituinte.
24. Ibid., p. 18.
25. Ivo, Gabriel. *Constituição Estadual*: competência para elaboração da Constituição do Estado-Membro. São Paulo: Max Limonad, 1997, p. 100.

de um Estado, aquele que inaugura uma nova ordem político-constitucional. Entretanto, esse posicionamento que chama a atenção para uma questão linguística é deixado de lado por ele mesmo quando o próprio autor utiliza a nomenclatura "constituinte" para definir a ação de reforma constitucional, e a atividade de instituição das coletividades do Estado Federal que se dá através da elaboração das suas Cartas Estaduais em complementação à Constituição Federal.

Da mesma forma, Ferraz[26] trata da impropriedade terminológica como sendo herança da terminologia adotada pelo poder atribuído às unidades da federação por agregação, sistema em que de fato se tem uma coletividade de Estados independentes, já constituídos constitucionalmente, que decidem se agregar federativamente. A essa hipótese, sim, se justifica chamar de constituinte o poder que elaborou as Constituições Estaduais, pois esse de fato inaugurou uma ordem constitucional de um estado, à época, independente, segundo parte da doutrina. No caso brasileiro, para essa linha teórica que considera inapropriada a terminologia no Federalismo Brasileiro, o que chamamos de poder Constituinte Decorrente teria natureza jurídica de poder de direito, um dos poderes constituídos do Estado.

A contrário *sensu*, sobre essa controvérsia, ficamos com o posicionamento de Borges Netto, que cuida do Poder Constituinte Decorrente enquanto elemento integrante do federalismo com previsão na própria Constituição Federal e, a partir disso, configura elemento constituidor da própria estrutura do Estado Federal, "partícipe que é da obra do Poder Constituinte Originário".[27]

Para fins de análise dos limites da autonomia dos Estados-Membros em matéria constitucional de Direito Econômico, somos adeptos da consideração da prerrogativa de auto-organização enquanto elementar do Estado Federal e do poder que os Estados-Membros gozam de elaboração das suas próprias Constituições, enquanto exercício que efetiva uma função cons-

---

26. Ferraz, op. cit., passim.
27. Borges Netto, op. cit., p. 96.

tituinte complementar, limitada pelas próprias prerrogativas da federação e pela Constituição Federal. Superada a discussão sobre a terminologia, faz necessário abordar as diversas formas pelas quais se classifica o Poder Constituinte. O objetivo da abordagem é justificar a nomenclatura adotada no presente livro a partir da concepção teórica que o fundamenta.

Nesse sentido, iniciaremos com a classificação de Ferraz[28] segundo a qual há apenas dois tipos de Poder Constituinte: o Poder Constituinte Originário – entendido como sendo aquele que intervém para estabelecer uma Constituição, inaugurando uma nova ordem –, e o Poder Constituinte Instituído – entendido como aquele que funciona sob a égide de uma Constituição e atua para modificar ou completar o seu texto. Esse último se subdivide em Poder de Revisão Constitucional e Poder Constituinte Decorrente.

Contudo, como toda classificação, e assim como ocorreu na própria conceituação, também no caso do Poder Constituinte há controvérsias teóricas acerca das nomenclaturas das subclassificações, inclusive em relação à posição de "gênero" e "espécie" entre eles. Diferentemente de Ferraz, Ferrari[29] considera que as modalidades do referido poder são três: o poder de elaborar a Constituição, chamado de Poder Constituinte Originário, o poder de modificá-la, chamado de Poder Constituinte Derivado, e o poder de elaborar a constituição do Estado-Membro, chamado de Poder Constituinte Decorrente. Nesse sentido o poder de elaboração das próprias cartas estaduais não se encaixaria no gênero "Derivado".

Diferentemente desse destaque ao Poder Constituinte Decorrente, há autores que o consideram como uma das espécies do Poder Constituinte Derivado, designando a ele o título de Poder Constituinte Derivado Decorrente, conforme lembra Ferrari.[30] Outros, como espécie de um gênero chamado de Poder Constituinte Instituído, ao lado do Poder de Revisão Constitucional também chamado de Poder Constituinte Derivado, pe-

---
28. Ferraz, op. cit., p. 14, et. seq.
29. Ferrari, op. cit., p. 25.
30. Ferrari, op. cit., p. 25. loc. cit.

los que adotam essa classificação. Aqui, ao invés de espécie do Poder Constituinte Derivado, se apresentaria como espécie do Poder Constituinte Instituído.

Entretanto, considerando-se todas as ponderações acerca da classificação do Poder Constituinte, para tratar do poder de elaborar a Constituição Estadual, selecionamos a designação Poder Constituinte Decorrente, por questões de etimologia, visto que este atua em decorrência de deliberação constitucional, incluídas entre essas as que inauguram a Carta Estadual e as que as editam por meio de Emenda Constitucional, em conformidade com a nomenclatura atribuída pela classificação de Ferraz, de Ferrari, e de todos os autores até aqui mencionados. De igual modo, a adoção das concepções de Borges Netto,[31] sobre ser de fato "constituinte" o poder de elaboração das próprias constituições atribuído aos Estados-Membros, mantém-se coerente ao designar o referido poder como Constituinte Decorrente.

Todavia, apesar de ser mesmo constituinte, e da previsão constitucional dotá-los de alguma liberdade, todos os poderes de alteração da Constituição Federal ou Estadual ou de elaboração da Carta Estadual esbarram em limites. Sobre os limites ao Poder Constituinte Derivado, ou Instituído de Revisão Constitucional, ou simplesmente de Revisão Constitucional, especificamente, podem ser destacadas as cláusulas pétreas – no campo material – e as questões procedimentais, de iniciativa, referentes à tramitação ou *quórum* – no campo dos limites do tipo formal.[32] Além desses, sobre os limites ao Poder Constituinte Decorrente, estes serão abordados nos próximos capítulos, posto que figuram entre os objetos centrais da presente pesquisa.

Antes de tratar das diretrizes teóricas acerca de tudo o que obsta o exercício da autonomia na direção da auto-organização, considerada a nomenclatura de classificação adotada pela pesquisa já tratada, necessário se faz delimitar também o con-

---

31. Borges Netto, A. L. *Competências Legislativas dos Estados-Membros.* São Paulo: Revista dos Tribunais, 1999.
32. Ivo, op. cit., p. 107.

ceito de Poder Constituinte Decorrente adotado, a partir de algumas concepções teóricas relevantes sobre o tema, para fins de não limitar o poder de auto-organização somente ao Poder Constituinte dos Estados-Membros. É também decorrência da autonomia auto-organizatória a capacidade de elaboração de toda a legislação infraconstitucional, que não será abordada na análise apresentada, por motivos de necessidade de recorte do objeto de uma pesquisa de mestrado.

Com isso, considerando-se a abrangência e a diversidade conceitual que se atribui ao Poder Constituinte Decorrente nos referenciais teóricos, ficamos com a concepção de Gabriel Ivo, segundo o qual o Poder Constituinte Decorrente é o poder dos Estados-Membros de elaboração das suas próprias constituições. Nesse sentido, o referido poder dá início à sequência de deliberações normativas que são de competência dos Estados-Membros, e que foram assim prescritas pela Constituição Federal. Entretanto, o exercício de autonomia legislativa dos Estados-Membros será desenvolvido, pormenorizadamente, para além da competência constitucional dos Poderes Constituintes Decorrentes, no âmago da legislação ordinária estadual e dos atos administrativos,[33] e não são em sua totalidade objeto da pesquisa que se apresenta.

Note que toda conceituação do Poder Constituinte Decorrente trata dos ditos limites à sua atuação, com previsão na própria Constituição Federal, e que não extrapola os muros que lhe foram impostos pelo sistema federativo, inclusive no processo de elaboração das Cartas Magnas Estaduais. Não é tarefa do Poder Constituinte Decorrente elaborar todas as normas competentes à respectiva unidade da federação, mas somente aquelas com *status* constitucional, daí a semelhança com o Poder Constituinte Originário, que talvez se some à justificativa da denominação de "constituinte" já apresentada.

Por fim, diferentemente do Poder Constituinte Originário, unanimemente considerado ilimitado, incondicionado e

---

33. Ivo, op. cit., p. 108.

insubordinado, o Poder Constituinte Decorrente é limitado, condicionado e subordinado pela Constituição Federal e serve de limite, base e fundamento de validade das leis estaduais infraconstitucionais e das leis municipais, incluindo-se as Leis Orgânicas dos Municípios. Além disso, é característica do próprio sistema federativo a participação e a autonomia das suas unidades federadas. A primeira se manifesta através da participação dos Estados-Membros nas deliberações federais através da atuação do Senado Federal no Congresso Nacional, casa legislativa que representa os Estados-Membros, e a segunda será abordada no subcapítulo a seguir, e consiste na liberdade de gestão dos próprios assuntos, de forma limitada, sempre observando os pressupostos da Constituição Federal.

1.2 Poder constituinte dos estados-membros e a repartição de competências constitucionais

Tratados dos aspectos introdutórios referentes a conceitos de soberania, autonomia e Poder Constituinte, bem como da classificação desse poder e controvérsias terminológicas, natureza jurídica e demais aspectos relevantes a uma abordagem sobre o sistema federativo, cabe esgotar a temática do Poder Constituinte especificamente dos Estados, o Poder Constituinte Decorrente, abordando o seu campo de atuação e os limites a ele impostos, segundo a doutrina e a Constituição Federal, para que as discussões que envolvem especificamente a ordem econômica se apresentem de forma clara e fundamentada no capítulo seguinte.

Conforme classificação apresentada no subcapítulo anterior, o poder constituinte que compete aos Estados-Membros é o Poder Constituinte Decorrente e, sobre este, resta claro que a sua atividade é reflexo do exercício da prerrogativa da autonomia das unidades federadas, que é característica do próprio federalismo. No Brasil, o embrião dessa autonomia e das atividades do poder constituinte em sede estadual tem sua origem remontada ao período Pós-Proclamação da República.

Segundo Ferrari, a Proclamação da República consiste num marco histórico do início do federalismo no Brasil, pois foi esta que institui o Estado Federal, em 1889, que tem se perpetuado desde então. Além disso, esse foi também o marco do estabelecimento de repartição de competências que possibilitou a atribuição, aos Estados-Membros, da competência constitucional, do exercício da autonomia pela criação de normas constitucionais que respaldariam todas as demais, as normas infraconstitucionais estaduais e municipais.[34]

Contudo, não se pode afirmar que de fato, na história da autonomia dos Estados-Membros, esta tem seu marco inaugural de exercício pleno no início do período republicano brasileiro. O que aconteceu, à época, foi que o advento dessa previsão, ainda embrionária do Poder Constituinte (se considerarmos o que temos hoje), se caracterizou por um exercício anômalo e um tanto distinto daquilo que se havia previsto enquanto exercício de autonomia. Na prática, o que se verificou foi que o primeiro documento constitucional da República, o Decreto nº 1 de 15 de novembro de 1889 atribuiu às unidades federadas o que chamou de soberania legítima, em seu art. 3º, a saber: "Art. 3º Cada um desses Estados, no exercício de sua legítima soberania, decretará oportunamente a sua constituição definitiva, elegendo seus corpos deliberantes e seus governos locais".[35]

A terminologia, no entanto, teve vida curta, pois foi suprimida quando da promulgação da Constituição Federal de 1891, Carta Constitucional que sucedeu ao referido decreto. Além disso, outro fato contribuiu para que a história da autonomia das unidades federadas, em especial dos Estados-Membros, não tivesse seu marco inicial na Constituição de 1891: a ausência de estabelecimento de prazo para criação das Cartas Constitucionais Estaduais. Diferente do que aconteceu com a Constituição Federal de 1988, que trouxe nos seus Atos de Disposições Constitucionais Tran-

---

34. Ferrari, S. *Constituição Estadual e Federação*. Rio de Janeiro: Lúmen Juris, 2003.
35. Brasil. *Decreto nº 1 de 15 de novembro de 1889*. Brasília: Senado: 1889. Disponível em: <http://bit.ly/2ONzWH6>. Acesso em: 30 jul. 2017.

sitórias um prazo de um ano para elaboração das Constituições Estaduais,[36] a Constituição de 1891 determinou que as Constituições Estaduais fossem elaboradas "oportunamente", e o uso desse vocábulo resultou em uma passividade dos Estados-Membros, que além de recém-criados, ainda não estavam dotados de qualquer experiência deliberativo-legislativa capaz de respaldar a criação de instrumento jurídico-político de tamanha complexidade.[37]

Por esse motivo, fez-se necessária a publicação do Decreto nº 802, de 4 de outubro de 1890, que determinou que as Assembleias Constituintes fossem, de imediato, convocadas. Entretanto, o decreto trouxe uma anomalia em relação ao processo de elaboração constitucional: o referido instrumento jurídico determinou que a Constituição Estadual fosse outorgada, e que a sua validade estivesse condicionada à votação e aprovação do Poder Legislativo, ou seja, sua titularidade foi posta nas mãos dos governadores, que por sua vez foram nomeados pelo poder central.[38]

Mais uma vez o termo "constituinte" não fora utilizado para designar o poder de instaurar uma nova ordem constitucional, nem tampouco foi usado para designar o poder estadual de elaboração de Cartas Constitucionais, limitadas pela Constituição Federal, mas autônomas em determinadas competências, o que torna o uso da terminologia anômala não só etimologicamente falando, mas também em termos de concretude das condicionantes desse processo. No caso supramencionado, o referido "poder" apenas legitimou uma constituição previamente existente.

Contudo, apesar da inauguração atípica das Constituições Estaduais, com os adventos de outorga e validação posterior, até a Revolução de 1930, enquanto a Constituição de 1891 esteve vigente, os Estados-Membros puderam se auto-organizar de forma autônoma, de modo que Ferrari[39] considera esse o

---
36. Art. 11. Cada Assembleia Legislativa, com poderes constituintes, elaborará a Constituição do Estado, no prazo de um ano, contado da promulgação da Constituição Federal, obedecidos os princípios desta. (Brasil, 1988).
37. Ferrari, op. cit. passim.
38. Ferrari, op. cit., p. 108.
39. Ferrari, op. cit., p. 110.

apogeu da autonomia das unidades federadas, liberdade essa que foi praticamente suprimida entre 1930 e 1934.

Na sequência histórica de Constituições Brasileiras, em 1934 foi promulgada mais uma Carta Magna que então volta a atribuir aos Estados-Membros autonomia para elaborar as próprias Constituições, designando um prazo de noventa dias para conclusão e publicação. Todavia, o advento do Estado Novo (1937-1945) suprimiu a autonomia dessas unidades, perdurando dessa forma por uma década, e o retorno do poder de auto-organização somente é exercido pelos Estados-Membros novamente em 1947 – depois da promulgação da Constituição de 1946 – e durou até o início do movimento militar de 1964, cujas Emendas e Atos Institucionais e Complementares acabam por derrogar parcialmente a referida Constituição.[40]

A carta constitucional que seguiu foi a de 1967, e esta tratou do poder de auto-organização dos Estados-Membros como uma atribuição meramente formal, em atenção ao requisito da autonomia dos entes federativos, inclusive ao subjugar essa autonomia às disposições da Constituição Federal, com previsão da possibilidade de incorporação automática de normas constitucionais às Constituições Estaduais, sempre que as unidades federadas não observarem o prazo de sessenta dias para emendá--las voluntariamente. O que fragilizou a atribuição da autonomia aos Estados-Membros, nessa constituição, foi a lacuna deixada pelo constituinte em relação à repartição de competências constitucionais, de modo tal que qualquer alteração na Constituição Federal alterava de forma quase automática a Constituição Estadual, transparecendo uma autonomia quase que de fachada.

Somente com a promulgação da Constituição Federal de 1988 é que a previsão de autonomia dos Estados-Membros encontra respaldo legal para se exercer na sua plenitude, exercício que só se verificou de fato em três períodos: de 1891 a 1930, de 1947

---

40. As emendas e atos institucionais desse período suprimiam a autonomia dos entes federados, pois traziam postulações de observância obrigatória que alteravam as constituições estaduais determinando a inclusão de normas uniformes. (Ferrari, 2003, passim).

a 1964 e a partir da Constituição de 1988, mais precisamente a partir de 1989, quando foram promulgadas as Cartas Estaduais.[41] Autonomia, conforme já anteriormente abordado quando da distinção entre esta e soberania, pode ser definida, entre outros aspectos característicos e igualmente relevantes, como o "poder de edição de normas jurídicas próprias extraídas de um campo competencial disposto na Constituição Federal".[42] Ou seja, é competência para o exercício de atribuições que garantem também, mas não somente, a prerrogativa da auto-organização, desde que observados os limites a ela impostos pela Lei Maior.

Com isso, faz-se necessário destacar que o exercício dessa capacidade de auto-organização é somente uma das manifestações da autonomia dos Estados-Membros, pois essa se materializa e se completa no exercício de outras atribuições, conforme pontua Ferrari, segundo o qual a autonomia se manifesta de três formas distintas: através da auto-organização, entendida como capacidade dos Estados-Membros de promulgarem suas próprias constituições, no exercício do Poder Constituinte Decorrente, do autogoverno, entendido como prerrogativa dos Estados-Membros de elegerem os titulares dos Poderes Executivo e Legislativo, e da autoadministração, entendida como capacidade de estruturação dos próprios órgãos e de exercício da própria administração, na aplicação e execução das leis.[43]

Conclui-se, com isso, que a capacidade de auto-organização consiste na capacidade de elaboração das próprias Constituições Estaduais, que se justifica, inclusive, pela necessidade de elaboração de normas que atendam a particularidades locais e regionais, dando unidade ao ordenamento jurídico federal. Por esse motivo, a Constituição Estadual não deve ser uma cópia da Constituição Federal, pois se assim o for, não haverá exercício da auto-organização, prerrogativa que integra a autonomia para deliberar em sede constitucional sobre determinadas matérias.

---

41. Ferrari, op. cit., p. 123.
42. Ivo, G. *Constituição Estadual*: competência para elaboração da Constituição do Estado-Membro. São Paulo: Max Limonad, 1997, p. 100, et. seq.
43. Ferrari, op. cit., p. 50.

Anna Cândido da Cunha Ferraz, nas suas postulações sobre o Estado Federal, ressalta que os Estados não podem ignorar a sua prerrogativa de autonomia como se o seu exercício fosse facultativo, especialmente porque, segundo ela, a elaboração de uma constituição estadual será o instrumento que irá viabilizar o estabelecimento das diretrizes básicas e dos princípios fundamentais que nortearão a vida jurídica e política interna daquela unidade federada. Essas diretrizes e princípios precisam se fazer registrar em constituição própria de cada Estado, que em hipótese alguma deverá ser cópia da Constituição Federal, pois cabe a esta, especialmente, a designação de diretrizes que nortearão os seus campos de atuação, considerando-se os aspectos locais e regionais.[44]

Cabe destacar, ainda, que o exercício pleno da autonomia das unidades federadas que caracteriza a federação depende também do exercício pleno do poder de auto-organização dos Estados-Membros, prerrogativa essa imprescindível à materialização do próprio sistema federativo, não somente porque assim determina a Constituição Federal, ou porque esse exercício concretiza os fundamentos da federação, mas inclusive porque as demais normas jurídicas estaduais dependem dos parâmetros traçados na Constituição Estadual. Esse exercício pleno pressupõe criação e liberdade, ainda que limitada, para tratar de questões locais e isso implica na não reprodução literal do texto da Constituição Federal.

Além disso, pertinente a observação de Borges Netto[45] de que as competências legislativas no âmbito do Estado Federal decorrem da Constituição Federal e são irrenunciáveis, ainda que por lei interna, uma vez que o Poder Constituinte Originário não autoriza alterações de normas por ele produzidas através de lei infraconstitucional ou de exercício Constituinte Decorrente. De forma complementar, concordamos que auto--organização é "capacidade que é dotada a unidade federada de

---

44. Ferraz, A. C. *Poder Constituinte do Estado-Membro*. São Paulo: Revista dos Tribunais, 1979, p. 56.
45. Borges Netto, A. L. *Competências Legislativas dos Estados-Membros*. São Paulo: Revista dos Tribunais, 1999, p. 79.

dar-se uma organização que descanse sobre suas próprias leis, isto é, sobre leis que não extraiam seu valor jurídico de nenhuma outra autoridade".[46] Isso quer dizer que não há que se falar no exercício da auto-organização sem a promulgação da Constituição Estadual, uma vez que esta é o fundamento e o alicerce de todas as demais deliberações legislativas. Entretanto, há limites a essa prerrogativa, e a capacidade de auto-organização não se encerra no exercício do Constituinte Decorrente.

Sobre o conceito de auto-organização de Ferraz supracitado, necessário se faz relativizar sua afirmação de que as leis infraconstitucionais estaduais não extraem o seu valor jurídico de nenhuma outra autoridade além da Constituição Estadual, pois, no caso da ordem jurídico-democrática instaurada a partir da Constituição Federal de 1988, o correto seria afirmar que o fundamento de validade imediato das leis ordinárias estaduais é a Constituição Estadual, mas o fundamento mediato é a Constituição Federal, uma vez que esta configurou elemento limitador do exercício da capacidade de auto-organização dos Estados-Membros, quando da criação das próprias Cartas Constitucionais.

Fato é que o Federalismo Brasileiro de dimensão continental inviabiliza uma abordagem de todas as particularidades regionais no exercício da competência legislativa da União ou mesmo no exercício de criação constitucional do Constituinte Originário. O Estado Federal brasileiro descentraliza-se territorialmente em vinte e seis Estados-Membros. Coerente com essa realidade é um sistema de repartição de competências que outorgue a essas unidades autonomia legislativa e constitucional em matérias de interesse regional.

Ademais, teóricos que tratam da temática posicionam-se nesse mesmo sentido, independente da amplitude geográfico-territorial da Federação em questão, a exemplo de Ferraz,[47] segundo a qual todos os Estados Federais são dotados de peculiaridades que inviabilizam o estabelecimento de teorias gerais sobre os limites

---

46. Ferraz, op. cit., p. 54.
47. Ibid.

impostos à auto-organização das unidades federadas. Contudo, apesar de concordar com o posicionamento adotado pela autora, é fundamental lembrar que a obra supramencionada data de período anterior à atual Constituição Federal, e as ponderações sobre a temática levam em consideração tão somente questões teórico-principiológicas do sistema e, ainda sim, restam alinhadas e coerentes com a realidade brasileira pós-constituição de 1988.

Sobre esses limites no nível das discussões doutrinárias, Ferraz[48] afirma que tudo aquilo que não for vedado expressa ou implicitamente na Constituição Federal é permitido aos Estados-Membros em termos de auto-organização – uma vez que é vedado à Constituição Estadual contrariar a Constituição Federal – devendo aquela refletir os preceitos, os fins e o espírito da Carta Magna, no espaço territorial da sua competência. Temos, com isso, o que a autora chama de implicação negativa, quando se diz que às unidades federadas é vedado violar a Constituição Federal, e uma implicação positiva, quando é posto que as deliberações constitucionais estaduais devem refletir os pilares da Lei Maior. Além desses ela ainda considera como limites à atividade do Poder Constituinte Decorrente, os preceitos que retratam a ordem jurídico-constitucional do país, os princípios federais extensíveis aos Estados-Membros e aqueles a eles diretamente designados na Constituição Federal.

A presente pesquisa toma por diretriz teórica na análise dos limites à autonomia dos Estados-Membros, em matéria de Direito Econômico Constitucional, os ensinamentos supracitados da autora, assim como os dois requisitos de concretização e materialização do sistema federativo que são de responsabilidade dessas unidades federadas, e são eles: exercer a autonomia através das atividades de auto-organização, autoadministração e autogoverno, e observar os limites constitucionais impostos ao exercício dessa autonomia. Ambos constituem requisitos essenciais ao próprio federalismo, tanto a liberdade quanto a limitação a essa.[49]

---
48. Ferraz, op. cit., p. 132.
49. Id. ibid. loc. cit.

Sobre esses limites, também em Ferrari se encontram postulados no mesmo sentido, quando o autor destaca que não há um consenso doutrinário sobre o tema dos limites à autonomia dos Estados-Membros. Para ele, existem limitações de ordem formal, tais como o prazo para elaboração das constituições estaduais, de um ano depois de promulgada a Constituição Federal, no caso da Constituição de 1988, e os requisitos próprios do processo de elaboração, bem como formas, prazos para convocação e composição da Assembleia Constituinte, todos trazidos no artigo 11 dos Atos das Disposições Constitucionais Transitórias. Além desses, há limitações de ordem material, que basicamente são os princípios da Constituição Federal, regras de organização dos Estados-Membros – aqui inseridas aquelas dirigidas indistintamente ou especificamente aos Estados –, regras de organização da União que são extensíveis às unidades federadas e as normas limitadoras da autonomia, essas últimas tratadas de forma expressa nos artigos 21, 22 e 30 da Constituição Federal de 1988.[50]

Sobre as diversas classificações doutrinárias dos limites impostos ao Poder Constituinte dos Estados-Membros, Gabriel Ivo faz uma crítica pertinente a algumas que falam em princípios implícitos, ou em limites que decorrem da análise sistemática da Constituição Federal. A crítica que é feita por ele é em relação ao termo "implícito", pois o autor argumenta que toda norma jurídica é implícita, uma vez que a mesma se extrai a partir da leitura do texto da lei, pois:

> Todas as normas jurídicas brotam da atividade interpretativa de quem se aproxima do texto legislativo. Não há norma jurídica evidente, escancarada aos nossos olhos. É sempre o ser cognoscente quem constrói a norma jurídica.[51]

---

50. Ferrari, S. *Constituição Estadual e Federação*. Rio de Janeiro: Lúmen Juris, 2003, p. 143, et. seq.
51. Ivo, op. cit., p. 139.

Ou seja, também em relação às modalidades de limites e às suas formas se verifica divergências relativas a aspectos terminológicos, entre os teóricos mais citados em matéria de Estado Federal e seus elementos caracterizadores. Ademais, independente dos debates doutrinários em relação à terminologia aplicada aos limites, o fato é que a atividade deliberativa do constituinte estadual terá os seus limites trazidos pela Constituição Federal, e todos eles são estabelecidos com o objetivo de garantir a autonomia dos entes, sem desconfigurar a própria estrutura da Federação. Essas são as cautelas que devem anteceder a promulgação dessas Constituições.

Todavia, o próprio sistema se resguarda ao criar também ferramentas de controle desse exercício, pois se houver excesso no exercício dessa prerrogativa da autonomia, no sentido de extrapolar a competência dos Estados-Membros, o sistema dispõe de dispositivos repressivos que visam garantir o restabelecimento da ordem jurídica da federação. Um deles é o Controle de Constitucionalidade, cujo fim último é a proteção do Estado Federal, exercido por órgãos específicos, criados para essa finalidade, e cuja atuação é tratada na própria Constituição Federal. Outra forma de controle repressivo, prevista no ordenamento jurídico brasileiro, é a intervenção federal, que por ser também instrumento de Controle de Constitucionalidade é exercida através do ajuizamento de uma Ação Direta de Inconstitucionalidade, chamada de ADI Interventiva, cujos legitimados para propositura também estão expressamente descritos na Constituição Federal.

Sobre a intervenção, há de se destacar que se trata de instituto que consiste em sanção à violação de Princípios Constitucionais chamados de sensíveis, todos elencados taxativamente na Carta Magna. Isso quer dizer que não são quaisquer violações à Carta Magna e nem violações a quaisquer princípios que autorizarão a Intervenção. Trata-se de hipótese de supressão de autonomia, extrema, que se aplica somente em caso de violações igualmente extremas.

A Intervenção Federal configura sanção jurídica e, se decretada, culmina na supressão das três manifestações da autonomia, visto que o processo de intervenção prevê nomeação de interventor, que fica à frente da administração até o restabelecimento da ordem constitucional regular. Por esse motivo, esses princípios sensíveis são de observância obrigatória pelo Poder Constituinte Decorrente, no momento da elaboração da Constituição Estadual, ou seja, esses se apresentam como mais um limite às deliberações dos Estados-Membros no processo de elaboração das suas Cartas estaduais. Destaque-se que a Intervenção Federal está prevista em todas as Constituições Federais brasileiras, desde a primeira em 1891, ou seja, essa modalidade de controle do pleno exercício das competências federativas precede as demais modalidades de controle de constitucionalidade, seja ele preventivo, repressivo, difuso ou concentrado.[52]

Se a violação de normas da Constituição Federal pelos Estados-Membros, no exercício da sua atividade constitucional regional, assim como a ausência do exercício da autonomia em relação à auto-organização, obsta o pleno funcionamento do sistema federativo, de igual modo o seria se diversos órgãos pudessem exercer o Controle de Constitucionalidade. Essa possibilidade, meramente hipotética para fins exemplificativos, desestabilizaria a segurança jurídica de todo o sistema.

Além do controle jurídico de constitucionalidade, Ferraz trata de uma modalidade de controle de natureza política, entendido como sendo todo aquele que se dá por entidade não

---

52. Atualmente, com a vigência da Constituição de 1988, há essas quatro classificações de controle. Entende-se por controle de constitucionalidade preventivo aquele exercido pelas comissões do Poder Legislativo que atuam antes mesmo da promulgação da lei. Repressivo, todos aqueles exercidos depois da vigência da lei, e podem se dá em sede de ações ordinárias, em varas e tribunais, por juízes de direito ou federais (controle repressivo difuso), e incidem somente sobre o caso concreto, ou pelo órgão designado para exercer esse controle, atualmente o Supremo Tribunal Federal (controle repressivo concentrado), com poderes para derrogação parciais ou total de normas jurídicas.

jurisdicionada e que consiste num sistema de controle preventivo e repressivo, exercido diretamente pelo povo, pelo Poder Legislativo Federal, por um órgão não jurisdicional criado com o objetivo exclusivo de verificar se os diversos atos dos Poderes Constituídos, dentre os quais se encontra o Decorrente, estão conformes a Constituição Federal.[53] Segundo a autora, essa modalidade de controle político se justifica especialmente porque a atividade do Poder Constituinte Decorrente é complementar à atividade do Poder Constituinte Originário, que é obra mediatamente política. Além disso, a Constituição entendida como instrumento de organização da vida social, é mais que um objeto jurídico, é inclusive uma compilação principiológica e iminentemente política. Justifica-se, com isso, que também um controle dessa natureza se exerça sobre as Cartas Estaduais.

Se os limites ao exercício do Poder Constituinte Decorrente estão na própria Constituição Federal, considerando-se a Carta Magna de 1988 é possível inferir que atualmente esses limites são os princípios constitucionais, pois é o que determina o seu artigo 25, vejamos: "Os Estados organizam-se e regem-se pelas Constituições e leis que adotarem, observados os princípios desta Constituição". Mas a dúvida que pode pairar sobre o Constituinte Estadual é: Quais princípios seriam esses do artigo 25? Seriam todos os princípios, incluindo-se os expressos e implícitos?

Vários são os posicionamentos sobre quais princípios são os que compõem as barreiras à autonomia estadual em deliberações constitucionais. Para Gabriel Ivo, a terminologia usada no referido artigo abrange tanto os princípios *stricto sensu*, quanto todas as demais normas constitucionais, isso porque as normas constitucionais como um todo "dão concreção aos princípios, revelam a dimensão que o princípio haverá de ter naquele caso específico"[54] Todavia, apesar da abrangência dos limites que se

---

53. Ferraz, A. C. *Poder Constituinte do Estado-Membro*. São Paulo: Revista dos Tribunais, 1979, p. 169.
54. Ivo, G. *Constituição Estadual*: competência para elaboração da Constituição do Estado-Membro. São Paulo: Max Limonad, 1997, p. 147.

impõem à elaboração da Constituição Estadual, há espaços para o exercício da criação a partir das particularidades locais, que devem ser exercidas, sob pena de total descaracterização da federação, conforme já exposto.

O Constituinte Estadual, no sistema federativo brasileiro, é nitidamente marcado pela influência da Constituição Federal, e por isso Ivo chama as suas normas de "normas de reprodução de textos da Constituição Federal", mas essa reprodução deve ter uma medida, caso contrário o texto da Constituição Estadual acabará por reproduzir, em forma de cópia, o texto da Constituição Federal, o que não é o objetivo da outorga da capacidade de auto-organização. Segundo Gabriel Ivo "a norma de reprodução não consiste, para fins de autonomia, simples norma de imitação, outro aspecto encontrado constantemente na feitura da Constituição do Estado-Membro".[55]

Além dos limites tratados até aqui, é preciso destacar que alguns autores consideram que também não pode ser matéria de norma constitucional estadual aquela reservada à lei ordinária, ainda que a Constituição Estadual desfrute de posição hierarquicamente superior, servindo inclusive de fundamento à elaboração daquelas. Para essa linha teórica, a Constituição Estadual esbarra em mais esse limite. Aos defensores dessa corrente, o tratamento de matérias reservada à lei ordinária em sede constitucional inibe a participação dos demais poderes ou órgãos que têm capacidade de iniciativa de lei, e, consequentemente, fere o princípio da separação dos poderes estabelecido na Constituição Federal.[56] Não é objetivo da repartição de competências trazidas pela Constituição Federal que toda matéria de competência estadual se esgotem na própria Constituição, assim como não ocorre com a Carta Magna em relação às matérias de competência federal.

Por fim, concluindo os limites impostos à elaboração da Constituição Estadual, se considerarmos a compreensão de

---

55. Ivo, op. cit., p. 151. Horta. *Estudos de Direito Constitucional*. Belo Horizonte: Livraria Del Rey, 1995, passim.
56. Id. ibid., p. 155.

Gabriel Ivo sobre os princípios fundamentais, dos quais todas as demais normas constitucionais decorrem, estaríamos abrangendo todos os demais limites já apontados. Segundo Ivo,[57] os limites à atuação do constituinte estadual residem numa análise sistemáticas de todas as normas constitucionais das matérias de competência de lei ordinária, conforme já mencionamos. Isso significa dizer que, na concepção de Ivo, tanto normas hierarquicamente superiores à Constituição Estadual, quanto aquelas que dela extraem seu fundamento de validade são responsáveis pelo estabelecimento desses limites que, ao que parece, será traçado por exclusão. Ainda sobre essa competência constitucional dos Estados-Membros, o autor considera a limitação da competência constitucional como requisito de validade da Constituição Estadual, pois entende que a Constituição Estadual deve conter apenas as normas que organizam e regem o Estado-Membro, sob pena de invalidade. Cabe às normas constitucionais deliberarem sobre a criação e o funcionamento dos órgãos de governo, bem como sobre a implementação de políticas públicas, em conformidade com a Constituição Federal, na qual deverá se espelhar.[58]

Nesse sentido, parece deveras restritiva a competência constitucional dos Estados-Membros na visão do autor. Se assim o fosse, não caberia atribuir à competência estadual constitucional deliberar considerando questões de ordem local, e essa competência estaria restrita somente à lei ordinária, o que demonstra certa fragilidade na teoria dos limites de Gabriel Ivo, considerando-se a conjuntura de repartição de competências atual da Constituição Federal da República Federativa do Brasil de 1988. Entretanto, essa discussão será melhor pormenorizada no capítulo que se destina a tratar da competência estadual para legislar sobre a Ordem Econômica na Constituição Estadual.

O fato é que a repartição de competência configura elemento básico estrutural da federação, pois é somente através deste

---

57. Ibid., p. 175.
58. Ivo, op. cit., p. 176.

que se viabiliza, de fato, uma descentralização de poderes que garantem a autonomia dos entes federados, e essa discussão doutrinária acerca de uma possível distinção entre matérias de competência estadual, que devem ser tratadas na Constituição Estadual, e matérias de competência desses entes que não podem ser tratadas na Carta Constitucional, pois são de competência de lei infraconstitucional, se apresenta de forma distinta entre os teóricos que trataram da matéria e será vista de que forma é contemplada pelo Supremo Tribunal Federal no capítulo que traz as análises das Constituições. Ademais, em se tratando de Estado Federal, não há somente uma forma de distribuir as competências, há diversas, mas todas elas convergem para uma distribuição que preza pela a unidade do sistema, pela a prevalência da Constituição Federal sobre as demais normas, sejam elas de Constituições Estaduais ou infraconstitucionais, e pela a autonomia dos entes federativos. A forma como esses três elementos do sistema vão ser tratados depende essencialmente da forma pela qual essa repartição se dará.

Postos os parâmetros teóricos sobre o Poder Constituinte Decorrente e a repartição de competências, é preciso aprofundar as discussões sobre a competência estadual em matéria de Direito Econômico, para que uma análise do exercício dessa autonomia legislativa nas Constituições Estaduais Brasileiras possa ser então desenvolvida. Por essa razão, o próximo capítulo tratará dessa competência, e o seguinte trará as referidas análises.

2. COMPETÊNCIA EM MATÉRIA DE DIREITO ECONÔMICO

Tratar da efetividade do exercício da autonomia dos Estados-Membros ao legislar em Direito Econômico requer necessariamente discorrer sobre a temática da competência para exercer a capacidade legislativa nessa matéria, em especial, em sede de Constituição Estadual. Entretanto, antes disso, cabe uma explanação acerca do porquê da seleção dessas normas como elemento central da presente análise.

É sabido que o Federalismo Cooperativo outorga, aos entes que integram o sistema, liberdades de organização, administração e governo, às quais se atribuiu a designação jurídico-semântica de autonomia, tratadas quando da exposição acerca dos elementos que compõem o Estado Federal no primeiro capítulo. Essa autonomia que autoriza uma gestão individualizada das partículas componentes do Estado Federal, e que é característica própria desse sistema, é matéria integrante do Direito Constitucional, e assim o tem sido desde a Constituição de 1891, conforme destaca Oswaldo Trigueiro[59] ao afirmar que é em sede de norma constitucional que os Estados-Membros definem a sua própria organização, estendendo-se ao termo igualmente as diretrizes de autoadministração e autogoverno.

Além disso, o enfoque central da abordagem é a autonomia dos Estados-Membros, enquanto entes federativos do Estado Federal Brasileiro, e os limites que a ela se impõem em termos práticos, a partir da efetivação dessa prerrogativa, que tem o seu marco introdutório com a elaboração das Constituições Estaduais, dispositivo jurídico que irá inaugurar o sistema na ordem interna estadual, e estabelecer as diretrizes para todas as demais normas (infraconstitucionais). Por esse motivo, os

---

59. Trigueiro, Oswald. *Direito Constitucional Estadual*. Rio de Janeiro: Forense, 1980, p. 70.

limites efetivos à autonomia para legislar em matéria de Direito Econômico serão expostos a partir de um estudo das Constituições Estaduais, considerados os temas que interessam a esse ramo do direito, inclusive porque podem conter aspectos locais ou regionais, e que foram selecionados para fins desse estudo, numa análise categorizada, no terceiro capítulo desse livro.

Destarte, a escolha das normas constitucionais responsáveis por estabelecer as diretrizes jurídicas de natureza ordem econômica se justifica por ser esse corpo normativo aquele que irá inaugurar a inovação em matéria de Direito Econômico dentro do âmbito estadual, fundando uma ordem de organização jurídica, dentro dos parâmetros e diretrizes da Constituição Federal, a partir das particularidades regionais, conforme autorização constitucional, consolidando o sistema federativo ao garantir efetividade às normas da Carta Magna que trataram da autonomia e da repartição de competências.

Sobre a repartição de competências, destaque-se a nomenclatura-conceito de Borges Netto atribuída às normas da Constituição Federal que exercem essa função, qual seja, "regras de estrutura, de organização ou de competências", entendidas essas como sendo as regras constitucionais que mandam recado aos parlamentos federal, estaduais, municipais e distritais, e de fato o são.[60] Ademais, na Constituição da República Federativa do Brasil de 1988 essas normas estão dispostas no título que trata da Organização do Estado, e a diversidade de diretrizes para essa repartição é responsável pela classificação do sistema brasileiro de distribuição de competências legislativas como sistema misto, inclusive com a disposição de normas que trazem a possibilidade de inovação da ordem jurídica, e outra que impõem limites a essas possibilidades. Vejamos de que forma as competências se apresentam no ordenamento jurídico brasileiro.

O Capítulo II do título supramencionado trata da competência da União em relação à organização do Estado e, em seu

---

60. Borges Netto, A. L. *Competências Legislativas dos Estados-Membros*. São Paulo: Revista dos Tribunais, 1999, p. 76.

artigo 22,[61] enumera as competências privativas desse ente, que são tratadas como sendo as competências excludentes de todas as demais pessoas da federação. Entretanto, o parágrafo único desse mesmo artigo abre a possibilidade de uma lei complementar autorizar os Estados-Membros a legislarem nas referidas matérias, sobre questões específicas, instituindo a competência que a melhor doutrina convencionou chamar de competência delegada. Nota-se que em matéria de compe-

---

61. Art. 22. Compete privativamente à União legislar sobre: I - direito civil, comercial, penal, processual, eleitoral, agrário, marítimo, aeronáutico, espacial e do trabalho; II - desapropriação; III - requisições civis e militares, em caso de iminente perigo e em tempo de guerra; IV - águas, energia, informática, telecomunicações e radiodifusão; V - serviço postal; VI - sistema monetário e de medidas, títulos e garantias dos metais; VII - política de crédito, câmbio, seguros e transferência de valores; VIII - comércio exterior e interestadual; IX - diretrizes da política nacional de transportes; X - regime dos portos, navegação lacustre, fluvial, marítima, aérea e aeroespacial; XI - trânsito e transporte; XII - jazidas, minas, outros recursos minerais e metalurgia; XIII - nacionalidade, cidadania e naturalização; XIV - populações indígenas; XV - emigração e imigração, entrada, extradição e expulsão de estrangeiros; XVI - organização do sistema nacional de emprego e condições para o exercício de profissões; XVII - organização judiciária, do Ministério Público do Distrito Federal e dos Territórios e da Defensoria Pública dos Territórios, bem como organização administrativa destes; XVIII - sistema estatístico, sistema cartográfico e de geologia nacionais; XIX - sistemas de poupança, captação e garantia da poupança popular; XX - sistemas de consórcios e sorteios; XXI - normas gerais de organização, efetivos, material bélico, garantias, convocação e mobilização das polícias militares e corpos de bombeiros militares; XXII - competência da polícia federal e das polícias rodoviária e ferroviária federais; XXIII - seguridade social; XXIV - diretrizes e bases da educação nacional; XXV - registros públicos; XXVI - atividades nucleares de qualquer natureza; XXVII - normas gerais de licitação e contratação, em todas as modalidades, para as administrações públicas diretas, autárquicas e fundacionais da União, Estados, Distrito Federal e Municípios, obedecido o disposto no art. 37, XXI, e para as empresas públicas e sociedades de economia mista, nos termos do art. 173, § 1°, III; XXVIII - defesa territorial, defesa aeroespacial, defesa marítima, defesa civil e mobilização nacional; XXIX - propaganda comercial. Parágrafo único. Lei complementar poderá autorizar os Estados a legislar sobre questões específicas das matérias relacionadas neste artigo. (Brasil, Constituição (1988). *Constituição da República Federativa*. Brasília, Senado, 1988. Disponível em: <http://bit.ly/2x9BRkB>. Acesso em: 06 fev. 2017).

tência federal, nenhum tópico está relacionado explicitamente a diretrizes econômicas de Estado.

Além das competências privativa e delegada, a Constituição Federal de 1988 previu competências residuais ou remanescentes para os Estados-Membros, conforme se verifica no artigo 25, § 1º, segundo o qual "São reservadas aos Estados as competências que não lhes sejam vedadas por esta Constituição", seja essa vedação explícita ou implícita, e dessa última podemos citar como exemplo as matérias que foram atribuídas a outros entes federativos. Sobre os demais entes, a Carta Magna de 1988 reserva aos Municípios competência para legislar em matéria de interesse local, e suplementar as legislações federal e estadual naquilo que couber, conforme artigo 30, incisos I e II,[62] e ao Distrito Federal todos os poderes legislativos outorgados a Estados-Membros e Municípios, conforme artigo 32, § 1º.[63]

Por fim, tratemos daquelas que interessam primordialmente à análise acerca da autonomia dos Estados-Membros em matéria de Direito Econômico nas Constituições Estaduais: as competências estaduais constituinte, entendida como a capacidade autorizada pela Constituição Federal para editar a Constituição Estadual, prevista no artigo 25,[64] e a competência concorrente, prevista no artigo 24[65] da Constituição Federal de 1988, que pode ser con-

---

62. Art. 30. Compete aos Municípios: I - legislar sobre assuntos de interesse local; II - suplementar a legislação federal e a estadual no que couber; (Brasil, 1988, op. cit., art. 30).
63. § 1º Ao Distrito Federal são atribuídas as competências legislativas reservadas aos Estados e Municípios. (Brasil, 1988, op. cit., art. 32, § 1º).
64. Art. 25. Os Estados organizam-se e regem-se pelas Constituições e leis que adotarem, observados os princípios desta Constituição. § 1º São reservadas aos Estados as competências que não lhes sejam vedadas por esta Constituição. (Brasil, 1988, op. cit., art. 25).
65. Art. 24. Compete à União, aos Estados e ao Distrito Federal legislar concorrentemente sobre: I - direito tributário, financeiro, penitenciário, econômico e urbanístico; II - orçamento; III - juntas comerciais; IV - custas dos serviços forenses; V - produção e consumo; VI - florestas, caça, pesca, fauna, conservação da natureza, defesa do solo e dos recursos naturais, proteção do meio ambiente e controle da poluição; VII - proteção ao patrimônio histórico, cultural, artístico, turístico e paisagístico; VIII - res-

ceituada como competência que abre a possibilidade de atuação conjunta de duas ou mais entidades federadas sobre uma mesma matéria, como é o caso das normas de Direito Econômico.[66] Desta forma, o sistema de repartição de competências brasileiro é considerado misto, não somente por conglomerar diversas estratégias de delimitação das atribuições legislativas – a exemplo das modalidades de competência privativa, suplementar, residual, etc. –, mas também por ter promovido uma integração entre a técnica clássica de distribuição, em que se têm poderes normativos enumerados atribuídos a União, e residuais designados aos Estados-Membros, com a técnica incorporada pelo constitucionalismo alemão, ao trazer previsão de competências privativas delegáveis, como ocorre com a hipótese do parágrafo único do artigo 22 da Constituição Federal, e de competências concorrentes, conforme se verifica no rol trazido pelo artigo 24, já tratado.[67]

Assim, em relação aos Estados-Membros, a Carta Magna de 88 atribuiu-lhes competência constituinte, conforme preceitua o artigo 25 da Constituição Federal, competências privativas ou enunciadas, a exemplo das competências em matéria tributária, prevista nos artigos 145, I, II, III e 155, e das competências legislativas relacionadas nos artigos 18 § 4º e 25 §§ 2º e 3º, competência delegada, conforme artigo 22 parágrafo único, competência residual, conforme prevê o artigo 25 § 1º, e a competência concorrente, prevista no artigo 24 da Lei Maior vigente, que é exatamente onde se encontra prevista a possibilidade dos entres federativos legislarem em matéria de Direito

---

ponsabilidade por dano ao meio ambiente, ao consumidor, a bens e direitos de valor artístico, estético, histórico, turístico e paisagístico; IX - educação, cultura, ensino, desporto, ciência, tecnologia, pesquisa, desenvolvimento e inovação; X - criação, funcionamento e processo do juizado de pequenas causas; XI - procedimentos em matéria processual; XII - previdência social, proteção e defesa da saúde; XIII - assistência jurídica e Defensoria pública; XIV - proteção e integração social das pessoas portadoras de deficiência; XV - proteção à infância e à juventude; XVI - organização, garantias, direitos e deveres das polícias civis. (Brasil, 1988, op. cit., art. 24).
66. Borges Netto, op. cit., passim.
67. Ibid., p. 88.

Econômico conjuntamente. Consideradas as exposições acerca das competências privativa, residual e delegada, resta esclarecer o que é exatamente competência concorrente.

Sobre essa classificação e conceito, Bercovici[68] define competência concorrente como a materialização da coordenação na repartição de poderes, entendida essa coordenação como sendo um modo de atribuição e exercício conjunto de competências no qual os entes federativos participam em alguma medida. Ademais, a coordenação consiste num processo de construção de um resultado comum, e do interesse de todos, a partir de uma tomada de decisão em escala federal, que é adaptada em certo nível para atender às particularidades e necessidades dos demais entes parte dessa colaboração.

Dessa forma, em relação à competência concorrente dois destaques se fazem necessários por interessar à análise: Primeiro, é importante destacar que no caso do federalismo brasileiro, o exercício da referida competência em sede estadual esbarra em limites expressos e implícitos que, em nome da manutenção da unidade da ordem jurídica e do pacto federativo, obstam, em alguma medida, que a coordenação de que tratou Bercovici se efetive de forma a concretizar plenamente as vontades regionais. Fato é que, na mesma medida em que a autonomia dos entes federativos é marca característica do Estado Federal, a manutenção da sua unidade implica em delimitação de liberdades, e o exercício da autonomia dos Estados-Membros na criação de diretrizes econômicas estaduais deve observar tanto a ideologia econômica que funda a Constituição Federal, quanto às diretrizes econômicas retratadas na regulamentação federal.

Segundo ponto de relevância sobre a referida possibilidade legislativa é que, assim como a autonomia, também a competência concorrente, com tudo que lhe é peculiar, é marca indistinta do federalismo cooperativo, e vem integrando a distribuição de

---

68. Bercovici, G. *Dilemas do Estado Federal Brasileiro*. Porto Alegre: Livraria do Advogado, 2004, p. 59.

competências no Brasil desde a Constituição de 1934, Carta que inaugura formalmente a cooperação, conforme se verifica nos seus artigos 140 e 177,[69] curiosamente artigos que tratam de situação regional com demandas nacionais, quais sejam: as endemias e as secas no Nordeste.[70]

Curioso e ao mesmo tempo coerente, uma vez que o federalismo no Brasil se caracteriza por uma homogeneização na sua unidade, o que não se confunde com centralização. Na homogeneização o que se tem é cooperação entre as unidades, uma congregação das vontades dos entes federativos. Como todo Estado Federal se funda vê princípios norteadores da política de Estado, no Brasil esse sistema tem como um dos seus fundamentos "a redução das desigualdades regionais em favor de uma progressiva igualação das condições sociais de vida em todo o território nacional".[71]

Com isso, outorgar autonomia ao Direito Econômico, ao atribuir-lhe a possibilidade de ser objeto de legislação que considera aspectos regionais num federalismo que é continental, incluindo-o no rol de competências concorrentes, configurou decisão acertada e compatível com o desejo cooperação federativa para redução de desigualdades regionais e garantia do desenvolvimento nacional, metas republicanas elencadas entre os

---

69. Art. 140 - A União organizará o serviço nacional de combate às grandes endemias do País, cabendo-lhe o custeio, a direção técnica e administrativa nas zonas onde a execução do mesmo exceder as possibilidades dos governos locais. (Brasil, Constituição (1934). *Constituição da República dos Estados Unidos do Brasil*. Rio de Janeiro: Assembleia Constituinte, 1934. Disponível em: <http://bit.ly/2nidwBi>. Acesso em: 04 abr. 2017). Art. 177 - A defesa contra os efeitos das secas nos Estados do Norte obedecerá a um plano sistemático e será permanente, ficando a cargo da União, que dependerá, com as obras e os serviços de assistência, quantia nunca inferior a quatro por cento da sua receita tributária sem aplicação especial. (Brasil, 1934, op. cit., art. 177).
70. Bercovici, Gilberto. *Constituição Econômica e Desenvolvimento*: uma leitura a partir da Constituição de 1988. São Paulo: Malheiros, 2005, p. 17.
71. Bercovici, op. cit., 2004, p. 57.

objetivos da República Federativa do Brasil, expressas no artigo 3º, incisos II e III[72] da Carta de 1988.

Todavia, há questões de competência dos entes federativos que acabam contribuindo para o aparecimento de lacunas ou antinomias no ordenamento jurídico brasileiro. Isso porque a Constituição Federal de 1988, ao tratar das competências privativas dos entes federativos, além de não ter centralizado a abordagem da matéria num único capítulo, conforme se observa quando elencamos os artigos que trazem essa competência em relação aos Estados-Membros, também não esgota o rol de possibilidades legislativas privativas. Por esse motivo, em nome da garantia do exercício da autonomia e em nome de concretização dos objetivos do Estado Federal e da República Federativa do Brasil, postos pela constituição, é que a doutrina acusa a existência de competências implícitas.[73]

Para os que defendem a existência de mais essa modalidade de competência, aponta-se a mesma como resultado de uma necessidade de se conferir às unidades da federação todos os meios necessários para garantia da efetividade do dever constitucional de legislar sobre os assuntos previstos nas normas de estrutura da Carta Magna. Isso não significa dizer que o Estado Federal Brasileiro não possua mecanismos limitadores de autonomia, destacando-se essencialmente o papel definido na Constituição, como mecanismo preventivo, e a atuação efetiva dos tribunais superiores, e mesmo do judiciário como um todo em controles de legalidade e constitucionalidade, difuso e concentrado, como medida posterior ao cometimento do abuso de prerrogativa.

---

72. Art. 3º Constituem objetivos fundamentais da República Federativa do Brasil: I - construir uma sociedade livre, justa e solidária; II - garantir o desenvolvimento nacional; III - erradicar a pobreza e a marginalização e reduzir as desigualdades sociais e regionais; IV - promover o bem de todos, sem preconceitos de origem, raça, sexo, cor, idade e quaisquer outras formas de discriminação. (Brasil, 1988, op. cit., art. 3º).
73. Borges Netto, op. cit., passim.

Segundo Giovani Clark,[74] sobre o Controle de Constitucionalidade e legalidade em matéria de Direito Econômico, a inexistência de uma codificação das suas normas obsta um exercício de controle que garanta segurança jurídica à coletividade. Ao analisar as questões que envolvem o Município, e a sua possível intervenção no domínio econômico através dos processos legislativos, ele afirma que a isso se soma a morosidade do judiciário e a sua falta de familiarização com esse ramo do direito aumentam as aflições sociais especialmente de comunidades locais.

O autor aponta como solução possível a essa problemática uma maior participação de cidadãos, empresários, consumidores e membros de organizações não governamentais no processo de elaboração das normas de Direito Econômico enquanto paliativo, posto que seria a própria sociedade o agente controlador e fiscalizador desse exercício de autonomia limitado, aumentando-se, com o processo participativo dos interessados, o controle, a eficiência e mesmo a legitimidade de tais normas. Mas será mesmo que isso é possível, considerando a história da participação popular nos processos legislativos no Brasil?

Ora, se o autor acusa o Poder Judiciário de ineficiência no exercício de controle de legalidade e constitucionalidade das normas de Direito Econômico que emanam dos entes federativos no Brasil, por motivo de desconhecimento ou não familiarização com o ramo, como haveremos de suplantar essa lacuna com um tipo de controle a ser exercidos pelas massas, num país com o grau de instrução e (incipiente) participação política direta como o Brasil? Acreditamos não ser essa a solução mais adequada à suposta problemática, e questionamos se de fato há essa ineficiência e morosidade no controle exercido pelo judiciário em matéria de Direito Econômico.

No capítulo terceiro, designado às análises das Constituições Estaduais e suas normas de diretrizes jurídico-econômicas, a fim

---

74. Clark, Giovani. *O Município em Face do Direito Econômico*. Belo Horizonte: Del Rey, 2001, p. 12.

de investigar a concretização (ou não) das prerrogativas legislativas resultantes da autonomia elementar do Estado Federal, trataremos da forma como esse controle aparece na Suprema Corte. Por hora, cabe tratarmos das possibilidades legislativas em matéria de Direito Econômico, que se extrai da estrutura federativa no Brasil, a partir dos postulados da sua Constituição Federal de 1988.

Para fundamentar a análise das constituições em si, necessário se faz tratar da competência federal em matéria de Direito Econômico, para se chegar à competência dos Estados-Membros em relação a essas normas, considerando-se o que seria necessariamente uma questão regional de interesse desse ramo. Essas questões serão abordadas nos subcapítulos que seguem.

2.1 Competência Federal em Direito Econômico

Tratados dos aspectos introdutórios acerca da competência em matéria de Direito Econômico no ordenamento jurídico brasileiro, cabe-nos a exposição das hipóteses de competência federal para, por exclusão, chegarmos ao "dever ser" da competência estadual na referida matéria. Quanto ao "ser" desse processo legislativo constitucional estadual, essa abordagem só será possível quando da análise em si, no capítulo que encerra o presente trabalho. Para tratar de competência federal em Direito Econômico, considerando as suas prerrogativas e eventuais limitações, é preciso, primeiramente, explorar o conceito de desse ramo do direito, para chegarmos na sua relação com os debates acerca dos limites da intervenção estatal no domínio econômico.

Sobre a conceituação do Direito Econômico adotada para fins de seleção de temáticas de análise das constituições, alguns autores trouxeram pontos imprescindíveis à pesquisa, a exemplo de Washington Peluso Albino de Souza,[75] segundo o qual Direito Econômico é o ramo do direito que se ocupa do tratamento ju-

---

75. Souza, Washington Peluso Albino de. *Primeiras Linhas de Direito Econômico.* 6. ed. São Paulo: LTr, 2016, p. 3.

rídico da política econômica. Isso significa afirmar que o Estado adota uma ideologia econômica com políticas de concretização definidas que incluem um conjunto de normas de conteúdo econômico que viabiliza e assegura o equilíbrio dos interesses individuais e coletivos a partir dessa ideologia adotada. Nesse sentido, extrai-se desse conceito o conteúdo econômico das normas a serem analisadas, bem como a necessidade de adoção de uma ideologia econômica norteadora de políticas de Estado, enquanto fator limitador da autonomia dos entes federativos nos seus processos deliberativo-legislativos.

Igualmente relevante à análise é o fato levantado por Fábio Konder Comparato,[76] no seu renomado trabalho intitulado *O Indispensável Direito Econômico*, de serem essas normas de conteúdo econômico a expressão da política nacional, quando conceitua esse ramo do direito enquanto constituição de técnicas jurídicas que atuando coordenadamente exprimem o conjunto da política econômica do país. Para o autor, o Direito Econômico "constitui disciplina normativa de ação estatal sobre as estruturas do sistema econômico, seja este centralizado ou descentralizado". Ora, se o conjunto das normas de Direito Econômico expressa uma política de dimensão nacional, de fato, a política econômica adotada pelo Estado brasileiro obsta, em alguma medida, as liberdades legislativas regionais nessa matéria.

Indubitavelmente, em ambos os conceitos se verifica que o direito econômico traz uma complementaridade entre a política econômica nacional e o processo de construção de um sustentáculo jurídico que dê respaldo a ela. Data vênia às definições dos renomados autores, e extraídos os aspectos relevantes ao estudo, para fins de análise do presente trabalho ficamos com o conceito integral do professor Dr. Gilberto Bercovici que conceitua esse ramo do direito como sendo:

---

76. Comparato, Fabio Konder. O Indispensável Direito Econômico. In: _____. *Ensaios e Pareceres de Direito* Empresarial. Rio de Janeiro: Forense, 1978, p. 465.

[...] uma economia política da forma jurídica, ou seja, como uma disciplina capaz de, simultaneamente, esclarecer a origem social e teórica dos textos normativos, sua sistematização para a decidibilidade por parte da doutrina e da atuação dos chamados "operadores do direito", sua capacidade de diálogo e de percepção de influências recíprocas em outros campos, disciplinas ou sistemas sociais e sua preocupação com quais as possibilidades abertas ou por se abrir de lutas sociais e as formas institucionais possíveis de serem adotadas por estes movimentos.[77]

A adoção do conceito supracitado para fins de critério de análise das normas de conteúdo econômico por temática se justifica por ser esse aquele que trata do Direito Econômico como um ramo do direito que extrapola o simples reflexo de política econômica adotada no país ou a mera natureza do conteúdo das suas normas. Essa abordagem trata do Direito Econômico enquanto ramo do direito responsável por espelhar a origem social dos seus textos normativos, e por sua capacidade de dialogar com os sistemas sociais considerando suas possibilidades de lutas sociais.

Se observarmos os objetivos fundamentais da República Federativa do Brasil, em especial, aqueles que tratam da garantia do desenvolvimento nacional e da necessidade de redução das desigualdades sociais, é possível concluir que esses objetivos só podem ser viabilizados pela ordem jurídica se a mesma dispuser de um ramo do direito que viabilize a identificação dos sistemas sociais sobre os quais a ordem incide, bem como que leve em conta as possibilidades de lutas sociais e das formas institucionais adotadas por esses movimentos como um fator de ordem também econômica.

Isso porque parte dos movimentos históricos de luta social emana dos movimentos cuja bandeira propõe pensar as desi-

---

77. Bercovici, Gilberto. Política Econômica e Direito Econômico. *Revista Fórum de Direito Financeiro e Econômico – RFDFE*, Belo Horizonte, ano 1, n. 1, p. 199-219, mar./ago. 2012a, p. 206.

gualdades sociais, e por que não regionais, e os processos de exclusão e marginalização, para construção de uma sociedade verdadeiramente livre e solidária. Diante disso, um ramo do direito que se encontra imbricado com a política econômica, ao ponto de ser tomado como economia política da forma jurídica, se apresenta como uma solução viável ao combate às desigualdades, através de um processo de inclusão dos fatores econômicos que a promovem. Esse processo de inclusão se materializa através da elaboração de normas de estrutura de conteúdo econômico, no âmbito das Constituições Estaduais, somente possível graças à distribuição de competências que outorga aos Estados-Membros capacidade legislativa concorrente.

Some-se a isso a necessidade brasileira urgente de encarar o desafio de reestruturação do Estado, inicialmente a partir de um debate para estabelecimento de diretrizes que servirão ao projeto de superação do subdesenvolvimento, que também é de competência das normas de diretrizes econômicas. Para Bercovici,[78] o Direito Econômico possui dupla instrumentalidade na medida em que tanto serve ao projeto de oferta de instrumentos para organização do processo econômico capitalista de mercado, quanto deve servir de proposta de transformação e influência da economia, com enfoque nas medidas que atendem a objetivos sociais a partir da fusão entre economia e política, através do direito.

Isso porque não há que se falar em políticas de redução de desigualdades sem que o Estado assuma o seu papel no enfrentamento da influência e do poder da iniciativa privada. O Estado brasileiro precisa de uma sólida base de poder econômico para garantir a existência de um Estado democrático que esteja de acordo com os ditames constitucionais atuais. O enfrentamento dos interesses dos detentores do poder econômico privado pelo Estado é o que vai garantir a prevalência das

---

78. Bercovici, Gilberto. O Ainda Indispensável Direito Econômico. In: Benevides, Maria Victoria de Mesquita; Bercovici, Gilberto; Melo, Claudineu de (orgs.). *Direitos Humanos, Democracia e República*: Homenagem a Fábio Konder Comparato. São Paulo: Quartier Latin, 2009, p. 518.

instituições democráticas e a independência política do Estado sobre as forças de mercado. Nesse sentido é que se configura como indispensável à proposta de redução de desigualdades regionais a viabilização pelo Direito Econômico.[79]

Destarte, falar em viabilização pelo Direito Econômico implica em defender a necessidade de uma ação do Estado, que Washington Peluso acertadamente define como uma ação de fiscalização e planejamento da atividade econômica com fins de impor limites necessários à liberdade de iniciativa, atendendo às demandas sociais não priorizadas pelos projetos dos detentores do poder econômico privado.[80] A essa iniciativa que abrange processos de regulamentação, fiscalização e planejamento, Peluso dá o nome de "ação econômica do Estado", o que parece deveras adequado frente aos argumentos de um segmento da doutrina de que a designação "intervenção no domínio econômico" pressupõe ação contrária aos processos harmônicos naturais, argumentação não alinhada à análise que apresentamos.[81]

Além disso, a organização jurídica estatal precisa ter bem definidas as competências para legislar em matéria de Direito Econômico, e essa definição passa necessariamente pela repartição clara de competências, com atribuições de funções a cada um dos entes federativos. Entretanto, ainda que assim não o fosse, reiteramos que o ordenamento jurídico brasileiro dispõe de mecanismos de controle de legalidade e constitucionalidade que atua de forma complementar a essa distribuição, reparando eventuais lacunas e antinomias, sempre que necessária a intervenção interpretativa do Poder Judiciário.

Com relação à competência federal em matéria de Direito Econômico, Washington Peluso defende que a harmonização da política econômica brasileira precisa enfrentar um imenso desafio no âmbito federal: lidar com a autonomia dos Estados-Membros e dos Municípios. Para ele, o federalismo brasileiro

---

79. Bercovici, op. cit. Passim.
80. Souza, op. cit., p. 232.
81. Comparato, op. cit., p. 463.

de dimensões geográficas continentais implica na existência de diversidades regionais de uma proporção de origem histórica, e mesmo política, que demandam atenção tal que as peculiaridades de ordem econômica ficam escanteadas nesse processo de planejamento de políticas federais, tendo que se adequar a diretrizes normativas amplas, que muitas vezes nenhuma relação mais direta, apresentam com a real situação econômica regional.[82] A preocupação coerente do autor reside no fato de que, ao Estado--Membro compete legislar em matéria não vedada implícita ou explicitamente pela Constituição Federal, e, em matéria de Direito Econômico, considerando-se as diretrizes constitucionais de repartição de competências, ao Estado-Membro competiria legislar considerando questões regionais, dentro dos limites da legislação federal que versará(ria) sobre questões gerais.[83]

Com isso, o planejamento jurídico econômico brasileiro esbarra em obstáculos quase cíclicos, pois se por um lado as diversidades regionais obstam um planejamento mais concreto e efetivo, por outro temos que as diretrizes normativas de natureza econômica que são possíveis de se estabelecer, por vezes, não apresentam coerência com questões regionais. Essa distância acaba por impactar o exercício legislativo do ente capaz de levar em consideração suas particularidades, pois essas normas federais são um dos elementos limitadores da autonomia dos entes federativos quando a matéria faz parte do rol de competências concorrentes.

Data vênia a preocupação fundamentada de Washington Peluso, acreditamos que a fundação de uma ordem político--jurídica numa Constituição com normas de Direito Econômico iminentemente programáticas, como é o caso das normas dessa ordem trazidas pela Constituição Federal Brasileira de 1988, chamada de Constituição Econômica, cuja conceituação será tratada a seguir, por si só oferece possibilidade de solução da celeuma da dimensão geográfica e das limitações impostas ao processo legislativo quando se trata de matéria de competência

---

82. Souza, op. cit., p. 231.
83. Id. ibid., loc. cit.

concorrente. Esse tipo de norma jurídica estabelece diretrizes gerais de política econômica e viabiliza a integração e a complementação com outras normas do ordenamento.

O próprio Direito Econômico surge do nascimento da Constituição Econômica, entendida essa como sendo aquela que pretende alterar a estrutura econômica a partir da positivação de tarefas e políticas criadas para atingir a certos objetivos no domínio econômico e social. Essas normas programáticas ou dirigentes, como parece mais coerente chamar na conjuntura atual, se apresentam no momento em que a dinâmica do mercado se revela insuficiente *de per si* para garantia da harmonia econômica, pondo por terra o mito da possibilidade de autorregulação de mercado, e podem servir ao ideal de redução de desigualdades sociais e regionais.[84]

Nesse sentido é que a atual Constituição Federal de 1988 recebe a designação de "Constituição Dirigente" em detrimento da nomenclatura "Constituição Econômica", pois além de conter normas de conteúdo econômico, o que, aliás, não é uma novidade do século XX, conforme destaca Bercovici,[85] também as dispõe com caráter programático. Fato é que essas normas programáticas que indicam o caráter dirigente da atuam constituição estão sistematizadas especialmente num título próprio: o título "Da Ordem Econômica" e, no processo de repartição de competências constitucionais, às normas federais coube traçar diretrizes gerais a serem observadas pelos Estados-Membros, nos processos de integração das suas normas à política econômica vigente e adotada pela Carta Magna.

Desse modo, resta claro que a ideologia consagrada na Lei Maior é o primeiro dos limites impostos aos processos legislativos complementares, sejam eles federal, estadual, distrital ou municipal, pois a atuação do Estado em políticas econômicas precisa estar bem delimitada a fim de evitar arbítrios. Por essa razão, "o elemento a ser identificado é o princípio da consonância com a

---

84. Bercovici, op. cit., 2005, passim.
85. Ibid. passim.

ideologia consignada na Constituição".[86] No caso da Constituição Brasileira de 1988, os objetivos consolidados que servem de fronteira a ação econômica do Estado são o desenvolvimento nacional, a justiça social e a redução das desigualdades regionais, essa última enquanto política essencial para promoção do primeiro.

Em termos práticos, considerando a experiência brasileira em matéria de competência federal para legislar em Direito Econômico, o que se verifica na atualidade é que tanto o Poder Legislativo quanto o Poder Executivo têm atuado em processos de elaboração de normas de conteúdo econômico. No caso do segundo, a atuação tem encontrado respaldo jurídico nas hipóteses de exceção de autorização de emissão de Medidas Provisórias, sob o argumento de urgência e relevância, elencadas no art. 62[87] da Constituição Federal. Essas iniciativas do Poder Executivo têm encontrado espaço principalmente devido as discrepâncias ideológicas em matéria econômica nas casas legislativas federais. Além disso, Clark[88] aponta para a pouca familiarização dos legisladores para deliberações mais aprofundadas em Direito Econômico, conforme Souza[89] reitera.

Diante de todo o exposto, em relação à competência federal em matéria de Direito Econômico, considerando que a competência para esse fim é concorrente entre União, Estados-Membros e Distrito Federal, o próprio § 1º[90] do artigo 24 delimita o campo de atuação da União ao designar à esfera federal apenas a criação de normas gerais. Mas o que seriam "normas gerais"?

---

86. Souza, W. P. A. de. *Primeiras Linhas de Direito Econômico*. 6. ed. São Paulo: LTr, 2016, p. 83.
87. Art. 62. Em caso de relevância e urgência, o Presidente da República poderá adotar medidas provisórias, com força de lei, devendo submetê-las de imediato ao Congresso Nacional. (Brasil, 1988, op. cit., art. 62).
88. Clark, Giovani. *O Município em Face do Direito Econômico*. Belo Horizonte: Del Rey, 2001, p. 9.
89. Souza, op. cit., passim.
90. § 1º No âmbito da legislação concorrente, a competência da União limitar-se-á a estabelecer normas gerais. (Brasil, 1988, op. cit., art. 24, § 1º).

Borges Netto,[91] que tratou especificamente das competências legislativas dos Estados-Membros, afirma que não há uma definição clara, nem doutrinária e nem jurisprudencial, acerca da definição dessa generalidade, mas evidente é que essa designação exclui uma deliberação exaustiva em sede de norma federal, em Direito Econômico, e se enquadra na classificação de norma nacional, entendida essa como sendo o dispositivo legal que se aplica a todos os níveis da Federação, sem distinção.

Entretanto, mesmo em matérias de competência concorrente, em relação às questões de natureza administrativa, como serviços e agentes públicos, pode a União editar normas com algum grau de especificidade, mas, nesse caso, não estaremos diante de normas nacionais, e sim de normas federais.

Diante disso, um questionamento coerente pode surgir: se à União compete elaborar normas gerais em matérias de competência concorrente, estão os Estados-Membros proibidos de elaborar normas dotadas dessa generalidade? A resposta a esse questionamento é negativa e está expressa nos parágrafos 2º e 3º do mesmo artigo. Com isso, na ausência de normas gerais federais de caráter nacional, podem os Estados-Membros suplementar e estabelecer normas gerais. Todavia, essas normas gerais esbarram em dois limites: o espacial, visto que essas normas terão vigência somente dentro do território do ente que a criou, e material, vez que o próprio § 3º impõe que essas deliberações estão autorizadas desde que para atender as peculiaridades daquele ente.

Resta claro que essa foi uma alternativa que constituinte originário encontrou de não obstar o exercício da autonomia dos Estados-Membros nos processos legislativos de competência concorrente, por morosidade ou falta de interesse da União para estabelecer normas gerais. Essa possibilidade relativiza, em alguma medida, a competência federal em matéria concorrente

---

91. Borges Netto, A. L. *Competências Legislativas dos Estados-Membros*. São Paulo: Revista dos Tribunais, 1999. Passim.

como um fator limitador do exercício da autonomia dos Estados-Membros enquanto entes federativos. Dito isto, tratemos a seguir da competência dos Estados-Membros em matéria de Direito Econômico e as questões regionais.

2.2 Competência Estadual em Direito Econômico

Tratados dos aspectos referentes às prerrogativas do Poder Constituinte Decorrente no Estado Federal, seguidos das discussões doutrinárias da repartição de competências no federalismo brasileiro, com as devidas observações sobre a competência federal, é chegado o momento de tratar especificamente da competência dos Estados-Membros para legislar em matéria de Direito Econômico.

Para tanto, este subcapítulo que se apresenta tratará da competência estadual na esfera da distribuição de competências da Constituição Federal de 1988, iniciando por um breve histórico do papel dos Estados-Membros no exercício dos poderes que lhe foram conferidos no decurso da história, para melhor compreensão acerca do tratamento dado pelos governos brasileiros às desigualdades regionais em termos de priorização, planejamento e execução de ações e políticas públicas, no capítulo seguinte.

Toda essa exposição introdutória servirá de base para um estudo do posicionamento doutrinário sobre os paradigmas da realidade brasileira em relação ao tratamento dado às desigualdades regionais no que tange a prerrogativa do Poder Constituinte Decorrente, para legislar em sede de ordem econômica, considerando aspectos regionais, visando dar concretude ao objetivo da República Federativa do Brasil de superação do subdesenvolvimento a partir da promoção do desenvolvimento regional. Essa relação entre o objetivo de promoção do desenvolvimento, bem como de erradicação da pobreza, com a redução das desigualdades sociais e regionais não está disposta de forma expressa na Constituição de 1988, mas sim nas entrelinhas dos seus artigos introdutórios, alinhadas a um objetivo maior de mudança da condição de subdesenvolvimento, na qual se encontra imerso o Brasil.

Todavia, ficamos com essa interpretação, que, aliás, se extrai dos postulados teóricos de Eros Roberto Grau, sobre a Ordem Econômica na Constituição de 1988, ao se referir ao artigo 3º da Carta Magna em análise, segundo o qual, pobreza, marginalização e desigualdades sociais e regionais, que são marcas características do subdesenvolvimento, aparecem explicitamente reconhecidos pelo Brasil já nas primeiras linhas da atual Lei Maior. E complementa essa condição de autorreconhecimento destacando que o ser dirigente da Constituição Brasileira aponta para a adoção de normas de objetivo que, no caso da referida Carta, traz como primado das suas diretrizes o rompimento com esse processo de subdesenvolvimento.[92]

Sendo assim, passemos a uma análise histórica da repartição de competências no Brasil a fim de identificar o tratamento outorgado aos Estados-Membros e às desigualdades regionais, no processo constitucional histórico do país, a partir dos poderes a esses entes conferidos em cada uma das Constituições Brasileiras, a começar pela de 1891 que a essas unidades federativas outorgou poderes expressos, poderes concorrentes e poderes remanescentes,[93] e cujo artigo 9º, parágrafo 1º, primeira parte, estabelece que aos Estados-Membros competira exclusivamente decretar "negócios de sua economia".[94]

A constituição seguinte, de 1934, mantém a mesma estrutura da de 1891 em relação às prerrogativas Estaduais na distribuição de competências, acrescentando a competência supletiva

---

92. Grau, Eros Roberto. *A Ordem Econômica na Constituição de 1988*: interpretação e crítica. 18. ed. atual. São Paulo: Malheiros, 2017, p. 213.
93. Trigueiro, Oswald. *Direito Constitucional Estadual*. Rio de Janeiro: Forense, 1980, p. 79.
94. Brasil. Constituição. *Constituição da República dos Estados Unidos do Brasil*. Rio de Janeiro, 1891. Disponível em: <http://bit.ly/2nhjySu>. Acesso em: 02 abr. 2017.

para esses entes, em matérias de competência privativa da União. Essa carta, diferentemente da anterior, traz um título específico para tratar da Ordem Econômica e Social, com diretrizes de uma política econômica liberal, ao declarar, no seu artigo 115 que:

> A ordem econômica deve ser organizada conforme os princípios da Justiça e as necessidades da vida nacional, de modo que possibilite a todos existência digna. Dentro desses limites, é garantida a liberdade econômica.[95]

Essa Constituição nada diz sobre desigualdades regionais e poderes dos Estados-Membros para adoção de medidas de desenvolvimento local, mas reconhece a existência de disparidades, de forma implícita, ao determinar que o salário mínimo deverá satisfazer as necessidades normais do trabalhador "conforme as condições de cada região".[96] Aqui se verifica o reconhecimento de condições econômicas desiguais no país, que pedem adoção de salários mínimos igualmente distintos, visando atender às condições mínimas do trabalhador.

Na sequência, veio a Carta de 1937 que segue a mesma base de repartição da de 1934, acrescendo, no seu texto, poderes de legislação delegada, no seu artigo 17,[97] inclusive com a manutenção da possibilidade de Decreto Estadual criar impostos sobre "atos emanados do seu governo e negócios da sua economia", como aparecera em 1891 e em 1934, o que dá margem a uma interpretação de que questões de economia local poderiam ser objeto de deliberações legislativas estaduais para criação de

---

95. Brasil, 1934, op. cit., art. 115.
96. Ibid., art. 121, § 1º, b).
97. Art. 17 - Nas matérias de competência exclusiva da União, a lei poderá delegar aos Estados a faculdade de legislar, seja para regular a matéria, seja para suprir as lacunas da legislação federal, quando se trate de questão que interesse, de maneira predominante, a um ou alguns Estados. Nesse caso, a lei votada pela Assembleia estadual só entrará em vigor mediante aprovação do Governo federal. (Brasil. Constituição (1937). *Constituição da República dos Estados Unidos do Brasil*. Rio de Janeiro, 1937. Disponível em: <http://bit.ly/2Ohatoa>. Acesso em: 05 abr. 2017).

impostos. Nas três constituições tratadas, a competência para tal ato era exclusiva dos Estados-Membros.

Sobre as desigualdades regionais, o artigo 32 da Constituição de 1937 veda a todos os entes federativos distinções entre brasileiros natos ou "discriminações e desigualdades entre os Estados e Municípios",[98] que mais se assemelha a uma política de combate a tratamento jurídico e político desigual entre os entes, do que um reconhecimento de existência de discrepâncias econômicas de um federalismo continental propriamente dito, especialmente por se tratar de um artigo inserido no título que trata da organização nacional.

A Constituição Brasileira seguinte foi a de 1946 que traz algumas mudanças mais substanciais se comparada às anteriores, com a manutenção de competências privativas expressas e remanescentes para os Estados-Membros, bem como competência supletiva ou complementar em algumas matérias do artigo 5[99] e, em matéria de legislação tributária, atribui-se competência concorrente para a criação de novos tributos, para além dos elencados com competências já expressamente definidas, com claras ressalvas à prevalência das normas federais sobre as estaduais, ex-

---

98. Brasil, 1937, op. cit., art. 32.
99. Art. 6º - A competência federal para legislar sobre as matérias do art. 5º, nº XV, letras *b* , *e* , *d* , *f* , *h* , *j* , *l* , *o* e *r* , não exclui a legislação estadual supletiva ou complementar. (Art. 5º - Compete à União: XV - legislar sobre: b) normas gerais de direito financeiro; de seguro e previdência social; de defesa e proteção da saúde; e de regime penitenciário; d) diretrizes e bases da educação nacional; e) registros públicos e juntas comerciais; f) organização, instrução, justiça e garantias das polícias militares e condições gerais da sua utilização pelo Governo federal nos casos de mobilização ou de guerra; h) requisições civis e militares em tempo de guerra; j) tráfego interestadual; l) riquezas do subsolo, mineração, metalurgia, águas, energia elétrica, floresta, caça e pesca; o) emigração e imigração; r) incorporação dos silvícolas à comunhão nacional. (Brasil Constituição (1946). *Constituição da República dos Estados Unidos do Brasil*. Rio de Janeiro, 1946. Disponível em: <http://bit.ly/2MnOvQ2>. Acesso em: 04 abr. 2017).

pressas no seu artigo 21.[100,101] Sobre as desigualdades regionais, nada foi dito em relação a planejamento e execução de medidas de redução, mantida a ressalva sobre a necessidade de observância das condições de cada região na deliberação sobre o valor do salário mínimo, que nessa carta aparece no artigo 157, inciso I.[102]

A Constituição seguinte, de 1967, deixa de ser uma Carta Magna dos "Estados Unidos do Brasil" e passa a ser Constituição da República Federativa do Brasil, depois de promulgada a Lei 5.389 de 22 de fevereiro de 1968, do Parecer nº H-733 de 14 de setembro de 1968,[103] e da subsequente Emenda Constitucional nº 1 de 17 de outubro de 1969. Com relação à repartição de competências, a referida Carta outorga aos Estados-Membros alguns poderes expressos, todos os remanescentes, e, sobre a capacidade para legislar em matérias tributárias, determina, em seu art. 18 § 5º,[104] que fora do rol predeterminado no seu texto, apenas a União possui poderes para criação de novos tributos.

Sobre contemplar desigualdades regionais, segue a determinação em relação ao salário mínimo das cartas anteriores, bem

---

100. Art. 21 - A União e os Estados poderão decretar outros tributos além dos que lhe são atribuídos por esta Constituição, mas o imposto federal excluirá o estadual idêntico. Os Estados farão a arrecadação de tais impostos e, à medida que ela se efetuar, entregarão vinte por cento do produto à União e quarenta por cento aos Municípios onde se tiver realizado a cobrança. (Brasil, 1946, op. cit., art. 21).
101. Trigueiro, op. cit., p. 79.
102. Art. 157 - A legislação do trabalho e a da previdência social obedecerão nos seguintes preceitos, além de outros que visem a melhoria da condição dos trabalhadores: I - salário mínimo capaz de satisfazer, conforme as condições de cada região, as necessidades normais do trabalhador e de sua família; (Brasil, 1946, op. cit., art. 157).
103. Brasil. *Câmara dos Deputados*. Disponível em: <http://bit.ly/2vDoXXK>. Acesso em: 05 abr. 2017.
104. Art. 18. Além dos impostos previstos nesta Constituição, compete à União, aos Estados, ao Distrito Federal e aos Municípios instituir: [...] § 5º A União poderá, desde que não tenham base de cálculo e fato gerador idênticos aos dos previstos nesta Constituição instituir outros impostos, além dos mencionados nos artigos 21 e 22 e que não sejam da competência tributária privativa dos Estados, do Distrito Federal ou dos Municípios, assim como transferir-lhes o exercício da competência residual em relação a impostos, cuja incidência seja definida em lei federal. (Brasil, 1967, op. cit. art. 18).

como a diretriz programática de estabelecer planos regionais de desenvolvimento, no artigo 8°, inciso XIV,[105] que trata das competências da União, uma novidade em relação às cartas anteriores. Sobre os Estados-Membros e suas competências para legislar em matéria tributária, esses perdem a competência residual e a concorrente para criação de novos tributos, ressalvados os casos de outorga para tal da União, mantida a competência supletiva para as matérias elencadas no artigo 8°, parágrafo único.[106]

Por fim, chegamos a Constituição Federal de 1988 que, conforme já dissemos quando da introdução desse capítulo, que inaugura as discussões sobre repartição de competências e sobre os papeis da União e dos Estados-Membros, outorga, a esses últimos, competência concorrente para legislar em Direito Econômico, e institui a redução das desigualdades regionais como um dos objetivos da República Federativa do Brasil.

Todavia, apesar das previsões constitucionais que viabilizam, em tese, o estabelecimento de políticas e a tomada de ações que de fato podem promover o desenvolvimento das regiões, a partir das suas necessidades e potencialidades, não se pode ignorar o papel imprescindível da União para consolidação das políticas de redução das desigualdades, mas não somente. Segundo Bercovici "com a restauração do federalismo pela Constituição de 1988, as políticas de desenvolvimento regional devem ser elaboradas e implementadas dentro dos marcos do sistema federal",[107] o que remonta àquela necessidade de atuação colaborativa entre os entes federativos brasileiros.

Além disso, se considerarmos os processos históricos de repartição de competências brasileiros poderemos nos certificar de que a descentralização em termos de competências federativas, no Brasil, está atrelada à questão histórica das desigualdades regionais, apesar dessa questão não ter sido explicitamente

---

105. Art. 8°. Compete à União: XIV - estabelecer e executar planos nacionais de educação e de saúde, bem como planos regionais de desenvolvimento; (Brasil, 1967, op. cit., art. 8°, inciso XIV).
106. Trigueiro, op. cit., p. 80.
107. Bercovici, op. cit., 2004, p. 63.

tratada nas cartas constitucionais que antecederam à de 1988, o que vai ao encontro do posicionamento de Bercovici sobre essas discrepâncias regionalizadas nunca terem sido tratadas com a devida atenção e prioridade pelas constituições brasileiras, o que torna limitada a própria repartição fruto de uma tentativa de descentralizar para promover o desenvolvimento.[108]

Todavia, sem projetos de governo exequíveis ou ao menos mais concretos, todas as diretrizes de uma constituição dirigente para promoção do desenvolvimento nacional respaldadas por medidas de redução de desigualdades regionais, ainda que tenham a sua força e importância, viram plano de gaveta. Rodrigo Soldi, na sua tese de doutorado sobre Planejamento, Desenvolvimento Regional e o Papel do Estado, trata do histórico brasileiro de intervenções para promoção do desenvolvimento regional. Segundo ele, as iniciativas governamentais regionalizadas do Brasil começam ainda na primeira década do século XX, e voltaram-se ao atendimento de problemas pontuais como as secas do Nordeste e a extração da borracha na região Norte do país.[109]

Sobre os primeiros, as medidas tomadas foram basicamente de realização de obras de infraestrutura para criação de açudes que, naquela época, resulta na criação do IOCS, a Inspetoria de Obras Contra as Secas, criado através do Decreto 7.619 de 21 de outubro de 1909,[110] passando a designação de Inspetoria Federal de Obras contra as Secas (IFOCS), pelo Decreto 13.687, de 9 de julho de 1919,[111] até 1945, quando é transformado em autarquia

---

108. Ibid. p. 71.
109. Soldi, Rodrigo. *Planejamento, Desenvolvimento Regional e o Papel do Estado*: estudo comparativo entre o Estado brasileiro e o Estado italiano. 2013. 451f. Tese (Doutorado em Direito Político e Econômico) – Universidade Presbiteriana Mackenzie, São Paulo, p. 114 et. seq.
110. Brasil. *Decreto 7.619 de 21 de outubro de 1909*. Aprova o regulamento para organização dos serviços contra os efeitos das secas. Diário Oficial, Brasília: 26 de outubro de 1909. Disponível em: <http://bit.ly/2AMeDCH>. Acesso em: 06 jun. 2017.
111. Brasil. *Decreto 13.687, de 9 de julho de 1919*. Aprova o regulamento para a Inspetoria Federal de Obras contra as Secas. Brasília: 09 de julho de 1919. Disponível em: <http://bit.ly/2vlktpk>. Acesso em: 05 jun. 2017.

federal, recebendo a denominação de Departamento Nacional de Obras Contra as Secas (DNOCS), ativo até os dias atuais. Nesse caso, apesar do aspecto regional considerado, o que se verifica é muito mais um conjunto de iniciativas voltadas a minimizar os danos de uma ação climática, do que uma ação de promoção do desenvolvimento da região. O próprio departamento, no seu sítio subsidiado pelo governo federal, na internet, aponta a introdução definitiva da tecnologia da irrigação nos sertões semiáridos e sua "irreversibilidade como fator de modernização agrícola"[112] como o mais importante acerto da autarquia. Isso demonstra que havia uma preocupação com a manutenção da condição nordestina de fornecedora de produtos agrícolas para as regiões que produziam *"tipo exportação"*.

Entretanto, essa preocupação com as secas e seus efeitos devastadores perdurou entre as políticas nacionais para o Nordeste depois dos decretos, e apareceu expressa em algumas Constituições Federais brasileiras como a de 1934, que determina que quatro por cento da receita tributária federal será destinada para o combate a esses efeitos, a de 1946, que trata de uma vinculação percentual não inferior a três por cento da receita tributária, como forma de cooperação federativa, benefício que posteriormente foi estendido à Amazônia, prevendo-se um prazo de vinte anos de aplicação dessa cota nessa última região.[113]

A segunda, voltada para um produto típico da região norte do país, foi o Plano de Sustentação da Borracha, de 1912 a 1913, cujo objetivo era manter a exportação do látex brasileiro e a sua circulação no mercado internacional de borracha. Nesse sentido, tratava-se mais de uma ação governamental de defesa dos interesses econômicos nacionais, de que uma política voltada ao desenvolvimento regional para redução de desigualdades.[114]

Por fim, sobre as políticas criadas pelo governo federal brasileiro que contemplavam as desigualdades sociais com fins de com-

---

112. Brasil. *Departamento Nacional de Obras Contra as Secas*. Disponível em: <http://bit.ly/2Oe31ug>. Acesso em: 10 abr. 2017.
113. Soldi, op. cit., loc. cit.
114. Ibid., p. 117.

bate para promoção do desenvolvimento, é mister fazer constar uma iniciativa coordenada por Celso Furtado, chamada de Grupo de Trabalho para o Desenvolvimento do Nordeste (GTDN), que serviu de peça preliminar à criação da Sudene – Superintendência de Desenvolvimento do Nordeste – em 1959, atualmente vinculada ao Ministério da Integração Nacional, que teve o próprio ex-coordenador do GTDN como seu primeiro superintendente.

Segundo Soldi, essa superintendência foi um ente da administração pública pioneiro em planejamento e execução de ações voltadas à redução de desigualdades regionais efetivamente. Até então, todas as políticas direcionadas a condições particulares do Nordeste preocuparam-se com a questão climática da seca. As ações de competência da Sudene passavam pela elaboração de um Plano Diretor, para controle sobre ações e investimentos do DNOCS e da Comissão do Vale do São Francisco (CVSF), criada para desenvolver o vale fluvial do referido rio, bem como a Companhia Hidrelétrica do São Francisco (CHESF), e pela tarefa de elaborar e executar planos de modernização e expansão das indústrias dessa região.[115]

A partir de 1964 a superintendência começa a sofrer restrições que começam com a elaboração e aprovação do seu quarto Plano Diretor, em 1968, substituído em 1972 pelo Plano de Desenvolvimento do Nordeste, um projeto integrante do Plano de Desenvolvimento Nacional, que a partir do governo de Ernesto Geisel passa a subordinar as suas políticas de desenvolvimento do Nordeste, a exemplo daquelas de competência da Sudene, ao governo federal, que as planeja e desenvolve de forma centralizada, deixando a cargo das autarquias dessa natureza somente a aceitação e execução passiva. Desse modo, extingue-se a participação de agentes políticos regionais no processo de tomada de decisões.[116]

Considerados os aspectos históricos das iniciativas brasileiras de promoção do desenvolvimento por regiões, indiscutível é que já existiram tentativas de redução das desigualdades regionais em ações de governo, mas essas não foram suficientes

---

115. Soldi, op. cit., p. 117 et. seq.
116. Ibid. p. 124 et. seq.

para isentar a Constituição da República Federativa do Brasil de 1988 do compromisso de inclusão da redução das desigualdades regionais e sociais entre os objetivos de governo.

Todavia, a inserção desse objetivo, aliada à outorga de autonomia aos entes federativos, com repartição de competências que contempla a cooperação nos processos legislativos que envolvem Direito Econômico, através da designação de competência concorrente a essas matérias, pela atual Carta Magna brasileira, não tem sido suficiente para garantir que as desigualdades regionais serão de fato reduzidas. Data vênia a importância das diretrizes constitucionais de viabilização, *em tese*, desse processo, o que se faz necessário para a efetivação desses objetivos é a concretização da autonomia dos entes federativos, em especial dos Estados- -Membros, primeiro pela via da criação de normas constitucionais estaduais de conteúdo econômico, que proponha o desenvolvimento de potencialidades regionais, para só então se pensar na execução dessas diretrizes pela via da adoção de políticas públicas eficientes na concretização dessas normas de objetivo estaduais.

Certamente o objetivo final do desenvolvimento dessas potencialidades é o desenvolvimento nacional, passando-se pela redução das desigualdades regionais, mas, sem as referidas diretrizes nas cartas estaduais, mais distante fica o compromisso do legislador ordinário com a elaboração de diretrizes normativas de promoção de desenvolvimento regional. Esse desenvolvimento tem por finalidade última, e ao mesmo tempo prioritária, a superação do subdesenvolvimento, que não pode se dar senão pela vinculação do Direito Econômico ao projeto de transformação das estruturas econômicas e sociais, pois a Constituição de 1988 insere no seu texto possibilidades emancipatórias possíveis de serem extraídas da política econômica aditada entre os seus próprios dispositivos, especialmente quando se considera o já citado artigo 3º e os objetivos da República Federativa do Brasil, com expressa assunção da existência de uma realidade social injusta cuja eliminação se faz necessária no Brasil.[117]

---

117. Bercovici, 2012a, op. cit., p. 210 et. seq.

Assim, diante de todo exposto, Bercovici chama a atenção para outro problema substancial que interfere na elaboração e efetivação de políticas voltadas à redução das desigualdades: a ausência da Lei Complementar prevista no parágrafo único do artigo 23 da Carta Magna, que implica em ausência de regulamentação sobre uma possível coordenação e cooperação entre os entes federativos. Essa lacuna jurídica que interfere na concreção dos objetivos da república propostos na atual constituição inviabiliza a adoção de uma política nacional coordenada e isso reflete nas discrepâncias de programas adotados pelos entes federativos nas suas diversas esferas de competência.[118]

Entretanto, somente uma análise das Constituições Estaduais é que irá fornecer os subsídios necessários a uma conclusão acerca da atual situação do exercício da autonomia para legislar em sede constitucional estadual, em matéria de Direito Econômico, levando em conta aspectos locais relevantes ao desenvolvimento regional. Para tanto, temas relevantes ao desenvolvimento, e que podem ser objeto de políticas no âmbito estadual, desde que alinhados à ideologia econômica jurídica nacional, foram selecionados e, das Constituições Estaduais, foram extraídas as políticas locais relacionadas a esses temas, com o objetivo de mensurar o efetivo exercício da autonomia, especialmente para considerar aspectos locais, no estabelecimento de políticas econômicas de desenvolvimento regional, bem como os limites que a essas iniciativas se impõem no ordenamento jurídico brasileiro.

---

118. Bercovici, 2004, op. cit., p. 63.

3. DA ORDEM ECONÔMICA: AUTONOMIA E LIMITES DOS PODERES CONSTITUINTES DERIVADOS DECORRENTES PÓS-CONSTITUIÇÃO DE 1988

Aprofundar os estudos em uma temática constitucional estadual implicou na adoção de algumas estratégias metodológicas necessárias a uniformização de critérios de análise, sem as quais não seria possível organizar os resultados de um estudo cujo objeto é o conjunto das vinte e seis Constituições Estaduais brasileiras, em um único trabalho de pesquisa em Direito Constitucional e Econômico. E isso se dá por três razões.

A primeira delas decorre de um elemento do Estado Federal que serviu de base jurídica para a seleção do tema do presente livro: a autonomia dos Estados-Membros para criar as próprias cartas estaduais. Essa autonomia implicou numa ausência de padronização, inclusive formal, das Constituições Estaduais, o que dificultou o estabelecimento de critérios metodológicos padrão de análise, conforme já exposto.

A segunda razão foi a quantidade e a extensão dos textos objeto da pesquisa: são vinte e seis Constituições Estaduais, que trazem em seus textos normas que refletem critérios de autoadministração, auto-organização e autogoverno, de Estados-Membros distintos e, ao mesmo tempo, integrados a um federalismo de dimensões geográficas continentais, conforme posto em capítulo anterior.

E, por último, a proposta de uma análise cuja secção teórico-temática visa extrair das Cartas Constitucionais estaduais normas com conteúdo de Direito Econômico, um ramo do direito que, apesar de ter sido contemplado com título próprio nessas constituições, espraia sua essência por normas que estão dispostas em diversos outros títulos e capítulos da Carta Magna e, consequentemente, das Constituições Estaduais.

Todavia, todos esses impasses foram prontamente solucionados com a adoção de dois critérios-base de organização e de sistematização do estudo: o primeiro deles foi a divisão da análise por temas que interessam ao Direito Econômico brasileiro, e que são dotados de considerável relevância, em se tratando da elaboração de normas de auto-organização de ente federativo, tais quais o são os Estados-Membros de que tratamos, e que de fato apareceram em algumas Constituições Estaduais brasileiras. Dessa forma, contemplou-se o "dever ser" da competência do Poder Constituinte Decorrente a um aparente "ser", vez que há capítulos ou seções, nas Constituições Estaduais, sobre as temáticas jurídico-econômicas que se esperava que fossem tratadas em sede constitucional.

O segundo critério adotado para viabilizar uma análise de todas as constituições estaduais brasileiras foi a expansão do recorte constitucional inicialmente estabelecido, qual seja, a análise do título "Da Ordem Econômica", para todo o texto constitucional. Nesse sentido, o recorte nas Cartas Constitucionais ficou por conta das temáticas de natureza econômica selecionadas, e não do título outorgado ao tratamento da política econômica estadual, posto que este se mostrou recorte meramente formal, e de conteúdo insuficiente ao estudo. Isso porque, apesar de a inserção de um título específico para tratar da referida ordem ser marca característica de uma Constituição Econômica, conforme destaca Eros Grau[119] – não obstante as suas críticas referentes à terminologia[120] –, e apesar do título "Da Ordem Econômica e Financeira" da Constituição Federal de 1988 apresentar capítulos que tentam "sistematizar os dispositivos relativos à configuração jurídica da economia e à atuação

---

119. Grau, op. cit. p. 66: "O conceito de ordem econômica, se é de *ordem econômica constitucional* que cogitamos – e, de fato é –, é próximo, bastante próximo, do conceito de Constituição Econômica, [...]".
120. Bercovici, op. cit., 2005, passim.

do Estado no domínio econômico",¹²¹ outros temas que interessam a esse ramo do direito foram dispostos em secção diversa da Ordem Econômica tanto na Constituição Federal, a exemplo da temática da "Ciência e Tecnologia", que na própria Carta Magna aparece como capítulo do título "Da Ordem Social", quanto nas Constituições Estaduais.

Ademais, uma terceira observação serve à justificativa do recorte da presente pesquisa, qual seja: as normas de conteúdo econômico que integram a Ordem Econômica estadual, no sentido material, não se encontram somente nos textos constitucionais, conforme destaca Eros Grau, ao propor que se diferencie, nos discursos sobre normas de conteúdo econômico, tanto "Ordem Econômica" de "Constituição Econômica", quanto "Ordem Econômica Constitucional Material" de "Ordem Econômica Constitucional Formal".¹²² Para o doutrinador, e seguimos esse ensinamento, o conteúdo das normas que constituem a ordem econômica não exaure no texto constitucional. Todavia, a análise apresentada tem por objetivo o estudo tão somente da Ordem Econômica Constitucional Formal, vez que é de autonomia e limites do Poder Constituinte Decorrente que tratamos.

Além disso, concordamos com Washington Peluso Albino de Souza sobre o fato de que qualquer ramo do direito poder versar sobre atos e fatos econômicos, vez que quaisquer deles podem dispor de normas que se ocupem de temas econômicos,¹²³ ainda que de forma secundária. A diferença entre normas de outra natureza com conteúdo econômico e as normas essencialmente

---

121. Bercovici, op. cit., 2005, p. 30.
122. Grau, E. R. A *Ordem Econômica na Constituição de 1988*: interpretação e crítica. 18. ed. atual. São Paulo: Malheiros, 2017, p. 76 e 77.
123. Souza, W. P. A. de. *Primeiras Linhas de Direito Econômico*. 6. ed. São Paulo: LTr, 2016, p. 39: A delimitação de campos entre o Direito Econômico e os demais ramos do Direito, portanto, se faz pelo exercício de um raciocínio simples. Parte da afirmativa de que qualquer disciplina jurídica pode versar sobre assunto econômico. Em tal caso, suas normas apresentam "conteúdo econômico". Mas, ao mesmo tempo, cada uma delas trata o fato econômico de acordo com sua peculiaridade, e o toma como conteúdo de suas respectivas normas.

de Direito Econômico é o fato de que essas últimas cuidam de dispositivos com conteúdo na modalidade "político-econômica" e, indiscutivelmente, a Ordem Econômica das Constituições Estaduais trazem normas com essa característica particular.[124] Destarte, "a temática incluída nessa moderna denominação tem comparecido mais habitualmente nos textos constitucionais, agrupadas sob as expressões 'Ordem Econômica e Social', 'Ordem Econômica', 'Ordem Econômica e Financeira' e assim por diante",[125] o que demonstra a dificuldade do legislador na categorização das normas programáticas de conteúdo econômico. Há inclusive constituições com Ordens Social e Econômica dispostas em títulos distintos, mas que trazem políticas jurídico-econômicas no capítulo "Da Ordem Social", também nas Constituições Estaduais, conforme apresentaremos na análise.

Destaque-se que, conforme já mencionado, a liberdade de auto-organização decorrente da autonomia dos entes federativos, característica do Estado Federal, inclui a competência constitucional exercida por um Poder Constituinte Decorrente, cujo trabalho resulta nas cartas estaduais que, no caso brasileiro, implicou numa ausência de padrões nos resultados finais, algo que já era esperado, uma vez que uma das finalidades da autonomia e da competência concorrente outorgada aos Estados-Membros é autorizar a contemplação de matérias regionais no conteúdo das suas normas, especialmente das constitucionais, e isso implica em estabelecimento de diretrizes estaduais que levam m consideração demandas que são peculiares ao Estado-Membro, e essa ausência de padrões na organização das políticas não seria diferente com as normas de diretrizes econômicas estaduais.

Por todas as razões até aqui expostas, a análise que segue teve por base as normas de conteúdo econômico, das vinte e seis Constituições Estaduais brasileiras, relativas às seguintes temáticas: "Políticas Locais e Políticas de Exploração de Recursos Naturais", "Políticas Agrícolas e Fundiárias", "Políticas Urbanas e de Infraestrutura", "Ciência e Tecnologia" e "Orga-

---

124. Souza, op. cit., p. 18.
125. Souza, op. cit., p. 143.

nização da Atividade Econômica". Entretanto, antes de iniciar a análise central, vale a pena apresentar algumas peculiaridades encontradas nas Cartas Estaduais referentes aos títulos escolhidos pelos Constituintes Decorrentes para tratar das principais diretrizes econômicas estaduais.

Reiteramos que as normas de conteúdo econômico se encontram dispostas em todo o corpo constitucional estadual, contudo, todas as constituições estaduais brasileiras destacam um título para tratar das normas de conteúdo essencialmente econômico, daquelas que trazem as principais diretrizes da política econômica estadual, decorrente da federal, de forma explícita e sistematizada. E é nessa seara que residem algumas curiosidades. Vejamos.

A primeira delas que vale a pena mencionar é o fato de que algumas Constituições Estaduais trataram da Ordem Econômica conjuntamente com a Ordem Social, ao invés de seguir a separação trazida pela Carta Magna, que tratou especificamente da Ordem Econômica, conjugando-a a Ordem Financeira, e designando outro título para tratar da Ordem Social. Outras trataram da Ordem Econômica inserida num título mais abrangente como "Das Responsabilidades Culturais, Econômicas e Sociais" que aparece na Constituição Estadual do Ceará, "Da Sociedade" na Carta de Minas Gerais, "Do Desenvolvimento Econômico e Social" na do Mato Grosso, "Da Ordem Econômica e do Meio Ambiente" na Constituição do Pará, "Da Ordem Econômica, Financeira e do Meio Ambiente", na do Rio de Janeiro, ou "Da atuação do Estado no Processo de Desenvolvimento Econômico" na Constituição Estadual do Tocantins.

Se por um lado essa liberdade nas disposições de organização constitucional das normas econômicas conduz a uma crença de que algo dessa autonomia foi de fato exercido, numa leitura mais aprofundada é possível concluir que essa primeira impressão é verdadeira apenas em partes. Algumas cartas estaduais fazem uma grande confusão entre norma de Direito Econômico, ambiental e social, o que reforça comprovadamente a dificuldade de separação de dispositivos que retratam política econômica daqueles didaticamente inseridos em outros ramos do direito, e isso ficará ainda mais evidente no decorrer das exposições da pesquisa.

A segunda curiosidade diz respeito às cartas estaduais que mantiveram um só título para as Ordens Econômica e Social, e foram elas: as Constituições do Acre, do Amazonas, da Bahia, de Goiás, do Maranhão e de Rondônia. A Constituição do Mato Grosso do Sul trata dos dois temas juntos, mas o seu título traz primeiro a Ordem Social, e trata "Da Ordem Social e Econômica". Para Eros Grau essa designação de ordem que conglomera o social e o econômico é reflexo de uma ideologia assumida a partir da Constituição Federal de 1934 e que se mantém até a Constituição de 1967, excluindo-se a Ordem Social apenas na Constituição de 1937, em que se tratou exclusivamente da Ordem Econômica, e isso é resultado de uma "afetação ideológica" que tenta trazer "a indicação de que o capitalismo se transforma na medida em que assume novo caráter, o social".[126]

O autor aborda o fenômeno da aparição de uma Ordem Social como sendo manifestação de um modismo, pós-década de 1930, de uso do adjetivo *social* em escolhas terminológicas, marcada pela aparição das designações *Direito Social* e *Legislação Social*. Segundo Eros Grau, a Constituição de 1988 não se manifesta enquanto carta imune a essa tendência, mas apenas distingue ambas as tratando como temas distintos. A crítica fundada se dá no sentido de questionar se toda a ordem jurídica não é ela social. Uma vez que o é, redundante se faz destacar um título da constituição para tratar da Ordem Social, seja ela conjunta com a Ordem Econômica ou não.[127]

De igual forma acontece com a "Ordem Econômica". Conforme já dissemos, há normas que traduzem a ideologia econômica da ordem jurídica brasileira em todo o texto constitucional, trata-se apenas de uma questão de olhar. Há aspectos econômicos nas normas principiológicas, nas de conteúdo tributário, nas de conteúdo administrativo e ainda naquelas de conteúdo

---

126. Grau, op. cit., p. 62.
127. Grau, op. cit., p. 67.

social. O ordenamento jurídico é composto de políticas públicas plurais que abarcam múltiplos ramos do direito. A divisão do estudo do ordenamento jurídico de determinado Estado em ramos e sub-ramos não se dá por outro motivo senão o de sistematizar estudos, pesquisas e organizações de textos e competências.

Todavia, esses ramos se apresentam imbricados quando o enfoque é em ações de Estado para cumprimento de diretrizes de política econômica, social, ambiental, entre outros. Um nítido exemplo das implicações de uma tentativa de separação dos ramos do direito, quando da análise de ações, pode ser verificado quando se tem a adoção estatal de políticas públicas de manutenção dos conhecimentos de uma comunidade tradicional, através do fornecimento de subsídios financeiros, de cursos e de inclusão desses grupos em projetos acadêmicos. Essas políticas de ação, tomadas em conjunto, representam iniciativas que mantêm a preservação de uma determinada espécie vegetal, e a própria economia local, ao mesmo tempo em que garantem a subsistência da família a partir da organização e otimização do conhecimento tradicional. É o caso das políticas públicas de apoio e subsídio à cooperativa das Catadoras de Mangaba, adotadas pelo Estado de Sergipe, e serve de exemplo de políticas estatais que abarcam múltiplos ramos do direito.

Esse foi um dos motivos pelo qual a análise que segue tratou da autonomia dos Estados-Membros para tratar de questões econômicas locais, em suas Constituições Estaduais, a partir de temáticas que interessam à política econômica de um país que caminha para a superação do subdesenvolvimento. Independentemente de onde as matérias se inserirem no corpo das cartas estaduais, a análise se restringiu aos aspectos econômicos dos postulados constitucionais em estudo, a propósito inclusive das normas referentes à ciência e tecnologia, que na própria Constituição Federal aparece dentro da Ordem Social, conforme já dissemos, mas que, nas cartas estaduais, é possível extrair os seus conteúdos econômicos, independente do título onde se insiram.

O que se percebe, ao analisar as Constituições Estaduais, é que temáticas de Direito Econômico relevantes ao desenvolvimento foram tratadas ou no título designado exclusivamente para tratar da Ordem Econômica, ou naquele exclusivamente designado para tratar da Ordem Social, ou no título que tratou de ambas juntas. Fato é que as mudanças de tratamento da Ordem Social na Constituição Federal de 1988, em relação à carta de 1967, podem ter causado uma confusão na elaboração das cartas estaduais, visto que essas últimas tinham que ser promulgadas até um ano depois da publicação daquela. Normas de auto-organização, autoadministração e de autogoverno dos entes federativos deveriam ser criadas à luz da Carta Magna, mas num período insuficiente para que as novas diretrizes e "ideologias" implícitas na nova ordem constitucional estivessem juridicamente e politicamente amadurecidas. O resultado não poderia ser outro senão essa discrepância formal no tratamento a temáticas que originalmente se alinham com políticas de diretrizes econômico-ideológicas.

Isso porque o produto final dos Poderes Constituintes Decorrentes, inicial ou de revisão estadual,[128] não seguiu a forma da Carta Magna, e acabou por fazer uma grande miscelânea de normas programáticas, ou de objetivo, de políticas econômicas e sociais, a exemplo de Constituições Estaduais como a do Ceará e a do Mato Grosso. No caso da primeira, há um título que trata "Das Responsabilidades Culturais, Sociais e Econômicas", e este traz questões culturais conjuntamente com as questões econômicas e sociais, de educação, desporto e saúde: uma terceira curiosidade formal encontrada. Destaque-se que a constituinte cearense não criou capítulo nem seção específicos para tratar das políticas culturais, mas a temática foi abordada no trecho

---

128. Adotamos, para fins de análise das deliberações do Poder Constituinte Decorrente, tanto as normas constitucionais estaduais inaugurais, quanto aquelas oriundas de emendas, acrescentadas a *posteriori*, conforme tratou Anna Cândida da Cunha Ferraz. (Ferraz, A. C. *Poder Constituinte do Estado-Membro*. São Paulo: Revista dos Tribunais, 1979, p. 219).

que tratou das disposições gerais, ocasião em que a cultura foi tomada enquanto segmento das manifestações sociais, que precisa ser modernizada, para superação das disparidades cumulativas internas do Estado, e como forma de garantir uma maior participação popular nos processos de articulação da sociedade aos quadros institucionais estaduais,[129] iniciativa essa que pode ser caracterizada como política de caráter econômico, tudo vai depender do tipo de articulação trazida no texto constitucional.

Também a Constituição Estadual do Mato Grosso trata de ações culturais e políticas educacionais como áreas que devem ser desenvolvidas pelo Estado para promoção do Desenvolvimento Econômico e Social da região, incluídas as políticas educacionais como seção do capítulo que trata da Ação Cultural. Como parte do mesmo capítulo, há seção específica para políticas voltadas à cultura e ao turismo o que, numa leitura superficial poderia levar à falsa conclusão de que todas as seções atinentes ao capítulo "Da Ação Cultural" pertencem às políticas de desenvolvimento somente social, mas, conforme dito, falsa conclusão. Essa seção inclui incentivo à produção, difusão, circulação, distribuição e consumo de bens culturais enquanto política econômica do Estado.[130]

---

129. Art. 214. O Estado conjuga-se às responsabilidades sociais da Nação soberana para superar as disparidades cumulativas internas, incrementando a modernização nos aspectos cultural, social, econômico e político, com a elevação do nível de participação do povo, em correlações dialéticas de competição e cooperação, articulando a sociedade aos seus quadros institucionais, cultivando recursos materiais e valores culturais para o digno e justo viver do homem. (Ceará. Constituição (1989). *Constituição do Estado do Ceará*. Ceará: Assembleia Legislativa, 1989. Disponível em: <http://bit.ly/2MnHeiW>. Acesso em: 05 maio 2017).

130. Art. 248, inciso V: Art. 248 Constituem direitos culturais garantidos pelo Estado: V - o apoio e incentivo à produção, difusão e circulação dos bens culturais. Art. 249, inciso I: Art. 249 A política cultural facilitará o acesso da população à produção, à distribuição e ao consumo de bens culturais, garantindo: I - o estímulo às produções culturais, apoiando a livre criação de todo o indivíduo; (Mato Grosso. Constituição (1989). *Constituição do Estado do Mato Grosso*. Mato Grosso: Assembleia Legislativa, 1989. Disponível em: <http://bit.ly/2nfSH9B>. Acesso em: 05 maio 2017).

Assim, reiteramos que o corte legislativo-constitucional das Constituições Estaduais por temáticas de natureza econômica se fez medida de amostragem necessária e eficaz na análise a que nos propomos: tratar da autonomia dos Estados-Membros para legislar em matéria de Direito Econômico nas suas Cartas Estaduais e dos seus limites. Secção constitucional que, associada à Ordem Econômica, Social ou Financeira formal, teve por enfoque central aspecto material de políticas econômicas estaduais expressas mais evidentes, aquelas que foram adotadas enquanto tal, de forma intencional e deliberada, por temática. Vejamos.

4. POLÍTICAS LOCAIS E POLÍTICAS DE EXPLORAÇÃO DE RECURSOS NATURAIS

Para iniciar a análise por temáticas, foram selecionadas quatro áreas potencialmente econômicas, agrupadas por envolverem, direta ou indiretamente, aspectos geográficos e de recursos naturais para o seu desenvolvimento. Para tratar dessas políticas, a que denominamos "locais", os seguintes critérios de recorte foram adotados: a dependência da existência de recursos naturais locais específicos para desenvolvimento de atividade econômica, como é o caso do extrativismo, ou a adoção de uma política estadual de desenvolvimento regional que conte, entre outros, com a exploração de recursos naturais, como é o caso da pesca e do turismo. Por esse motivo, associadas a essas políticas foram analisadas também as iniciativas voltadas à exploração ou gestão de recursos hídricos e minerais.

No entanto, antes de proceder à análise, faz-se necessário destacar algumas peculiaridades encontradas nas constituições, referentes à adoção de diretrizes constitucionais estaduais da pesca e do turismo. No caso da pesca, é preciso destacar que apenas Estados litorâneos adotaram políticas de incentivo a essa atividade, nas suas cartas constitucionais, o que comprova a hipótese levantada quando da seleção das temáticas, de que aspectos geográficos poderiam influenciar os Estados-Membros na adoção dessa ou daquela política econômica, e que essas ações poderiam estar expressas nas suas cartas constitucionais. Especificamente em relação a essa atividade, a surpresa foi que Estados-Membros não litorâneos, mas providos de rios com cultura de pesca, não tiveram a atividade inserida no rol das políticas econômicas estaduais. Ao menos não entre as normas constitucionais estaduais.

Assim como no caso da pesca, também a escolha do turismo como potencial atividade de tratamento econômico constitucional foi levantada. A hipótese era a de que políticas de incentivo ao turismo poderiam estar contempladas nas cartas estaduais de Estados amplamente conhecidos pela tradição na exploração da atividade. Nesse sentido, a associação da temática às políticas de natureza local, para fins de organização da análise, se deu pela conhecida associação entre essa atividade e os recursos naturais, como é o caso dos Estados litorâneos, e ao patrimônio histórico e cultural, que igualmente depende de particularidades regionais. Por esse motivo, também o turismo foi inserido entre as políticas locais.

Justificada a seleção de temas considerados como de natureza local, e a consequente inserção do turismo nesse grupo, em relação a esse último, algumas surpresas se revelaram, a exemplo de Estados-Membros conhecidos pela ampla divulgação do turismo litorâneo, que não tiveram a referida atividade contemplada na carta constitucional, como é o caso do Rio Grande do Norte, Alagoas, Maranhão, Bahia, Pernambuco e Sergipe, e de Estados sem tradição de propaganda nacional de turismo, inclusive não litorâneos, e sem famosos recursos histórico-arquitetônicos, que apresentaram capítulo ou seção na sua Constituição Estadual tratando da atividade, como é o caso de Rondônia. Todas essas abordagens serão tratadas em momento oportuno, quando da exposição das políticas de turismo encontradas nas Constituições Estaduais. De pronto, destaque-se, para fins dessa análise, que nem a Constituição Estadual do Piauí e nem a do Acre trataram de nenhuma das temáticas destacadas como políticas locais em títulos, capítulos ou seções.

Tratados dos parâmetros de seleção e agrupamento dos temas, se faz necessário justificar a escolha dos referidos para análise de políticas econômicas estaduais tratadas nas suas constituições, e a referida justificativa encontra respaldo teórico na afirmação de Bercovici de que para se tornar o principal promotor do desenvolvimento, o Estado brasileiro terá que enfrentar um problema característico desse federalismo continental em que se insere, qual seja, as desigualdades regionais.[131]

Ora, o enfrentamento das desigualdades deve passar necessariamente pela adoção de políticas estatais que leve em consideração as discrepâncias geográficas, incluídas aí questões climáticas como as secas e o sertão do semiárido nordestinos, questões pluviais e de acidentes geográficos causadoras de alagamentos e enchentes, aspectos históricos de favorecimentos e exploração de regiões, e demais peculiaridades que podem ser causa da necessidade de uma atenção diferenciada de determinada região em desfavor de outra. Isso porque a busca pela superação do subdesenvolvimento precisa passar pelo enfrentamento dessas disparidades, vez que o desenvolvimento, para ser efetivo e promover uma mudança social de fato, deve passar por políticas de planejamento e execução que contemple problemas regionais. Entendemos ter sido essa a intenção do Constituinte Originário ao outorgar competência concorrente aos Estados e à União para legislar em matéria de Direito Econômico.

Nesse sentido, as Constituições Estaduais deveriam fazer às vezes do planejamento que efetiva o federalismo cooperativo, uma vez que é essa modalidade de Estado Federal que viabiliza a elaboração e a execução de ações que promovam desenvolvimento econômico nacional e a autonomia dos entes federativos, entendida como autonomia regional. Esse planejamento é responsável pela elaboração de critérios adotados conjuntamente entre os entes federativos de modo que não se viole a repartição de competências.[132]

Além disso, quando tratamos da autonomia dos entes federativos, dissemos que os Constituintes Decorrentes gozavam de autonomia para tratar de questões regionais e locais nas respectivas cartas estaduais. Em termos de política econômica, a Constituição Federal chancela essa prerrogativa ao outorgar aos Estados-Mem-

---

131. Bercovici, Gilberto. *Desigualdades Regionais, Estado e Constituição*. São Paulo: Max Limonad, 2003, p. 63.
132. Ibid. p. 210.

bros competência concorrente para legislar em matéria de Direito Econômico. Com isso, esses entes federativos puderam trazem políticas econômicas locais em suas Constituições, levando em consideração fragilidades e potencialidades regionais e estaduais. Eis outro motivo pelo qual políticas dotadas de certa particularização foram contempladas entre as temáticas analisadas no nosso estudo. Vejamos, então como elas se apresentaram de fato.

4.1 Políticas hídricas e minerarias

A abordagem será iniciada pela exposição do tratamento do Constituinte Decorrente dado às políticas hídricas e minerarias. Antes da exposição da análise em si, é preciso registrar que as Constituições Estaduais, também em relação ao tratamento outorgado a políticas de exploração de recursos naturais, não foram unânimes e nem uniformes em relação a aspectos formais das suas constituições, conforme já dissemos. Com relação às políticas locais, entre as quais se inserem as hídricas e minerarias, as cartas estaduais ora inserem seus artigos nos títulos que destacaram para tratar da Ordem Econômica, ora na Ordem Social. Ora esses títulos tratam de desenvolvimento, como é o caso da Constituição do Estado do Tocantins, cujo título trata "Da atuação do Estado no Processo de Desenvolvimento Econômico", ora como medida de segurança social, como na Constituição Estadual do Rio Grande do Sul, que embora não tenha tratado de políticas hídricas e minerarias, tratou de turismo como sendo política de segurança social, e ora inserem questões de meio ambiente expressamente no título designado para exposição de postulados econômicos e sociais, como ocorre na Constituição do Rio de Janeiro, que destaca um título para tratar "Da Ordem Econômica, Financeira e do Meio Ambiente".

O que se percebe, ao estudar os recursos naturais nas Constituições Estaduais é que, mesmo quando tratados enquanto recursos que interessam às políticas econômicas estaduais, há sempre diretrizes de cunho ambiental entre as suas normas.

Mesmo Constituições que inserem as políticas hídricas e minerarias como temas que interessam à Ordem Econômica acabam facilmente contemplando somente normas de cunho ambiental, como é o caso da Constituição Estadual de Minas Gerais, ao tratar da política de recursos hídricos.[133] De forma semelhante se apresenta o tratamento dado pela Constituição de Pernambuco a ambos os temas, só que inseridos num capítulo "Do meio Ambiente", dentro do título "Da Ordem Social" e, no caso da referida carta estadual, repetem-se as normas de objetivo, em ambos os temas, com outorga à lei infraconstitucional do tratamento especifico à matéria dos recursos hídricos, conforme se observa nos artigos 218 e 219 da Lei Maior Estadual.[134]

---

133. Art. 249 – A política hídrica e minerária executada pelo Poder Público se destina ao aproveitamento racional, em seus múltiplos usos, e à proteção dos recursos hídricos e minerais, observada a legislação federal. Art. 250 – Para assegurar a efetividade do objetivo do artigo anterior, o Poder Público, por meio de sistema estadual de gerenciamento de recursos hídricos e sistema estadual de gerenciamento de recursos minerários, observará, entre outros, os seguintes preceitos: I – adoção da bacia hidrográfica como base de gerenciamento e de classificação dos recursos hídricos; II – proteção e utilização racional das águas superficiais e subterrâneas, das nascentes e sumidouros e das áreas úmidas adjacentes; (Minas Gerais. Constituição (1989). *Constituição do Estado de Minas Gerais*. *Minas Gerais*: Assembleia Legislativa, 1989. Disponível em: <http://bit.ly/2LVv1pI>. Acesso em: 05 jun. 2017).
134. Art. 218. O Estado e os Municípios, de comum acordo com a União, zelarão pelos recursos minerais, fiscalizando o aproveitamento industrial das jazidas e minas, estimulando estudos e pesquisas geológicas e de tecnologia mineral. Art. 219. É dever do Estado, dos cidadãos e da sociedade zelar pelo regime jurídico das águas, devendo a lei determinar: I - o aproveitamento racional dos recursos hídricos para toda a sociedade; II - sua proteção contra ações ou eventos que comprometam a utilização atual e futura, bem como a integridade e renovabilidade física e ecológica do ciclo hidrológico; III - seu controle, de modo a evitar ou minimizar os impactos danosos, causados por eventos críticos decorrentes da aleatoriedade e irregularidade que caracterizam os eventos hidrometeorológicos; IV - sua utilização na pesca e no turismo; V - a preservação dos depósitos naturais de águas subterrâneas. (Pernambuco. Constituição (1989). *Constituição do Estado de Pernambuco*. Pernambuco: Assembleia Legislativa, 1989. Disponível em: <http://bit.ly/2M7oOGp>. Acesso em: 10 jul. 2017).

De igual modo, também na Constituição Estadual do Rio Grande do Norte os recursos em análise estão dispostos no rol de normas que interessam mais às políticas sociais e de proteção ambiental que às políticas econômicas locais ou regionais, e a disposição de ações voltadas aos recursos hídricos se insere em capítulo destacado ao tratamento "Do Meio Ambiente e dos Recursos Hídricos". Em conformidade com a disposição formal adotada, o referido capítulo trata essencialmente de política protecionista-ambiental. Mesmo assim, no caso dessa última, dois pontos merecem destaque: o tratamento expresso a recursos naturais locais, com menção à necessária tutela Estatal ao Pico do Cabugi, à Mata da Estrela e ao Parque das Dunas, considerados pelo constituinte como patrimônio comum dos norte--rio-grandenses, e a menção à disponibilidade de recursos naturais para zoneamento econômico-ecológico. À disposição desse zoneamento foram postos a Mata Atlântica, a Zona Costeira, a Chapada Apodi e as Serras de Portalegre e Martins, conforme artigos 151 e 152 da referida Constituição.[135]

Conforme se observa, é possível encontrar nas Constituições Estaduais tratamento especial a recursos exclusivos do seu território ou típicos da sua região. Isso prova que os Poderes Constituintes Decorrentes levaram em consideração questões locais nas deliberações constitucionais, usufruindo da prerrogativa da autonomia que lhe foi outorgada pelo sistema federativo. Todavia, à pesquisa em comento interessam as políticas de ca-

---

135. Art. 151. O Pico do Cabugi, a Mata da Estrela e o Parque das Dunas são patrimônio comum de todos os rio-grandenses do Norte, merecendo, na forma da lei, especial tutela do Estado, dentro de condições que assegurem a preservação e o manejo racional dos ecossistemas. Art. 152. A Mata Atlântica, a Zona Costeira, a Chapada do Apodi e as Serras de Portalegre e Martins são objeto de zoneamento econômico-ecológico que especifique compensações quanto a empreendimentos de relevante importância para a economia estadual e que importem em qualquer forma de agressão ambiental. (Rio Grande do Norte. Constituição (1989). *Constituição do Estado do Rio Grande do Norte*. Rio Grande do Norte: Assembleia Legislativa, 1989 Disponível em: <http://bit.ly/2Ob6GZu>. Acesso em: 06 jun. 2017).

ráter econômico, tomadas pelos Estados, no exercício das suas autonomias federativas e da sua competência concorrente para legislar em direito econômico. Apesar da ausência de conteúdo econômico das políticas supracitadas, é inegável que consistem em iniciativas Estaduais cujo destaque é válido para fins de análise do exercício efetivo dessa autonomia e da consideração de aspectos regionais ou locais nas deliberações constitucionais.

Ademais, cabe destaque no mesmo sentido outra Constituição que institucionalizou na sua carta constitucional política de recurso hídrico considerando particularidades locais, embora de natureza socioambiental: a Constituição Estadual de Sergipe. A referida carta trata das políticas de recursos hídricos dentro do capítulo "Do Meio Ambiente, da Ciência e da Tecnologia", pertencente ao título "Da Ordem Social". Como a própria forma já indica, não houve tratamento de natureza econômica aos referidos recursos, mas merece destaque a preocupação com um problema local que gera consequências econômicas, que são as inundações causadas pelas quedas pluviais juninas, e que se prolongam até meados de agosto. Sobre essas zonas inundáveis, a Carta Estadual traz o zoneamento dessas áreas como elemento necessário do Plano Estadual de Recursos Hídricos e das Leis Orgânicas Municipais (art. 243, incisos II e VI).[136] Destaque-se que a Constituição Sergipana vincula inclusive as Leis Orgânicas ao tratamento a essa matéria. Vinculação que até agora não foi objeto de Ação Direta de Inconstitucionalidade, o que indica que se presume constitucional.

---

136. Art. 243. Constarão do plano estadual de recursos hídricos e das leis orgânicas municipais disposições relativas ao uso, à conservação e proteção e ao controle dos recursos hídricos, superficiais e subterrâneos, no sentido: II - do zoneamento de áreas inundáveis, com restrições à edificação em áreas sujeitas a inundações frequentes; VI - do condicionamento à aprovação prévia pela Administração Estadual do Meio Ambiente - ADEMA e por demais organismos estaduais de controle ambiental e de gestão de recursos hídricos, dos atos de outorga, pelos Municípios, a terceiros, de direitos que possam influir na qualidade ou quantidade das águas superficiais e subterrâneas; (Sergipe. Constituição (1989). *Constituição Estadual de Sergipe*. Sergipe: Assembleia Legislativa, 1989. Disponível em: <http://bit.ly/2vmLZmF>. Acesso em: 07 jun. 2017).

Por fim, antes de procedermos ao tratamento econômico dado às políticas voltadas a exploração de recursos hídricos e minerais, destacamos que, além do Piauí, que não trouxe nos seus dispositivos constitucionais capítulos ou seções para tratamento das atividades a que denominamos políticas locais, também não trataram nem de recursos hídricos e nem de minerais, em capítulo separado e nem dentro da Ordem Econômica ou Social, embora tenham tratado de outras políticas locais, as Constituições do Maranhão, Rio de Janeiro, Rio Grande do Sul e Santa Catarina. Deram tratamento tímido à matéria, com normas programáticas ou de objetivo, as Constituições do Amazonas (art. 176 a 178),[137] que trata exclusivamente de recursos minerais, a de Pernambuco, que apesar da divisão das duas matérias em seções distintas, também traz apenas normas de objetivo, gerais (art. 218),[138] no caso dos recursos minerais, e de outorga de regulamentação à lei infraconstitucional, no caso dos recursos hídricos (art. 219).[139]

---

137. Art. 176. A lei disporá sobre as jazidas em lavra ou não, os recursos minerais e os potenciais de energia hidráulica, visando ao seu aproveitamento racional e à proteção de recursos hídricos e minerais, obedecida a legislação federal. Art. 177. O Poder Público, por meio de sistemas estaduais de gerenciamento de recursos hídricos e minerais, atenderá, dentre outras, às seguintes diretrizes: [...] Art. 178. A exploração de recursos hídricos e minerais do Estado não poderá comprometer a preservação do patrimônio natural e cultural, sob pena de responsabilidade, na forma da lei. (Amazonas. Constituição (1989). *Constituição Estadual do Amazonas*. Amazonas: Assembleia Legislativa, 1989. Disponível em: <http://bit.ly/2M4xE7S>. Acesso em: 07 jun. 2017).

138. Art. 218. O Estado e os Municípios, de comum acordo com a União, zelarão pelos recursos minerais, fiscalizando o aproveitamento industrial das jazidas e minas, estimulando estudos e pesquisas geológicas e de tecnologia mineral. (Pernambuco. 1989, op. cit., art. 218).

139. Art. 219. É dever do Estado, dos cidadãos e da sociedade zelar pelo regime jurídico das águas, devendo a lei determinar: I - o aproveitamento racional dos recursos hídricos para toda a sociedade; II - sua proteção contra ações ou eventos que comprometam a utilização atual e futura, bem como a integridade e renovabilidade física e ecológica do ciclo hidrológico; III - seu controle, de modo a evitar ou minimizar os impactos danosos, causados por eventos críticos decorrentes da aleatoriedade e irregularidade

Além dessas, também a Constituição do Tocantins, que num único artigo traz norma programática de compromisso conjunto entre Estado e Municípios[140]. Trataram de ambas as temáticas juntas, mas somente com de norma de objetivo, a Constituição Estadual de Roraima, que traz um único artigo, e transfere à lei ordinária competência para dispor sobre a participação do Estado nos recursos resultante da exploração dessas riquezas[141], e as Constituições do Espírito Santo (art. 258 a 262) e de Goiás (art. 140 e 141), que nada trouxeram de especificamente local ou que interessasse à política econômica estadual. Ambas as cartas reproduzem compromissos gerais do Estado nessas matérias.

Para encerrar a abordagem sobre os desígnios formais de capítulos e seções às políticas hídricas e minerarias, faça-se constar que as Constituições de Alagoas, do Mato Grosso, do Mato Grosso do Sul e do Rio Grande do Norte trataram somente de recursos hídricos, mas não dos minerais. A *contrário sensu*, trataram exclusivamente de recursos minerais, excluídos os recursos hídricos da política constitucional estadual, as Constituições do Amazonas e de Rondônia.

Expostos os aspectos formais de distribuição e tratamento das temáticas nas cartas estaduais, cabe iniciar as exposições

---

que caracterizam os eventos hidrometeorológicos; IV - sua utilização na pesca e no turismo; (Pernambuco. 1989, op. cit., art. 219).
140. Art. 92. O Estado e os Municípios gerenciarão a política hídrica e mineraria, visando ao aproveitamento racional desses recursos. (Tocantins. Constituição (1989). *Constituição Estadual de Tocantins*. Tocantins: Assembleia Legislativa, 1989. Disponível em: <http://bit.ly/2MoXJvt>. Acesso em: 08 jun. 2017).
141. Art. 131. A Lei disporá sobre a participação do Estado nos recursos resultantes da exploração das riquezas minerais e potenciais de energia hidráulica, com vistas ao aproveitamento racional, consideradas as peculiaridades e necessidades econômico-sociais locais e a autonomia político--administrativa do Estado. Parágrafo único. As empresas mineradoras poderão receber aprovação e licenciamento dos órgãos estaduais competentes quando atenderem aos princípios gerais estabelecidos nesta Constituição e na Legislação pertinente. (Roraima. Constituição (1991). *Constituição Estadual de Roraima*. Roraima: Assembleia Legislativa, 1991. Disponível em: <http://bit.ly/2M7qjEx>. Acesso em: 06 jun. 2017).

acerca das políticas locais com abordagem de natureza essencialmente econômica. Essa foi a diretriz econômico-financeira de suporte municipal adotada pelas Constituições Estaduais de Minas Gerais, em seu artigo 253,[142] e no seu parágrafo segundo, da Paraíba, em seu artigo 245,[143] e de Rondônia, no seu artigo 183.[144] No caso dos artigos supracitados das Constituições Estaduais de Minas Gerais e do Estado da Paraíba, é curiosamente nítida a reprodução literal dos textos desses artigos entre elas. "Curiosamente", porque, em geral, as ditas normas de imitação ou de reprodução encontradas nas Constituições Estaduais encontram espelho na Constituição Federal.

Fato é que ao longo da análise das cartas estaduais, foram encontradas normas (quase) identicamente reproduzidas entre as cartas estaduais, sem que estas houvessem copiado o referido texto da Lei Maior. Por hora, em termos de autonomia para estabelecimento de prioridades em políticas econômicas, os referidos artigos merecem destaque pela adoção de uma medida de incentivo ao desenvolvimento da atividade na esfera territorial mu-

---

142. Art. 253. O Estado assistirá, de modo especial, o Município que se desenvolva em torno de atividade mineradora, tendo em vista a diversificação de sua economia e a garantia de permanência de seu desenvolvimento socioeconômico. § 2º – A lei que estabelecer o critério de rateio da parte disponível do imposto a que se refere o art. 144, I, "b", reservará percentual específico para os Municípios considerados mineradores. (Minas Gerais. Constituição (1989). *Constituição Estadual de Minas Gerais*. Minas Gerais: Assembleia Legislativa, 1989. Disponível em: <http://bit.ly/2LVv1pI>. Acesso em: 05 jun. 2017).

143. Art. 245. O Estado assistirá, de modo especial, os Municípios que se desenvolvem em torno de atividade hidromineral, tendo em vista a diversificação de sua economia e a garantia de permanência de seu desenvolvimento em termos socioeconômicos. (Paraíba. Constituição (1989). *Constituição Estadual da Paraíba*. Paraíba: Assembleia Legislativa, 1989. Disponível em: <http://bit.ly/2M023Fe>. Acesso em: 06 jun. 2017).

144. Art. 183. Os recursos oriundos da jazida mineral a serem repassados para a região deverão ser destinados proporcionalmente pelo índice populacional ao Município de origem e aos Municípios desmembrados da região. (Rondônia. Constituição (1989). *Constituição Estadual de Rondônia*. Rondônia: Assembleia Legislativa, 1989. Disponível em: <http://bit.ly/2MqeupQ>. Acesso em: 07 jun. 2017).

nicipal. Igualmente reproduzidas *ipsi literis* se encontram duas políticas de gestão de recursos hídricos: a primeira trata da consideração do ciclo hidrográfico das águas em todas as suas fases, e está identicamente posta nas Constituições do Mato Grosso[145] e do Mato Grosso do Sul,[146] e a segunda traz a caracterização das águas subterrâneas como reservas estratégicas ao desenvolvimento econômico-social, reproduzida nas mesmas duas constituições supracitadas,[147] e nas Constituições de Sergipe e São Paulo. A investigação acerca da origem dessas reproduções não diz respeito ao objeto de análise desse estudo, mas restarão registradas sempre que identificadas. Sobre esses destaques,

---

145. Art. 285 - A gestão dos recursos hídricos deverá: III - adotar a bacia hidrográfica como fonte potencial de abastecimento e considerar o ciclo hidrológico, em todas as suas fases. (Mato Grosso. Constituição (1989). *Constituição Estadual do Mato Grosso*. Mato Grosso: Assembleia Legislativa, 1989. Disponível em: <http://bit.ly/2nfSH9B>. Acesso em: 05 maio 2017).
146. Art. 235 - A gestão dos recursos hídricos deverá: III - adotar a bacia hidrográfica como base a considerar o ciclo das águas em todas as suas fases. (Mato Grosso do Sul. Constituição (1989). *Constituição Estadual do Mato Grosso do Sul*. Mato Grosso do Sul: Assembleia Legislativa, 1989. Disponível em: <http://bit.ly/2Ob7D40>. Acesso em: 05 maio 2017).
147. Art. 289 - As águas subterrâneas são reservas estratégicas para o desenvolvimento econômico-social e valiosas para o suprimento de água das populações e deverão ter programa permanente de conservação e proteção contra poluição e superexploração. (Mato Grosso, op. cit., art. 289).
Art. 238 - As águas subterrâneas, reservas estratégicas para o desenvolvimento econômico e social e necessárias ao suprimento de água à população, deverão ter programa perman.ente de preservação e proteção contra poluição e superexploração. (Mato Grosso do Sul, id. ibid, art. 238).
Art. 242 - As águas subterrâneas, reservas estratégicas para o desenvolvimento econômico-social e valiosas para o suprimento de água às populações, deverão ter programa permanente de conservação e proteção contra poluição. (Sergipe, op. cit., art. 242).
Art. 206 - As águas subterrâneas, reservas estratégicas para o desenvolvimento econômico-social e valiosas para o suprimento de água às populações, deverão ter programa permanente de conservação e proteção contra poluição e superexploração, com diretrizes em lei. (São Paulo. Constituição (1989). *Constituição Estadual de São Paulo*. São Paulo: Assembleia Legislativa, 1989 Disponível em: <http://bit.ly/2ngYtI5>. Acesso em: 05 maio 2017).

não obstante a repetição, cumpre destacar o tratamento dado às águas subterrâneas, consideradas essas como elementos capazes de integrar medidas de desenvolvimento econômico como reservas estratégicas. Além disso, igualmente a diretriz de aproveitamento de todas as fases das águas de uma bacia hidrográfica merece destaque enquanto medida que produz efeitos econômicos na esfera estadual, uma vez que uma má gestão desses recursos repercute em outras esferas dessas relações.

Ainda sobre gestão de recursos hídricos, mais de uma constituição estabelece diretrizes de priorização, fomento ou proteção de patrimônio ambiental em relação à produção de energia elétrica no âmbito Estadual, e esse é mais um dispositivo que expressa a atenção do Constituinte Decorrente às potencialidades da região. Assim o fizeram as Constituições do Amapá,[148] que destaca a necessidade de produção de energia elétrica, de forma sustentável, em relação aos patrimônios ambiental, cultural e turístico do Estado, a da Bahia,[149] que trata da eletrificação rural como política prioritária de gestão de recursos naturais, e a Constituição do Paraná,[150] que estabelece política de fomento a implantação de usinas hidrelétricas de pequeno porte.

Para encerrar as diretrizes constitucionais de exploração de recursos hídricos, cabem quatro últimos destaques em termos

---

148. Art. 234 - Nos projetos de produção de energia elétrica, será observada a preservação do patrimônio ambiental, cultural e turístico do Estado. (Amapá. Constituição (1991*). Constituição Estadual do Amapá.* Amapá: Assembleia Legislativa, 1991. Disponível em: <http://bit.ly/2KCL4TI>. Acesso em: 07 jun. 2017.
149. Art. 198 - A política hídrica e mineral, implementada pelo Poder Público, destina-se ao aproveitamento racional dos recursos hídricos e minerais, devendo: III - fomentar a pesquisa e exploração dos recursos energéticos, dando prioridade ao programa de eletrificação rural; (Bahia, Constituição (1991). *Constituição Estadual da Bahia.* Bahia: Assembleia Legislativa, 1989. Disponível em: <http://bit.ly/2ngaIEA>. Acesso em: 05 maio 2017).
150. Art. 163. O Estado fomentará a implantação, em seu território, de usinas hidrelétricas de pequeno porte, para o atendimento ao consumo local, respeitada a capacidade de suporte do meio ambiente. (Paraná. Constituição (1989). *Constituição Estadual do Paraná.* Paraná: Assembleia Legislativa, 1989. Disponível em: <http://bit.ly/2LXw74p>. Acesso em: 02 abr. 2017).

de aproveitamento de recursos naturais que levam em consideração aspectos locais para integração de política de caráter econômico: o primeiro deles se deve às políticas voltadas ao transporte hidroviário que aparecem nas Constituições do Amapá[151] e de São Paulo,[152] e ambas tratam, quase identicamente, da necessidade de desenvolvimento do transporte hidroviário e do seu aproveitamento econômico, como política hídrica a ser definida mediante lei.

O segundo destaque cabe à Constituição Paulistana, novamente, mas dessa vez à sua adoção de política de cobrança de forma diferenciada pelos serviços hídricos, de acordo com a bacia, como forma de garantir o sistema integrado de gerenciamento desses recursos tratado no artigo 205 (já citado) conforme se extrai do seu artigo 211, segundo o qual:

> A utilização dos recursos hídricos será cobrada segundo as peculiaridades de cada bacia hidrográfica, na forma da lei, e o produto aplicado nos serviços e obras referidos no inciso I, do parágrafo único, deste artigo.[153]

O terceiro e penúltimo destaque vai para a Constituição Estadual da Bahia e duas políticas bem peculiares em relação às demais cartas, adotadas por ela, quais sejam: um destaque à necessidade de defesa contra secas e enchentes como mecanis-

---

151. Art. 231. O Estado instituirá, por lei, sistema integrado de gerenciamento dos recursos hídricos, congregando os órgãos estaduais, municipais e a sociedade civil, e assegurará meios financeiros e institucionais para: V - o desenvolvimento do transporte hidroviário e seu aproveitamento econômico. (Amapá, op. cit., art. 231).
152. Artigo 205 - O Estado instituirá, por lei, sistema integrado de gerenciamento dos recursos hídricos, congregando órgãos estaduais e municipais e a sociedade civil, e assegurará meios financeiros e institucionais para: VII - o desenvolvimento do transporte hidroviário e seu aproveitamento econômico. (São Paulo. Constituição (1989). *Constituição Estadual de São Paulo*. São Paulo: Assembleia Legislativa, 1989. Disponível em: <http://bit.ly/2M3KgNo>. Acesso em: 05 mai. 2017. art. 205, inciso V).
153. Ibid., art. 211.

mo a ser adotado pelo Plano Estadual de Recursos Hídricos, a ser instituído por lei (é o que se subtrai do artigo 199, inciso IV[154] daquela carta), e a segunda delas é a política de aplicação dos recursos financeiros resultantes da exploração de energia hidráulica, petróleo, gás natural e outros recursos minerais em aporte em fundos de previdência dos servidores estaduais.[155] Essa última diretriz foi inserida na constituição através da Emenda Constitucional nº 19 de 12 de março de 2014.

O quarto e último destaque vai para a Constituição Estadual do Ceará que, apesar de não ter designado capítulo nem seção exclusivos para tratar das políticas de recursos hídricos, o fez inserido no capítulo sobre política agrícola e fundiária dando prioridade ao estabelecimento de diretrizes voltadas à redução dos danos causados pelas secas. Nesse sentido, o artigo 323 prevê a elaboração de política especial para as secas, pelo Estado, com "aquisição de áreas para perfuração de poços profundos açudes, barragens, cisternas e outros pontos d´água e projetos de produção com pequena irrigação"[156]. Além disso, a Carta Cearense prevê a celebração de convênio com a União e com os Municípios, no seu artigo 319,[157] para conjugar recursos

---

154. Art. 199. O Estado instituirá por lei e manterá atualizado o Plano Estadual de Recursos Hídricos, congregando os organismos estaduais e municipais para a gestão destes recursos e definindo mecanismos institucionais necessários para garantir: IV - a defesa contra a seca, enchentes, poluição e outros eventos críticos correlatos que ofereçam riscos à saúde e segurança pública ou prejuízos econômicos e sociais; (Bahia, op. cit., art. 199).
155. Art. 204. Os recursos financeiros destinados ao Estado, resultantes da participação na exploração dos potenciais de energia hidráulica, petróleo, gás natural e outros recursos minerais, serão aplicados, na proporção em que a lei estabelecer, em: IV - aporte em fundos de previdência dos servidores estaduais. (Bahia, op. cit., art. 204).
156. Ceará, 1989, op. cit., art. 323.
157. Art. 319. O Estado, mediante convênio com os Municípios e a União, conjugará recursos para viabilização dos programas de desenvolvimento para aproveitamento social das reservas hídricas, compreendendo: I - o fornecimento de água potável e de saneamento básico em todo o aglomerado urbano com mais de mil habitantes, observados os critérios de regionalização da atividade governamental e a correspondente alocação de

que deem viabilidade a programas de desenvolvimento de reservas hídricas. Todavia, ao tratar das ações específicas a serem adotadas para consecução desses objetivos, a carta restringe a meta do fornecimento de água potável e de saneamento básico a partir do referido convênio para conglomerados urbanos com mais de mil habitantes. Dessa forma, restam excluídos conglomerados classificados como rurais, e aqueles que, mesmo urbanos, disponham de menos de mil habitantes. São também metas do convênio a expansão do sistema de represamento de águas e o melhor aproveitamento de reservas subterrâneas, ambas como medidas de redução do flagelo das secas.

Para encerrar as abordagens sobre o tratamento dado aos recursos naturais, em relação às políticas minerarias locais, vez que já tratamos daquelas normas identicamente reproduzidas em mais de uma Constituição, quando tratamos dos Estados que adotam repasses aos Municípios que desenvolvem a atividade, cabe destacar a proteção especial dada à garimpagem, na Constituição Estadual do Amapá, no seu artigo 239, inciso III,[158] com a adoção de políticas de incentivo à pesquisa e difusão tecnológica do setor mineral, incluindo-se nesse rol, destacadamente, a atividade garimpeira. Além disso, ainda no mesmo artigo, cabe destaque a preocupação do Constituinte Decorrente com a promoção socioeconômica dos garimpeiros, inserida

---

recursos; II - a expansão do sistema de represamento de águas com edificação, nas jusantes de açudes públicos, de barragens, bem como a instalação de sistemas irrigatórios, com prioridade para as populações mais assoladas pelas secas; III - o aproveitamento das reservas subterrâneas, contribuindo para minorar o flagelo das secas. (Ceará, op. cit., 1989).
158. Art. 239. Compete ao Estado: III - fomentar atividade de pesquisa e de desenvolvimento e difusão tecnológica do setor mineral, de forma a definir estratégias de exploração mineral que contemplam os vários segmentos produtivos, inclusive atividades garimpeiras; IV - dar apoio de assistência técnica permanente, na organização, implantação e operação da atividade garimpeira, priorizando o pequeno produtor, buscando promover melhores condições de exploração e transformação dos bens minerais, com acesso às novas tecnologias do setor, garantida a preservação do meio ambiente e a promoção econômico-social dos garimpeiros; (Amapá, op. cit., art. 239).

na Constituição como medida de competência do Estado, especificamente no seu inciso IV.

Além desta, merece destaque a Constituição de São Paulo e a sua política de incentivo à atividade mineraria para atendimento às demais atividades econômicas desenvolvidas no Estado, tais como: agricultura e a indústria de transformação e da construção civil (art. 214, IV).[159] De igual modo, faz jus à menção a proteção às bacias hídricas outorgada pela referida carta, quando do tratamento constitucional às políticas de saneamento, conforme se observa no artigo 216, § 1º.[160]

Nota-se, com isso, que vinte e quatro, dos vinte e seis Estados-Membros, trazem ações voltadas ao aproveitamento de recursos hídricos e minerais nas suas cartas constitucionais. Alguns apenas de forma superficial, reafirmando o compromisso do Estado de tutela a recursos naturais, outras tratando do aspecto meramente ambiental, com dispositivos de natureza protecionista, e outras, ainda, com abordagens normativas considerando o aspecto econômico desses recursos, através do estabelecimento de diretrizes constitucionais que consideram o potencial produtivo do Estado, e as suas demandas sociais, como o fizeram as Constituições que trataram do transporte hidroviário e das demandas de produção de energia elétrica a partir do aproveitamento dos recursos hídricos locais.

Com relação aos recursos minerais, as políticas de fomento à sua exploração aparecem em um número menor de Consti-

---

159. Art. 214 - Compete ao Estado: IV - fomentar as atividades de mineração, de interesse sócio-econômico-financeiro para o Estado, em particular de cooperativas, pequenos e médios mineradores, assegurando o suprimento de recursos minerais necessários ao atendimento da agricultura, da indústria de transformação e da construção civil do Estado, de maneira estável e harmônica com as demais formas e ocupação do solo e atendimento à legislação ambiental; (São Paulo, op. cit., 1989).
160. Art. 216 - O Estado instituirá, por lei, plano plurianual de saneamento estabelecendo as diretrizes e os programas para as ações nesse campo. § 1º - O plano, objeto deste artigo, deverá respeitar as peculiaridades regionais e locais e as características das bacias hidrográficas e dos respectivos recursos hídricos. (São Paulo, op. cit., art. 216).

tuições Estaduais, mas entre elas, merecem destaque, mais uma vez, as atuações dos Constituintes Decorrentes do Estado de São Paulo, ao estabelecer diretrizes de exploração do recurso para suprimento de demandas locais de outros setores, do Amapá, ao tratar de questões de garimpagem e a política de repasse ou assistência aos municípios de onde se extraem esses recursos, das Constituições de Minas Gerais, Paraíba e Rondônia pela menção em linhas gerais.

Apesar da seleção da temática se justificar pela relevância da exploração de recursos naturais para o desenvolvimento regional a partir de um planejamento econômico, é possível que o número expressivo de Constituições que trouxeram o tema entre os seus dispositivos seja, também, a outorga de competência concorrente aos Estados-Membros também para legislar sobre recursos naturais, conforme preceitua o artigo 24, inciso VI,[161] da Constituição Federal. Some-se a isso a instituição de competência comum entre União, Estados, Distrito Federal e Municípios para "registrar, acompanhar e fiscalizar as concessões de direitos de pesquisa e exploração de recursos hídricos e minerais em seus territórios", conforme artigo 23, inciso XI da Lei Maior.

Todavia, o dispositivo constitucional que respalda a presente análise é o que viabiliza deliberações econômicas constitucionais aos Estados-Membros, concorrentemente, posto que o estudo tem por enfoque as políticas locais, em geral, e o tratamento recebido por essas nas Cartas Constitucionais, enquanto potenciais locais de promoção do desenvolvimento regional, com o objetivo de avaliar o efetivo exercício da autonomia dos entes federativos para regulamentar, em suas constituições, demandas econômicas locais. Procedamos, então, às políticas voltadas à pesca, ao extrativismo e ao turismo, a seguir.

---

161. Art. 24. Compete à União, aos Estados e ao Distrito Federal legislar concorrentemente sobre: VI - florestas, caça, pesca, fauna, conservação da natureza, defesa do solo e dos recursos naturais, proteção do meio ambiente e controle da poluição; (Brasil, 1988, op. cit., art. 24).

4.2 Pesca e extrativismo

Tratadas das políticas hídrica e mineraria, passaremos à análise do tratamento dado pelos Constituintes Decorrentes às políticas extrativistas e de pesca. Antes de tratarmos das normas constitucionais estaduais que estabelecem diretrizes de natureza econômicas voltadas a essas atividades, cabe destacar que as políticas pesqueiras aparecem inseridas nas políticas agrícolas, fundiárias e de reforma agrária, tanto na Constituição Federal como em algumas Constituições Estaduais. Todavia, para fins de análise de políticas estaduais, essas foram integradas às políticas locais por entendermos que o desenvolvimento da atividade, ao menos considerando a forma como foi tratado pelos Estados-Membros, contou com a exploração de recursos naturais, e eis o motivo pelo qual a exposição da análise sobre as políticas pesqueiras se encontra integrada àquelas que dependem de fatores naturais.

Sobre o extrativismo, apesar de o país ser dotado de matas e florestas ricas numa flora explorável extrativistamente, apenas a Constituição Estadual do Amapá tratou dessa atividade e, mesmo assim, somente no título "Das Disposições Constitucionais Gerais" e é o artigo que trata de açaizais, seringais e castanhais, que aparece na carta apenas para assegurar a proteção às áreas de terras estaduais cujo potencial econômico se caracterize por essas atividades, proibindo o seu desmembramento do território do Estado. Observa-se, no artigo 347,[162] que há um reconhecimento do Constituinte Decorrente do potencial econômico oriundo da exploração dessas atividades, ao proteger as áreas de um possível desmembramento. Entretanto, o único artigo

---

162. Art. 347. As áreas de terras estaduais cujo potencial econômico se caracterize pela exploração de riquezas extrativistas, em especial os açaizais, seringais e castanhais, não poderão ser desmembradas do patrimônio fundiário do Estado. (Amapá. Constituição (199). *Constituição Estadual do Amapá*. Amapá: Assembleia Legislativa, 1991. Disponível em: <http://bit.ly/2KCL4TI>. Acesso em: 07 jun. 2017. art. 347).

que trata delas não faz menção alguma a diretrizes estaduais de aproveitamento econômico desses recursos.

Sobre as políticas pesqueiras, já dissemos, quando da introdução desse capítulo, que essas somente foram contempladas em Cartas Constitucionais de Estados litorâneos, mas isso não implica afirmar que todos eles trataram da pesca nas suas Constituições. Além disso, os Constituintes Decorrentes dos Estados que desenvolvem atividades pesqueiras fluviais foram omissos em relação a políticas econômicas de incentivo à atividade. Trataram de políticas pesqueiras somente os estados do Amapá, Amazonas, Bahia, Ceará, Espírito Santo, Maranhão, Pará, Paraná, Rio de Janeiro, Roraima, Santa Catarina, Sergipe e Tocantins. Contudo, nem todas designaram seção ou capítulo específico para tratar da referida política, inclusive tratando da matéria em artigos de seção ou capítulo designado para tratamento da política agrícola, agrária e fundiária, e foi o caso das Constituições do Ceará, Pará, Paraná, Santa Catarina e Sergipe.

Independente do desígnio de secção constitucional específica ou não, algumas Constituições trataram dessa política apenas outorgando responsabilidade ao Estado-Membro, ao "Poder Público" ou aos "Estados e Municípios" de tutela dessas atividades, como foi a caso da Constituição do Amapá, no seu artigo 219[163] e seguintes, do Amazonas, no seu artigo 175,[164] a da Bahia, no seu artigo 197,[165] a do Espírito Santo, no seu arti-

---

163. Art. 219. O Estado elaborará política específica para o setor pesqueiro, tendo como fundamento e objetivo o desenvolvimento da pesca, dos pescadores, suas comunidades e da aquicultura. (Amapá, op. cit., art. 219).
164. Art. 175. O Estado elaborará uma política específica para o setor pesqueiro, privilegiando a pesca artesanal, a piscicultura e a agricultura através de ações e dotações orçamentárias, programas específicos de crédito, rede de frigoríficos, pesquisa, assistência técnica e extensão pesqueira, propiciando a comercialização direta entre pescadores e consumidores, promovendo zoneamentos específicos à proliferação ictiológica. (Amazonas. Constituição (1989). Constituição Estadual do Amazonas. Amazonas: Assembleia Legislativa, 1989. Disponível em: <http://bit.ly/2M4xE7S>. Acesso em: 07 jun. 2017, art. 175).
165. Art. 197. A Política Pesqueira do Estado terá suas diretrizes fixadas em lei, objetivando pleno desenvolvimento do setor (Bahia, op. cit. art. 197).

go 255,[166] do Maranhão, no seu artigo 201,[167] a do Pará, no seu artigo 244,[168] a do Paraná, no artigo 154, inciso IV, alínea *f*,[169] a de Roraima, no seu artigo 130,[170] a de Santa Catarina, no seu

---

166. Art. 255. O Estado e os Municípios elaborarão política específica para o setor pesqueiro, privilegiando a pesca artesanal e a piscicultura através de dotação orçamentária, rede de frigoríficos, pesquisas, assistência técnica e extensão pesqueira, e propiciando a comercialização direta entre pescadores e consumidores. (Espírito Santo. Constituição (1989). *Constituição Estadual do Espírito Santo*. Espírito Santo: Assembleia Legislativa, 1989. Disponível em: <http://bit.ly/2AMJNtN>. Acesso em: 05 mai. 2017).
167. Art. 201. O Estado elaborará plano de desenvolvimento do setor pesqueiro com o objetivo de: I - proteger e preservar a fauna e a flora aquáticas, quanto aos recursos e ecossistemas naturais; II - planejar, coordenar e executar política de proteção à pesca do ponto de vista científico, técnico e socioeconômico; III - fomentar e proteger a pesca artesanal e a piscicultura através de programas de crédito, rede de frigoríficos, pesquisa, assistência técnica e extensão pesqueira; IV - desenvolver e estimular sistema de comercialização direta entre pescadores e consumidores, com garantia do preço mínimo do mercado e seu armazenamento; V - manter linha especial de crédito para apoiar a pesca artesanal. (Maranhão. Constituição (1989). *Constituição Estadual do Maranhão*. Maranhão: Assembleia Legislativa, 1989. Disponível em: <http://bit.ly/2LVyGDY>. Acesso em: 04 abr. 2017).
168. Art. 244. Compete ao Estado a elaboração de uma política específica para o setor pesqueiro industrial e artesanal, priorizando este último e a aquicultura, propiciando os mecanismos necessários à sua viabilização, preservação e integral aproveitamento de seus recursos, inclusive da fauna acompanhante da pesca industrial. (Pará Constituição (1989). *Constituição Estadual do Pará*. Pará: Assembleia Legislativa, 1989. Disponível em: <http://bit.ly/2AMibVx>. Acesso em: 04 abr. 2017).
169. Art. 154. A política agrícola estadual será planejada e executada, na forma da lei, com a participação paritária e efetiva dos produtores e trabalhadores rurais, objetivando o desenvolvimento rural nos seus aspectos econômicos e sociais com racionalização de uso e preservação dos recursos naturais e ambientais, cabendo ao Estado: IV - o estabelecimento de mecanismos de apoio: f) ao setor pesqueiro; (Paraná, op. cit. art. 154).
170. Art. 130. O Estado elaborará uma política para o setor pesqueiro, sobre a qual disporá a Lei Ordinária, com observância da Constituição Federal e legislação federal. (Roraima. Constituição (1991). *Constituição Estadual de Roraima*. Roraima: Assembleia Legislativa, 1991. Disponível em: <http://bit.ly/2M7qjEx>. Acesso em: 06 jun. 2017, art. 130).

artigo 145,[171] a Constituição de Sergipe no seu artigo 188[172] e a do Tocantins em seu artigo 94.[173]

Dessas, seis trataram especificamente da carência de tutela especial do pescador artesanal, e dispõem sobre o incentivo à comercialização direta entre pescadores e consumidores como política a ser adotada pelo Estado, e são as Constituições dos seguintes Estados: Tocantins, Pará (que trata conjuntamente da pesca profissional, mas destaca a priorização da tutela à pesca artesanal), a do Maranhão (com destaque a necessidade de criação de linha especial de crédito a esses pescadores), a do Espírito Santo e Rio de Janeiro (que também incluem o pescador profissional), e a Constituição Estadual do Amazonas (que também compromete o Estado na elaboração de programa específico de crédito). Além das diretrizes voltadas à tutela ao pescador artesanal, outras quatro Constituições merecem destaque por terem ido além da superficialidade das cartas supramencionadas, e foram a Constituição Estadual do Ceará, a do Rio de Janeiro, a do Amapá e a de Santa Catarina.

No primeiro caso, merece destaque o artigo 317, inciso VI, por expressar cautela especial em relação à necessidade de

---

171. Art. 145. A política pesqueira do Estado tem como fundamentos e objetivos o desenvolvimento da pesca, do pescador artesanal e de suas comunidades, estimulando a organização cooperativa e associativa, a recuperação e preservação dos ecossistemas e fomentando a pesquisa. (Santa Catarina, Constituição (1989). *Constituição Estadual de Santa Catarina*. Santa Catarina: Assembleia Legislativa, 1989. Disponível em: <http://bit.ly/2MviF3Z>. Acesso em: 04 mar. 2017).
172. Art. 188. O Estado, no limite de sua competência, assegurará, em seu território, o cumprimento da legislação federal específica, relativa a proteção e estímulos à pesca. (Sergipe. Constituição (1989). *Constituição Estadual de Sergipe*. Sergipe: Assembleia Legislativa, 1989. Disponível em: <http://bit.ly/2vmLZmF>. Acesso em: 07 jun. 2017, art. 188).
173. Art. 94. O Estado elaborará política para o setor pesqueiro, privilegiando a pesca artesanal e a piscicultura para fins de abastecimento, através de dotação orçamentária, ações, programas específicos de crédito, rede de frigoríficos, pesquisa, assistência e extensão técnicas, incentivando a comercialização direta entre pescadores e consumidores. (Tocantins. Constituição (1989). *Constituição Estadual de Tocantins*. Tocantins: Assembleia Legislativa, 1989. Disponível em: <http://bit.ly/2MoXJvt>. Acesso em: 08 jun. 2017, art. 94).

inclusão do pescador artesanal na política agrícola do Estado (embora pesca não trate de produção de gênero alimentício de natureza vegetal, atividade a que o termo "agrícola" aparece normalmente associado, mas cuja discussão deixaremos pra ocasião da análise dessas políticas nas cartas estaduais), estabelecendo como objetivo dessa inclusão a melhoria na capacidade técnica de exploração da atividade e a necessidade do estímulo estatal a sua organização em colônias ou projetos, com fins de promover uma independência do pescador em relação à quaisquer "laços". Vejamos:

> Art. 317. A política agrícola do Estado será planejada e executada na forma da lei, com a participação efetiva dos setores de produção, envolvendo produtores e trabalhadores rurais, e setores de comercialização, armazenamento e de transportes, com base nos seguintes princípios: VI - apoio ao pescador artesanal, objetivando: a) melhorar as condições técnicas para o exercício da sua atividade; b) estimular sua organização em colônias ou em projetos específicos, buscando eliminar os laços de dependência que lhe têm comprometido a renda e sua condição como pescador artesanal; c) **regularizar as posses dos pescadores, ameaçados pela especulação imobiliária;** (grifo nosso)[174]

Diante do exposto, merece atenção especial o último objetivo da política, qual seja: a proteção das posses destes pescadores em relação ao mercado imobiliário. A Constituição Estadual do Ceará não especifica a que posses ela se referiu quando instituiu tal proteção. Todavia, considerando as alíneas antecedentes, bem como conhecendo o tipo de tutela de que necessitam pescadores e demais profissionais que depende do acesso a recursos naturais para o desenvolvimento das suas atividades, é

---

174. Ceará. Constituição (1989). *Constituição do Estado do Ceará*. Ceará: Assembleia Legislativa, 1989. Disponível em: <http://bit.ly/2MnHeiW>. Acesso em: 05 maio 2017, art. 317.

presumível que o constituinte se referiu aos territórios por eles ocupados, de cujas posses dependa o desenvolvimento da sua profissão. De qualquer sorte, inova na diretriz a Constituição Estadual do Ceará ao preocupar-se com a proteção do pescador nessa relação de completa desigualdade, carente de um tratamento isonômico em sua acepção substancial.

Sobre a Constituição Estadual do Rio de Janeiro, o destaque de política peculiar distinta das demais Constituições, e que não consiste em norma de imitação da Constituição Federal, é a vedação expressa à pesca predatória com dispositivo que trata do conceito de pesca artesanal no § 2º do artigo 257[175] – entendida essa como sendo a modalidade da atividade cujo executor dela tira o seu sustento – e do conceito de pesca predatória, em artigo distinto, vejamos:

> Art. 259 - É vedada e será reprimida na forma da lei, pelos órgãos públicos, com atribuição para fiscalizar e controlar as atividades pesqueiras, a pesca predatória sob qualquer das suas formas tais como: I - práticas que causam riscos às bacias hidrográficas e zonas costeiras de território do Estado; II - emprego de técnicas e equipamentos que possam causar danos à capacidade de renovação do recurso pesqueiro; III - nos lugares e épocas interditados pelos órgãos competentes. Parágrafo único - Reverterão aos setores de pesquisa e extensão pesqueira e educacional os recursos captados na fiscalização e controle sobre atividades que comportem riscos para as espécies aquáticas, bacias hidrográficas e zonas costeiras.[176]

Observa-se que a referida Carta Constitucional cria espaço para interdição de área de pesca, feita por órgão competente, e

---

175. Art. 257, § 2º Entende-se por pesca artesanal a exercida por pescador que tire da pesca o seu sustento, segundo a classificação do órgão competente. (Rio de Janeiro. Constituição (1989). *Constituição Estadual do Rio de Janeiro*. Rio de Janeiro: Assembleia Legislativa, 1989. Disponível em: <http://bit.ly/2no6Ml6>. Acesso em: 05 maio 2017).
176. Ibid., art. 259 e incisos.

caracteriza a pesca nesses locais, durante esses períodos, como pesca predatória, o que enquadra perfeitamente na conceituação genérica dessa modalidade que é: toda aquela de iniciativa não sustentável. Além disso, também a reversão de recursos financeiros oriundos de arrecadação de fiscalização e controle da atividade, para fins de investimento em pesquisa e extensão pesqueira e educacional, é diretriz específica da Carta desse Estado.

Por fim, trouxeram dispositivos constitucionais relevantes em termos econômicos, regionais e de autonomia, as Constituições do Amapá, pelo artigo que garante proteção aos quelônios – uma espécie de tartaruga marinha típica da região, pela proximidade com a linha do Equador – e aos crustáceos, no seu artigo 219, § 2º,[177] e a de Santa Catarina por estabelecer como elemento integrador da norma sobre atividade pesqueira no litoral catarinense, "o tamanho mínimo do pescado e quotas para a pesca amadora".[178]

Dessa forma, das Constituições que optaram por tratar da pesca, as que de fato trataram da atividade sem se limitar a trazer uma afirmação vaga de que a pesca terá política elaborada pelo Estado, ou de que a referida será regulamentada em lei, ofereceram tutela estatal à pesca artesanal – e essa proteção aparece em um número razoável de Constituições –, associada à viabilização ao comércio direto entre pescadores e consumidores, também como medida que terá apoio público. Além dessas, também em outras Cartas foram encontrados artigos cujo conteúdo manifesta potencialidades regionais ou locais, a exemplo da Constituição do Amapá, ao tratar das tartarugas marinhas, e da Constituição do Ceará, ao garantir proteção dos pescadores em relação ao mercado imobiliário em desenvolvimento no Estado.

Em contrapartida, sobre a política extrativista, conforme já mencionado, apenas a Constituição Estadual do Amapá dispôs

---

177. § 2º Incumbe ao Estado criar mecanismos de proteção e preservação de áreas ocupadas pelas comunidades de pescadores, sua cultura e costumes, bem como as áreas de desova e do crescimento de espécies de peixes, crustáceos e quelônios. (Amapá, 1989).
178. (Santa Catarina, op. cit., art. 145, § 1º inciso II).

sobre recursos dessa natureza, e ainda sim restou ausente um tratamento de natureza econômica à matéria, limitando-se, o Constituinte Decorrente, a proteger o Estado de possível perda de território com potencial extrativista, e no capítulo que trata das disposições finais da sua Carta. Encerradas as análises sobre extrativismo e pesca, passemos ao estudo das disposições constitucionais estaduais que trataram do turismo.

4.3 Turismo

A última política local investigada nas cartas estaduais foram as políticas econômicas de turismo, adotadas pelos Estados-Membros, enquanto diretrizes constitucionais. Sobre essas iniciativas, já destacamos que Estados litorâneos tradicionalmente conhecidos pela ampla propaganda dos seus atrativos turísticos não trataram da atividade nas suas Constituições, e foram os Estados do Rio Grande do Norte, Alagoas, Maranhão, Bahia, Pernambuco e Sergipe, e não somente eles. Igualmente não contemplaram dispositivos normativos de compromisso estatal com a atividade as Constituições do Mato Grosso, do Mato Grosso do Sul, do Pará, do Paraná, de Roraima e de São Paulo, que merecem menção apesar do turismo não ser atividade de ampla veiculação publicitária entre eles. Mas também não destacaram artigos nas suas Constituições para tratamento jurídico à matéria.

Não obstante, a omissão do Constituinte Decorrente não implica afirmar que o Estado-Membro não disponha de uma regulamentação que trate de políticas públicas voltadas ao desenvolvimento desse setor, haja vista a possibilidade de regulamentação infraconstitucional sobre a matéria, mas induz à conclusão de que compromissos constitucionais de política de desenvolvimento do setor enquanto atividade econômica não foram adotados pelos Estados supracitados. Por outro lado, trataram de turismo, nas suas respectivas Constituições, então, o Estado do Amapá, do Amazonas, do Ceará, do Espírito Santo, de Goiás, de Minas Gerais, da Paraíba, do Rio de Janeiro,[179] do Rio Grande do Sul, de Rondônia, de Santa Catarina e do Tocantins. Curiosamente, das Cartas que optaram por tratar das Ordens Econômica e Social em títulos separados, somente a Constituição de Santa Catarina cuidou das políticas de turismo na "Ordem Social", e o artigo único foi inserido na Carta pela Emenda Constitucional nº 25 de 2003.

Isso não induz à precipitada conclusão de que todas as demais Constituições deram tratamento econômico à matéria, por inserirem-na entre os dispositivos para tratar "Da Ordem Econômica", e nem tampouco que aspectos econômicos do turismo não estiveram presentes no capítulo designado para tratar da matéria naquela Lei Maior Estadual, só porque contemplado dentro do título que trata "Da Ordem Social". Ao contrário do que poderia ser precipitadamente concluído, o Poder Constituinte Decorrente de Santa Catarina tratou do turismo como um fator de desenvolvimento econômico e social, e de preservação do patrimônio cultura e natural do Estado,[180] com a previsão de elaboração de um plano diretor, a ser elaborado de forma conjunta com os Municípios, e que tenha por finalidade promover, especialmente:

> I - o inventário e a regulamentação do uso, ocupação e fruição dos bens naturais e culturais de interesse turístico sob jurisdição do Estado; II - a infraestrutura básica necessária à prática do turismo, apoiando e realizando

---

179. A Constituição Estadual do Rio de Janeiro foi a única Constituição que tratou da atividade, mas não criou seção ou capítulo próprio, posto que optou por incluí-la no capítulo sobre políticas industriais, comerciais e de serviços.

180. Art. 192-A. O Estado promoverá e incentivará o turismo como fator de desenvolvimento econômico e social, de divulgação, de valorização e preservação do patrimônio cultural e natural, respeitando as peculiaridades locais, coibindo a desagregação das comunidades envolvidas e assegurando o respeito ao meio ambiente e à cultura das localidades exploradas, estimulando sua autossustentabilidade. (Santa Catarina. op. cit., 1989).

investimentos no fomento dos empreendimentos, equipamentos e instalações e na qualificação dos serviços, por meio de linhas de crédito especiais e incentivos fiscais; e III - a promoção do intercâmbio permanente com Estados da Federação e com o exterior, visando o aumento do fluxo turístico e a elevação da média de permanência do turista.[181]

Além das particularidades já mencionadas, aduz-se do supracitado uma preocupação com a integração da atividade a bens culturais e naturais do Estado, assim como com o subsídio infraestrutural para o desenvolvimento do setor, e uma divulgação dos atrativos dentro e fora do país, para aumento do fluxo e da permanência dos turistas no seu território. No caso das políticas catarinenses de turismo, o que se verifica nas suas disposições constitucionais é uma autorresponsabilização do Estado no sentido de suprir o setor dos recursos que lhe compete.

Nessa mesma linha de tratamento, também o Amazonas coloca o turismo como fator de desenvolvimento social e econômico, e adota a priorização de investimentos em estrutura que valorize as potencialidades já existentes no Estado, com destaque para o patrimônio paisagístico e natural, e para o compromisso de apoio à iniciativa privada voltada para o setor, como forma de investimento estatal em lazer e serviços.[182]

---

181. Santa Catarina. op. cit. 1989, art. 192-A, § 3º.
182. Art. 179. O Estado e os Municípios promoverão e incentivarão o turismo como fator de desenvolvimento social e econômico, definindo sua política, obedecendo às seguintes diretrizes: I - adoção permanente de plano integrado com prioridades para o turismo receptivo e interno; II - priorização de investimentos que visem à formação de estrutura turística voltada para o aproveitamento das potencialidades existentes no Estado, principalmente a valorização do patrimônio paisagístico e natural; III - apoio e estímulo à iniciativa privada voltada para o setor, particularmente no que tange a investimento de lazer e serviços; 109 IV - fomento à produção artesanal; V - proteção e incentivo às manifestações folclóricas e culturais; VI- apoio a programas de sensibilização da população e segmentos socioeconômicos para a importância do setor; VII - formação

Somem-se às opções político-econômicas adotadas pelo Estado para desenvolvimento da atividade, o fomento à produção artesanal, o incentivo às manifestações culturais e folclóricas, e a preocupação com o desenvolvimento dos recursos humanos locais, que pode ser extraída do inciso que trata de apoio a programas de sensibilização da população e de setores socioeconômicos para a importância do setor.

Diferentemente do que aparece na Carta Constitucional de Santa Catarina, na do Amazonas o Estado estabelece diretrizes de política econômica para desenvolvimento do turismo que separa as responsabilidades do Estado de apoio ao setor, dos papéis da população e do mercado local de suporte e auxílio às políticas públicas estatais e à própria atividade. Dessa forma, os Constituintes Decorrentes amazonenses criaram objetivos de incentivo ao turismo que institui uma secção entre aquilo que pode ser feito enquanto decisão político-econômica, e aquilo que deve ser feito pelo próprio povo, para desenvolvimento turístico local.

Assim como as duas constituições anteriores, também as Constituições do Amapá, do Ceará, do Espírito Santo, de Goiás e do Tocantins exploraram o potencial desenvolvimento econômico do turismo nos respectivos Estados, com um rol de normas de objetivo padrão. Todavia, especificamente na Constituição Estadual do Tocantins o turismo é tratado juntamente com a indústria, como atividade econômica capaz de promover o

---

de pessoal especializado; VIII - difusão e divulgação do Amazonas como polo de importância turística; IX - regulamentação de uso, ocupação e fruição de bens naturais, arquitetônicos e turísticos; X - conservação e preservação dos valores artísticos, arquitetônicos e culturais do Estado; XI - manutenção e aparelhamento de logradouros públicos sob a perspectiva de sua utilização, acessoriamente ao setor. (Amazonas. Constituição (1989). *Constituição Estadual do Amazonas*. Amazonas: Assembleia Legislativa, 1989. Disponível em: <http://bit. ly/2M4xE7S>. Acesso em: 07 jun. 2017, art. 179).

progresso social e cultural do Estado,[183] na do Ceará[184] e na do Amapá[185] encontra-se menção, também, à necessidade de desenvolvimento do setor em mais de uma região do Estado. Contudo, nenhuma dessas Constituições explorou recursos locais para estabelecimento de metas de desenvolvimento do setor e da região. Por outro lado, as políticas adotadas pelas Constituições de Minas Gerais, Paraíba, Rio Grande do Sul e Rondônia trouxeram propostas de desenvolvimento de atividades a partir do aproveitamento das potencialidades já existentes nos seus Estados, ou criaram novas possibilidades de exploração do turismo local.

Sobre elas, comecemos pelas abordagens trazidas pela Constituição de Minas Gerais, que nas suas diretrizes jurídico-econômicas para o apoio ao turismo, considera esse segmento da atividade de serviços como potencial promotor de desenvolvimento cultural, além de econômico e social.[186] Além disso, nas diretrizes da Política Estadual de Turismo estatuída no artigo 243, inciso II,[187] traz o incentivo à atividade para a população de

---

183. * Art. 93. O Estado e os Municípios promoverão e incentivarão o turismo e a indústria como atividades econômicas, buscando o desenvolvimento social e cultural. * Caput do art. 93 com redação determinada pela Emenda Constitucional nº 07, de 15/12/1998. (Tocantins, op. cit. 1989).
184. Art. 241-A § 2º O instrumento básico de intervenção do Estado, decorrente da norma estatuída no caput deste artigo, será o plano diretor de turismo, estabelecido em lei, **considerado o potencial turístico das diferentes regiões**, com a participação dos municípios envolvidos, direcionando as ações de planejamento, promoção e execução da política estadual de turismo. (Ceará, op. cit. 1989, grifo nosso).
185. Art. 251. O Estado, juntamente com a iniciativa privada, definirá através de lei, a política estadual de turismo, observadas as seguintes diretrizes e ações: III - apoio a **programa de divulgação e orientação do turismo regional e a implantação de projetos turísticos nos Municípios**; (Amapá. op. cit. 1991, grifo nosso).
186. Art. 242 – O Estado apoiará e incentivará o turismo como atividade econômica, reconhecendo-o como forma de promoção e desenvolvimento, social e cultural. (Minas Gerais. Constituição (1989). *Constituição Estadual de Minas Gerais*. Minas Gerais: Assembleia Legislativa, 1989. Disponível em: <http://bit.ly/2LVv1pI>. Acesso em: 05 jun. 2017, art. 242).
187. Art. 243 – O Estado, juntamente com o órgão colegiado representativo dos segmentos do setor, definirá a política estadual de turismo, observadas as

baixa renda como medida necessária a ser adotada pelo Estado, e no inciso VI[188] do mesmo artigo trata da criação de fundo de assistência ao turismo, especialmente para beneficiar cidades históricas, a exemplo de Ouro Preto, das estâncias hidromineiras e de outras localidades que não disponham de recursos suficientes para manutenção da atividade, mas que sejam reconhecidas pelo potencial turístico. Timidamente, a carta mineira faz menção ao apoio municipal de projetos turísticos, no inciso V desse mesmo artigo,[189] e a necessidade de conscientização da população sobre a importância do desenvolvimento do setor (inciso XIII).[190]

De forma distinta, a Constituição do Amazonas trata da necessidade estatal de sensibilização da população e dos segmentos socioeconômicos para a importância do setor, como forma de convite à sociedade para integração e envolvimento com as políticas estatais. A de Minas Gerais fala sobre a divulgação de informações sobre a atividade do turismo, enquanto medida necessária a ser adotada pelo Estado, e outorga importância ao turismo social, no parágrafo único[191] desse artigo, mas não define que tipo de atividades turísticas se enquadrariam nessa modalidade, oferece, apenas, benefício fiscal aos promotores dela.

A segunda Constituição que merece menção em separado é a Constituição do Estado da Paraíba que, ao tratar das diretrizes a serem definidas quando da elaboração da Política Estadual de

---

seguintes diretrizes e ações: II – incentivo ao turismo para a população de baixa renda, inclusive mediante estímulos fiscais e criação de colônias de férias, observado o disposto no inciso anterior; (Ibid., art. 243).

188. Art. 243 VI – criação de fundo de assistência ao turismo, em benefício das cidades históricas, estâncias hidrominerais e outras localidades com reconhecido potencial turístico desprovidas de recursos; (Minas Gerais, op. cit.)

189. V – Apoio a programas de orientação e divulgação do turismo regional e ao desenvolvimento de projetos turísticos municipais; (Minas Gerais. op. cit. art. 243, inciso V).

190. XIII – divulgação de informações sobre a atividade do turismo, com vistas a conscientizar a população da importância do desenvolvimento do setor no Estado. (Minas Gerais. op. cit. art. 243, inciso XIII).

191. Parágrafo único – O Estado incentivará o turismo social, mediante benefícios fiscais, na forma da lei. (Minas Gerais. op. cit. art. 243, parágrafo único).

Turismo, no seu artigo 192, reconhece a necessidade de conservação de inscrições e pegadas rupestres, e de cavernas existentes no Estado, como potenciais naturais de interesse turístico. Outras Constituições até fazem menção ao aproveitamento de recursos naturais, mas a Constituição paraibana é a única que cita um recurso natural específico, e trata desde como um instrumento de possível exploração econômico-turística.

Além disso, a referida Constituição define igualmente meta de estímulo à produção artesanal típica de cada região como política a ser adotada pelo Estado. Para tanto, compromete-se à redução de tarifas por serviços estaduais.[192] Curiosamente, esse mesmo estímulo à produção artesanal como parte de uma política estadual de incentivo ao turismo, inclusive com a mesma menção à redução ou isenção de tarifas devidas, encontramos no artigo 185, inciso IV[193] da Constituição Estadual de Rondônia que, de novidade em relação à Constituição paraibana, contempla a isenção tarifária como medida de viabilização da atividade, e essa é a terceira Constituição cujos dispositivos sobre turismo merece destaque.

---

192. Art. 192. O Estado, juntamente com os segmentos envolvidos no setor, definirá a política estadual de turismo, observadas as seguintes diretrizes e ações: II - desenvolvimento da infraestrutura e da conservação dos parques estaduais, das reservas biológicas, das inscrições e das pegadas rupestres, das cavernas, bem como de todo potencial natural que venha a ser de interesse turístico; III - estímulo à produção artesanal típica de cada região do Estado, mediante política de redução de tarifas devidas por serviços estaduais, conforme especificação em lei; (Paraíba. Constituição (1989). *Constituição Estadual da Paraíba*. Paraíba: Assembleia Legislativa, 1989. Disponível em: <http://bit.ly/2M023Fe>. Acesso em: 06 jun. 2017, art. 192).

193. Art. 185. O Estado, juntamente com os segmentos envolvidos no setor, definirá a política estadual de turismo, observadas as seguintes diretrizes e ações: IV - estímulo à produção artesanal típica de cada região do Estado, mediante política de redução **ou de isenção** de tarifas devidas, conforme especificação em lei; (grifo nosso) (Rondônia. Constituição (1989). *Constituição Estadual de Rondônia*. Rondônia: Assembleia Legislativa, 1989. Disponível em: <http://bit.ly/2MqeupQ>. Acesso em: 07 jun. 2017, art. 185, inciso IV).

Curiosamente, na Constituição Estadual da Paraíba, nesse mesmo artigo, há dois incisos com redação idêntica aos da Constituição mineira, que tratam do fundo de assistência ao turismo para manutenção de cidades históricas e estâncias hidromineiras, apesar de o turismo desse Estado não explorar primordialmente esses recursos nas suas ações voltadas ao turismo, como acontece com o Estado de Minas Gerais,[183] a saber:

> Art. 243 – O Estado, juntamente com o órgão colegiado representativo dos segmentos do setor, definirá a política estadual de turismo, observadas as seguintes diretrizes e ações: [...] VI – criação de fundo de assistência ao turismo, em benefício das cidades históricas, estâncias hidrominerais e outras localidades com reconhecido potencial turístico desprovidas de recursos;[194]

No processo de análise das cartas constitucionais não é raro encontrar normas idênticas entre elas sem que essas mesmas normas encontrem identidade na Constituição Federal. Ao tratar de normas de imitação, denominação atribuída por Raul Machado Horta,[195] amplamente adotada pela doutrina, Gabriel Ivo[196] esses autores fazem referência a normas da Constituição Estadual que reproduzem dispositivo da Constituição Federal, e comparam esses artigos com aqueles de reprodução obrigatória. Entretanto, apesar de não ser exatamente esse o caso, a identidade literal entre dispositivos de Constituições de Estados diferentes, dada a improbabilidade de ser a cópia obra do acaso, induz ao uso do termo criado por esse autor para o caso supra exposto. Sendo assim, é possível encontrar normas de imitação entre as Constituições Estaduais, quando essas são omissas em relação à tutela a bens jurídicos locais que interessam ao desenvolvimento econômico regional.

---

194. Rondônia, op. cit., incisos VI a VIII.
195. Horta, Organização Constitucional do federalismo. *Rev. de Informação Legislativa*, Brasília, a. 22, n. 87, jul./set. 1985, 1995, p. 73.
196. Ivo, G. *Constituição Estadual*: competência para elaboração da Constituição do Estado-Membro. São Paulo: Max Limonad, 1997, p. 151.

A quarta Constituição Estadual que merece menção em separado é a do Estado do Rio Grande do Sul, por dois motivos: primeiro pela atribuição ao Estado do compromisso de fomentar o intercâmbio permanente com outros Estados e com o exterior, em especial com os países do Prata,[197] e cita o fortalecimento do espírito de fraternidade e aumento do fluxo turístico nos dois sentidos como objetivo central dessa iniciativa. Além disso, menciona a construção de albergues populares em favor das camadas pobres da população. Mais uma vez temos uma diretriz política cujo objetivo é o acesso aos menos favorecidos economicamente às atividades turísticas do Estado. A outra Constituição que trouxe orientação semelhante foi a Constituição de Minas Gerais, já tratada.

Com isso, encerramos as análises específicas sobre turismo nas Constituições Estaduais brasileiras e, em síntese, as diretrizes estaduais de desenvolvimento regional e local relevantes foram as políticas de apoio ao usufruto de potencialidades ecológicas e naturais, as de valorização dos aspectos culturais regionais, sejam eles artesanato, folclore ou mesmo a história, as iniciativas de descentralização da atividade, com previsão de apoio ao turismo regional e municipal, e as políticas de inclusão das camadas economicamente menos favorecidas no acesso aos projetos turísticos dos Estados.

Os debates de Direito Econômico atuais estão direcionados aos mecanismos de promoção do desenvolvimento nos países subdesenvolvidos e ao papel da intervenção do Estado na economia para promoção desse progresso. Diante disto, concor-

---

197. Art. 240. O Estado instituirá política estadual de turismo e definirá as diretrizes a observar nas ações públicas e privadas, com vista a promover e incentivar o turismo como fator de desenvolvimento social e econômico. § 1.º Para o cumprimento do disposto neste artigo, cabe ao Estado, através de órgão em nível de secretaria, em ação conjunta com os Municípios, promover: VI - fomento ao intercâmbio permanente com outros Estados da Federação e com o exterior, em especial com os países do Prata, visando ao fortalecimento do espírito de fraternidade e aumento do fluxo turístico nos dois sentidos, bem como a elevação da média de permanência do turista em território do Estado; (Rio Grande do Sul. Constituição (1989). *Constituição Estadual do Rio Grande do Sul*. Rio Grande do Sul: Assembleia Legislativa, 1989. Disponível em: <http://bit.ly/2OUuYIC>. Acesso em: 05 maio 2017).

damos com os postulados de Souza ao colocar o Direito Econômico como "legislação para o desenvolvimento", entendido esse como o objetivo central da política econômica imbricada na ideologia constitucional. Ele chama esse tratamento dado ao desenvolvimento de "característica de objetivo ideológico". Nesse sentido é que a norma jurídica assume o seguinte compromisso:

> A norma jurídica versará sobre as medidas de política econômica a serem legalmente postas em prática para que se cumpram os "princípios" ideológicos definidos no texto constitucional. Percebe-se, desde logo, como o tema está diretamente ligado aos problemas, tanto da "produção", da "circulação", da "repartição", como do "consumo" dos bens. Assim, deixam de ser tratados teoricamente, ou enfrentados arbitrariamente, para se inserir no contexto jurídico da defesa dos "interesses individuais", "interesses gerais", "interesses públicos", "interesses coletivos", "interesses difusos" e assim por diante.[198]

Considerado dessa forma, as Constituições Estaduais têm o papel primordial de pôr em prática, no âmbito local ou regional, a política econômica adotada pela Constituição Federal. Esse "pôr em prática" não significa responsabilizar-se diretamente pela regulamentação dos meios de execução das políticas públicas que garantirão a referida efetividade, mas implica num compromisso de tratamento regional a essas políticas garantindo a exequibilidade delas, considerando-se as peculiaridades, problemas e potencialidades regionais.

É sabido que os Poderes Constituintes Decorrentes esbarram em diversas limitações às suas deliberações normativas – tema esse que foi amplamente debatido nos capítulos introdutórios desse livro – e são limites de ordem material, vez que devem observar a repartição de competência, e de ordem formal, posto que nem tudo que reside na competência legislativa dos Estados

---

198. Souza, W. P. A. de. *Primeiras Linhas de Direito Econômico*. 6. ed. São Paulo: LTr, 2016, p. 99.

pode ser matéria de norma constitucional, a exemplo da criação de Municípios que deve se dar por lei ordinária atendido os requisitos do art. 18 § 4º[199] da Constituição Federal.

Reitere-se que mesmo que restem preenchidos todos os demais requisitos de competência, e ainda que as Constituições Estaduais devam ser observadas pelo legislador ordinário nos processos legislativos estaduais, não compete ao Constituinte Decorrente tratar em norma constitucional matéria reservada à lei ordinária estadual. Esse é o entendimento do Supremo Tribunal Federal expresso na Ação Direta de Constitucionalidade 192,[200] cujo objeto foi norma dos ADCTs que criava município.

Ainda assim, o sistema federativo brasileiro dispôs da repartição de competências de modo a viabilizar o tratamento jurídico-econômico a questões de ordem local, ao designar competência concorrente aos Estados-Membros para legislar em matéria de Direito Econômico. Observa-se, com isso, uma preocupação do Constituinte Originário em viabilizar o exercício da autonomia dos Estados-Membros em matérias que são de interesse local ou regional, e assim o fez com o Direito Econômico.

É possível concluir, a partir dessa análise, que o planejamento e a execução de medidas de promoção do desenvolvimento do país passam, necessariamente, por um espelhamento estadual

---

199. Art. 18. A organização político-administrativa da República Federativa do Brasil compreende a União, os Estados, o Distrito Federal e os Municípios, todos autônomos, nos termos desta Constituição. § 4º A criação, a incorporação, a fusão e o desmembramento de Municípios, far-se-ão por lei estadual, dentro do período determinado por Lei Complementar Federal, e dependerão de consulta prévia, mediante plebiscito, às populações dos Municípios envolvidos, após divulgação dos Estudos de Viabilidade Municipal, apresentados e publicados na forma da lei. (Brasil, 1988, art. 18).
200. Ação Direita de Inconstitucionalidade. Criação de Município. A criação de Município por lei constitucional estadual é inconstitucional, uma vez que, tendo a constituição Federal determinado que ela se faria por lei ordinária, impõe aos estados-membros a participação, em sua feitura, do Chefe do Poder Executivo estadual, que pode, inclusive, vetá-la. (Brasil. Supremo Tribunal Federal. *ADI 192*. Relator Moreira Alves. Disponível em: <http://bit.ly/2OnMi7O>. Acesso em: 10 jul. 2017.

da política jurídico-econômica adotada ideologicamente pela Constituição, e isso se torna viável na medida em que o Estado-Membro extrai do conhecimento seguro da realidade os dados de natureza regional de que precisa para estabelecer diretrizes locais de política econômica que estejam alinhados à política nacional, sem lhe extrapolar os limites, e que atendam às necessidades locais de desenvolvimento. Ademais, coerente e exequível são políticas desenvolvimentistas que consideram as potencialidades regionais e trabalham para combater fragilidades locais.

Encerrado o estudo sobre as políticas locais, e já considerando que iniciativas estaduais de incentivo à pesca por vezes se apresentaram entre as políticas agrícolas, agrárias e fundiárias, passemos ao estudo dessas sem que se faça novamente menção àquela, posto que já tratada quando do desenvolvimento desse subcapítulo. Vejamos o tratamento dado pelas Cartas Estaduais às matérias que seguem.

5. POLÍTICAS AGRÍCOLAS, AGRÁRIAS E FUNDIÁRIAS

Tratadas das ações regionais e locais de exploração de recursos naturais, cabe passar à exposição da forma como o Constituinte Decorrente regulamentou questões de ordem agrícolas, agrárias e fundiárias, mas não antes da exposição de dissonâncias terminológicas e de como a temática se apresenta no cenário legislativo nacional, a partir das diretrizes da própria Constituição Federal, ao tratar do que Bercovici chama de *ordem econômica no espaço*, compreendida essa pelas políticas urbanas, trazidas nos artigos 182 e 183, e pelas agrícola, agrária e fundiária, no rol de dispositivos que vai do artigo 184 ao 191.

Sobre os debates conceituais, a doutrina trava discussões sobre o uso dos termos agrícola e agrário, por entenderem que um conceito pode ser mais abrangente que outro, e mesmo contemplar o outro. Por esse motivo, é preciso definir que conceito de agrícola, agrário e fundiário será adotado pela análise que se apresenta, especialmente porque essa discussão não encontra receptáculo unânime na legislação brasileira. Para Benedito Ferreira Marques e Carla Regina Silva Marques, o termo "agrário" é mais abrangente que "agrícola", vez que este último, tanto no dicionário quanto no nosso Código Civil (quando trata de penhor agrícola e penhor pecuário, nos artigos 1.442 e 1.444), refere-se a tudo aquilo que se identifica com a produção de gêneros alimentícios de origem vegetal.[201] Por outro lado, o conceito trazido pelo Estatuto da Terra[202] sobre Política Agrícola

---

201. Marques, Benedito Ferreira; Marques, Carla Regina Silva. *Direito Agrário Brasileiro*. São Paulo: Atlas, 2017, p. 140.
202. Um dos marcos legislativos do nascimento do Direito Agrário no Brasil, atrás no tempo, somente da "Lei de Terras" de 1850 e da Emenda Constitucional nº 45 de 1964, que confere autonomia legislativa ao Direito Agrário, inserindo-o no rol das matérias cuja competência para legislar é exclusiva da União.

não restringe o termo conforme o Código civil o fez ao regular o penhor, tratando-a numa acepção bem mais ampla, conforme se verifica no artigo 1º, parágrafo segundo da Lei 4.504/64, ainda vigente, vejamos:

> Art. 1º Esta Lei regula os direitos e obrigações concernentes aos bens imóveis rurais, para os fins de execução da Reforma Agrária e promoção da Política Agrícola. § 2º Entende-se por Política Agrícola o conjunto de providências de amparo à propriedade da terra, que se destinem a orientar, no interesse da economia rural, as atividades agropecuárias, seja no sentido de garantir-lhes o pleno emprego, seja no de harmonizá-las com o processo de industrialização do país.[203]

Observa-se, no conceito do referido Estatuto, que inclusive é anterior à Constituição Federal e ao Código Civil vigentes – apesar de não ter sido adotado por nenhum dos dois instrumentos – que o conceito de política agrícola abrange atividades agropecuárias e todas as demais providências que visem fornecer amparo à propriedade da terra, desde que a finalidade seja orientação no interesse da economia rural. Com esse conceito, é possível incluir, nessas políticas, ações estatais ditas agrícolas, agrárias e fundiárias, todas entendidas como uma só.

Da mesma forma que o fez o Estatuto supracitado, também Marques e Marques propõem uma uniformização terminológica, mas a terminologia atribuída a essas políticas foi "agrárias", e não "agrícola", e as define como atribuições do Estado para planejamento do futuro no setor agropecuário, tanto para atender a mercados internos quanto externos, através de subsídios fornecidos ao produtor, com crédito financeiro, com o objetivos primordial de minimizar os custos de produção e ofere-

---

203. Brasil. *Lei 4.504 de 30 de novembro de 1964*. Dispõe sobre o Estatuto de Terras e dá outras providências. Brasília: Senado, 1964. Disponível em: <http://bit.ly/2MySQ32>. Acesso em: 05 maio 2017.

cer melhores condições de comercialização, criando condições mínimas de infraestrutura de transporte e armazenagem, e de garantia de preços mínimos compatíveis com o mercado.[204]

Concordamos com a uniformização dos conceitos por entendermos que a separação entre as ações que têm natureza exclusivamente agrícola, exclusivamente agrária ou exclusivamente fundiária implica em certa dificuldade para o legislador e para o Poder Executivo. Entretanto, consideramos que o conceito de políticas agrárias como aquelas que abrangem as agrícolas é demasiadamente restritivo em termos de finalidades. Pelo conceito, aduz-se que política agrícola é toda aquela que se preocupa com os processos de produção, e de inserção no mercado, de produtos originários de processos produtivos de natureza rural. Todavia, o conceito é omisso em relação ao papel social dessas políticas e ao compromisso estatal de atendimento a necessidades sociais, e não somente comerciais ou econômicas.

Preferimos adotar a acepção de Bercovici de que as Políticas Agrícolas, Agrárias e Fundiárias são as que cuidam "essencialmente sobre a projeção da ordem econômica e seus conflitos no espaço, prevendo reformas estruturais profundas na organização **socioeconômica**".[205] Nesse sentido é que, para fins de análise das temáticas, serão adotados o conceito supracitado e os termos usados pela Constituição Federal, tais quais se apresentam, apesar de conhecermos os debates da doutrina do Direito Agrário acerca das terminologias e conceitos. Vejamos, então, como a Constituição Federal trata dessas políticas.

Primeiramente, cumpre lembrar que a Constituição de 1988 manteve as diretrizes da Emenda Constitucional 45 de 1964 em relação à outorga de poderes privativos à União para legislar sobre direito agrário e desapropriações, nos moldes do seu artigo 22,

---

204. Marques; Marques. op. cit. p. 148-149
205. Bercovici, Gilberto. *A Ordem Econômica Constitucional e a Política Agrícola*. Revista Fórum de Direito Financeiro e Econômico – *RFDFE*, Belo Horizonte, ano 6, n. 10, p. 27-36, set./fev. 2017. (Grifo nosso).

incisos I e II.[206] Talvez por esse motivo poucas Constituições Estaduais tenham aprofundado a matéria, limitando-se, a maioria, a estatuir que as políticas agrárias e fundiárias estaduais devem se compatibilizar com as diretrizes de reforma agrária nacionais. Contudo, algumas delas inserem a projeção de um plano estadual para esse fim – apesar de não apresentarem nenhum aprofundamento acerca deste, fazendo apenas de menção, como se para registro de "compromissos dilatórios",[207] e são elas: as Constituições Estaduais do Mato Grosso do Sul,[208] de Rondônia,[209] do Estado da Bahia[210] e do Estado de Minas Gerais.[211] Essa última

---

206. Art. 22. Compete privativamente à União legislar sobre: I - direito civil, comercial, penal, processual, eleitoral, agrário, marítimo, aeronáutico, espacial e do trabalho; II - desapropriação; (Brasil, 1988, op. cit. art. 22).
207. Bercovici, Gilberto. A Ordem Econômica no Espaço: Reforma urbana e reforma agrária na Constituição de 1988. *Revista dos Tribunais* (São Paulo. Impresso), v. 910, p. 91-102, 2011. p. 92.
208. Art. 231 - O Estado adotará programas de desenvolvimento rural destinados a fomentar a produção agropecuária, a organizar o abastecimento alimentar e a fixar o homem no campo, compatibilizados com a política agrícola e com o plano de reforma agrária estabelecidos pela União e com o plano estadual de controle ambiental. § 2º - O disposto no inciso VIII do § 1º não se aplica nos casos de execução do **plano de reforma agrária estadual** devidamente aprovado em lei. (Mato Grosso do Sul. Constituição (1989). *Constituição Estadual do Mato Grosso do Sul*. Mato Grosso do Sul: Assembleia Legislativa, 1989. Disponível em: <http://bit.ly/2Ob7D40>. Acesso em: 05 maio 2017, op. cit. art. 231 § 2º, grifo nosso).
209. Art. 178. As terras devolutas do Estado e dos Municípios terão suas destinações prioritariamente vinculadas ao Plano Estadual de Reforma Agrária, compatibilizadas com as políticas agrícola e fundiária. (Rondônia. Constituição (1989). *Constituição Estadual de Rondônia*. Rondônia: Assembleia Legislativa, 1989. Disponível em: <http://bit.ly/2MqeupQ>. Acesso em: 07 jun. 2017, art. 178).
210. Art. 186. Caberá ao Estado, de forma integrada com o Plano Nacional de Reforma Agrária e em benefício dos projetos de assentamento, elaborar um plano estadual específico, regulamentado em lei, fixando as prioridades regionais e ações a serem desenvolvidas, visando: [...] (Bahia, Constituição (1991). *Constituição Estadual da Bahia*. Bahia: Assembleia Legislativa, 1989. Disponível em: <http://bit.ly/2ngaIEA>. Acesso em: 05 maio 2017, op. cit. art. 186).
211. Art. 247 - O Estado adotará programas de desenvolvimento rural destinados a fomentar a produção agropecuária, organizar o abasteci-

estabelece, inclusive, um limite em hectares para alienação de terras públicas para assentamento do trabalhador ou produtor rural, compatibilizados com os objetivos da reforma agrária, ao máximo de 100 hectares – limitação essa que não aparece disposta na Constituição Federal e que ainda não foi objeto de Ação Direita de Inconstitucionalidade, por ofensa às competências privativas da União, sendo assim, presume-se constitucional.

Curiosamente, referindo-se à política nacional de competência da União, a Constituição de Roraima traz dispositivo que faculta ao Estado atuar em colaboração com a União na Reforma Agrária. Posicionamento que não encontra respaldo na Carta Magna e nem semelhança nas demais Constituições. De forma contrária a esse posicionamento, as constituições do Rio Grande do Sul[212] e de Santa Catarina[213] comprometem-se a atuar em colaboração com aquele ente, a do Paraná compromete-se a promover "todos os esforços no sentido de implantar a Reforma Agrária",[214] e a do Estado de Sergipe[215] determina que parte dos

mento alimentar, promover o bem-estar do homem que vive do trabalho da terra e fixá-lo no campo, compatibilizados com a política agrícola e com o plano de reforma agrária estabelecidos pela União. § 3º – Independem da prévia autorização legislativa: I – a alienação ou concessão de terra pública previstas no plano de reforma agrária estadual, aprovado em lei; (Minas Gerais, op. cit. art. 247).
212. Art. 180. O Estado, com vista à promoção da justiça social, colaborará na execução do plano nacional de reforma agrária e promoverá a distribuição da propriedade rural em seu território. (Rio Grande do Sul. Constituição (1989). *Constituição Estadual do Rio Grande do Sul*. Rio Grande do Sul: Assembleia Legislativa, 1989. Disponível em: <http://bit.ly/2OUuYIC>. Acesso em: 05 maio 2017, art. 180).
213. Art. 146 - O Estado colaborará com a União na execução de programas de reforma agrária em seu território. (Santa Catarina, Constituição (1989). *Constituição Estadual de Santa Catarina*. Santa Catarina: Assembleia Legislativa, 1989. Disponível em: <http://bit.ly/2MviF3Z>. Acesso em: 04 mar. 2017, art. 146).
214. Art. 155. Observada a lei federal, o Estado promoverá todos os esforços no sentido de implantar a reforma agrária. (Paraná. Constituição (1989). *Constituição Estadual do Paraná*. Paraná: Assembleia Legislativa, 1989. Disponível em: <http://bit.ly/2LXw74p>. Acesso em: 02 abr. 2017, art. 155).
215. Art. 172. Cabe ao Estado destinar parte dos recursos orçamentários para a implantação de projetos de colonização e de reforma agrária.

recursos orçamentários de Estado deverão ser destacados para fins de implantação de projeto de reforma agrária. Como essa última carta não faz menção, nem em sede de norma programática, à elaboração de um plano estadual para esse fim, induz crer que o Constituinte Decorrente sergipano se referia, naquela ocasião, à Reforma Agrária executada pela União. Por fim, merece destaque a Constituição do Rio Grande do Norte, que apesar de não ter previsto Política Estadual de Reforma Agrária, previu isenção de impostos estaduais e municipais às operações de transferência de imóveis desapropriados para fins de Reforma Agrária.

Ademais, sobre a competência exclusiva da União e os limites do Constituinte Decorrente, inicial ou de reforma constitucional, para legislar sobre políticas fundiárias, a Constituição Estadual de Rondônia teve o artigo 177, que tratava de desapropriação de imóveis mediante autorização legislativa declarado inconstitucional, através da ADI nº 106-0, constante no Informativo nº 285 do Supremo Tribunal Federal, conforme segue:

> Após, por invasão da competência privativa da União para legislar sobre desapropriação (CF, art. 22, II), o Tribunal declarou a inconstitucionalidade do art. 177 da Constituição do Estado de Rondônia ("Art. 77. O Estado e os Municípios só poderão declarar de utilidade pública e desapropriar bens imóveis mediante prévia autorização legislativa"). Precedente citado: ADI (MC) 969-DF (RTJ 154/43). ADI 106-RO, rel. orig. Min. Carlos Velloso, red. p/ acórdão Min. Gilmar Mendes, 10.10.2002. (ADI-106)[216]

Conforme parecer do Procurador Geral da República, o prof. Geraldo Brindeiro, o artigo de Constituição Estadual que

---

(Sergipe. Constituição (1989). *Constituição Estadual de Sergipe*. Sergipe: Assembleia Legislativa, 1989. Disponível em: <http://bit.ly/2vmLZmF>. Acesso em: 07 jun. 2017, art. 172).
216. Brasil. Supremo Tribunal Federal. *ADI nº 106-0*. Relator: Min. Carlos Velloso. Brasília, 10 de outubro de 2002. Disponível em: <http://bit.ly/2MeASWm>. Acesso em: 01 jul. 2017.

versa sobre desapropriação por autorização legislativa é inconstitucional por afronta ao artigo 22, inciso II da Constituição Federal, do qual já tratamos. Ainda que a Carta Estadual tenha buscado fundamento no artigo 5º, inciso XXIV da Lei Maior, que trata sobre desapropriação por necessidade ou utilidade pública, esta se encontra regulamentada pelo Decreto-Lei nº 3.365/41, que, recepcionado pela Constituição vigente, estabelece ser por decreto presidencial, de Governador, Interventor ou Prefeito a declaração de utilidade pública. Dessa forma, não compete ao Constituinte Decorrente dispor sobre desapropriação, e nem tampouco subordinar a declaração de utilidade pública para fins de desapropriação à prévia autorização legislativa.[217]

Dessa forma, em relação à atuação do Constituinte Decorrente em matéria de políticas fundiárias, e aos limites que se podem extrair do Controle de Constitucionalidade exercido pelo STF, dois óbices à autonomia para legislar nessa matéria podem ser extraídos da decisão supracitada: não compete aos Estados legislar sobre desapropriação, tampouco cabe condicionar a declaração de utilidade pública para fins de desapropriação à autorização legislativa. No primeiro caso, compete privativamente à União legislar em matéria de desapropriação e, no segundo caso, compete somente ao Chefe do Executivo, através de Decreto, declarar utilidade pública de imóveis, para fins de desapropriação, inclusive. Diante do exposto sobre as limitações referentes à desapropriação, vejamos, então, como os assentamentos foram tratados nas Cartas Estaduais, tendo por base de análise as políticas de desenvolvimento de cunho econômico dos seus dispositivos.[218]

---

217. Brasil, op. cit., p. 9.
218. Consideramos, para esse fim, além da competência concorrente para legislar em matéria de Direito Econômico, e políticas econômicas envolvem ações de desenvolvimento social das famílias da zona rural, a competência comum da União, dos Estados, do Distrito Federal e dos Municípios VIII - fomentar a produção agropecuária e organizar o abastecimento alimentar; X - combater as causas da pobreza e os fatores de marginalização, promovendo a integração social dos setores desfavorecidos; (Brasil, 1988, op. cit. art. 23, VIII e X).

Em geral, não trataram de assentamentos as Constituições do Acre, do Amazonas, de Goiás, e essa última continha políticas de assentamentos para os trabalhadores rurais sem-terra, mas os referidos dispositivos constitucionais foram revogados pela Emenda Constitucional nº 15 de 30 de outubro de 1996, a Constituição da Paraíba, a de Pernambuco e a do Rio Grande do Norte. Além dessas, dão tratamento pouco significativo à matéria, contemplado apenas normas de objetivo ou programáticas, que postergam ao futuro o tratamento da matéria, as Constituições de Roraima, que, conforme já exposto, faculta ao Estado apoio às políticas de Reforma Agrária do país, e sobre assentamentos apenas outorga à lei ordinária a criação e implementação desses,[219] a de São Paulo,[220] que trata somente de apoio a ser dado pelo Estado para a organização dos assentamentos por cooperativismo e associativismo,[221] a de Minas Gerais, sobre a qual cabe do destaque o limite máximo importo de 100 hectares por pessoa, para fins de alienação de terra pública para assentamento de trabalhador rural,[222] a Constituição de Rondônia,

---

219. Art. 128. [...] Parágrafo único. A Lei disciplinará sobre a criação e a implementação de projetos de assentamento de colonos, para os quais o Estado alocará, no Orçamento Plurianual, recursos com vistas a atender à necessidade de construção de infraestrutura básica dos projetos no decorrer do processo de assentamento. (Roraima. Constituição (1991). *Constituição Estadual de Roraima*. Roraima: Assembleia Legislativa, 1991. Disponível em: <http://bit.ly/2M7qjEx>. Acesso em: 06 jun. 2017, art. 128, parágrafo único).
220. Artigo 188 - O Estado apoiará e estimulará o cooperativismo e o associativismo como instrumento de desenvolvimento socioeconômico, bem como estimulará formas de produção, consumo, serviços, créditos e educação coassociadas, em especial nos assentamentos para fins de reforma agrária. (São Paulo. Constituição (1989). *Constituição Estadual de São Paulo*. São Paulo: Assembleia Legislativa, 1989. Disponível em: <http://bit.ly/2M3KgNo>. Acesso em: 05 mai. 2017, art. 188).
221. Apoio esse que aparece também nas constituições do Rio Grande do Sul, no seu artigo 182, e na do Paraná, no seu artigo 156, § 2º.
222. Art. 247, inciso IX – a alienação ou a concessão, a qualquer título, de terra pública para assentamento de trabalhador rural ou produtor rural, pessoa física ou jurídica, ainda que por interposta pessoa, compatibilizadas com os objetivos da reforma agrária e limitadas a 100ha (cem hectares). (Minas Gerais. Constituição (1989). *Constituição Estadual de Minas Ge-*

que prevê comprovação obrigatória de níveis de fertilidade, que garantam a boa produtividade no processo de escolha de área a serem destinadas a assentamentos de colonos.[223]

Além dessas, também as Constituições do Amapá, Bahia, Piauí, Maranhão, Espírito Santo, Tocantins e Sergipe foram econômicas no tratamento a inserção de colonos, agricultores ou trabalhadores rurais em programas de assentamentos, mas com critérios semelhantes de manutenção de reservas naturais, estabelecimento de domicílio na terra, exploração direta e familiar, intransferibilidade e indivisibilidade da terra, criação de programas especiais de crédito, execução de obras de infraestrutura, criação de programas de fornecimento de insumos básicos e apoio na criação de mecanismos de comercialização da produção. Entre essas Cartas uma ou outra traz algum detalhe diferenciado. Para mencionar algo minimamente diferenciado entre as Constituições supracitadas, os dois últimos Estados, Tocantins e Sergipe, estabelecem a priorização a assentamentos para destinação de terras públicas estaduais pela via da concessão ou alienação. Seguiram essa linha de priorização, apesar de não ter sido essa a única iniciativa expressiva, as Constituições do Pará (art. 239, inciso V), Rio Grande do Sul (art. 181), Paraná (art. 156, § 8º) e Mato Grosso (art. 328, parágrafo único).

Encerrando as normas que tratam de assentamentos de forma pouco expressiva, a Constituição Estadual do Mato Grosso do Sul, cuja seção sobre a "Política do Meio Rural" é quase toda construída com normas de reprodução da Constituição Federal e de outras Cartas Estaduais, cuja única particularidade é a previsão de autorização prévia da Assembleia Legislativa

---

rais. Minas Gerais: Assembleia Legislativa, 1989. Disponível em: <http://bit.ly/2LVv1pI>. Acesso em: 05 jun. 2017, art. 274, inciso IX).
223. Art. 174. Na escolha e aprovação da área com vistas ao assentamento de colonos, para implantação de projetos de colonização e do Plano Regional de Reforma Agrária, será obrigatória a comprovação de níveis de fertilidade que garantam boa produtividade pela execução de levantamento socioeconômico e a respectiva análise e pesquisa do solo. (Rondônia, op. cit. art. 174).

para alienações de terras públicas para assentamentos, limitada à área de até 2.500 hectares.[224]

A propósito dessas limitações de área para fins de assentamentos, também há uma variação entre as Constituições, que valem a menção. A Constituição Estadual do Ceará, por exemplo, dispensa autorização legislativa para terras públicas ou devolutas destinadas a projetos de assentamentos ou regularizações fundiárias, e estabelece um limite por beneficiário de até 200ha (duzentos hectares).[225] Essa alínea foi inserida na carta estadual em 1996, através da Emenda Constitucional nº 26 de 6 de agosto de 1996. A redação anterior não somente condicionava as alienações dessas terras à previa autorização legislativa, como estabelecia limite máximo de 100ha (cem hectares).

O que se percebe, com essa alteração, é uma desburocratização, da Constituição cearense, no sentido de viabilizar os assentamentos, com a adoção de princípios norteadores da política fundiária que torna menos distante da realidade a efetivação das diretrizes nacionais de reforma agrária. Igualmente dispensa

---

224. Art. 231 § 1º - Para a consecução dos objetivos será assegurada, no planejamento e na execução da política rural, na forma da lei agrícola, a participação dos setores de produção, envolvendo produtores e trabalhadores rurais, bem como dos setores de comercialização de armazenamento, transportes e de abastecimento, levando-se em conta, especialmente: VIII - a alienação ou concessão, a qualquer título, de terras públicas para assentamento de produtores rurais, pessoa física ou jurídica, ainda que por interposta pessoa, limitada a dois mil e quinhentos hectares, com prévia autorização da Assembleia Legislativa. (Mato Grosso do Sul, op. cit. art. 231, § 1º inciso VIII).

225. Art. 316. A política fundiária do Estado do Ceará tem como base: V – lei de terras, com observância da escala de prioridade, de acordo com os seguintes princípios: *b) as terras públicas, inclusive as devolutas, apuradas através de arrecadação sumária ou de processo discriminatório administrativo ou judicial, destinadas a projetos de assentamento ou reassentamento, ou ainda as regularizações fundiárias terão suas titulações concedidas pela entidade integrante da Administração Pública Estadual, responsável pela política fundiária do Estado do Ceará, independentemente de prévia autorização legislativa, estabelecido o limite máximo de 200ha (duzentos hectares) de terras, por beneficiário, ainda que parceladamente; (Ceará, 1989, op. cit. art. 316).

autorização da Assembleia Legislativa a alienação ou concessão de terras públicas para fins de Reforma Agrária a Constituição do Mato Grosso,[226] e a alienação de terras públicas estaduais para fins de assentamentos a Constituição do Rio de Janeiro, inclusive de áreas superiores a 50 ha (cinquenta hectares) que, para todos os demais fins, depende da referida autorização.[227]

De igual modo, dispensa autorização legislativa ou da Assembleia Legislativa as concessões ou alienações de terras públicas e devolutas de áreas até 25 ha (vinte e cinco hectares), sendo este também o limite máximo de área por beneficiário a ser destinada pelo estado para fins de assentamento de trabalhadores rurais a Constituição Estadual de Santa Catarina que curiosamente amplia para quinze anos o prazo de inegociabilidade da concessão de direito real de uso pelos beneficiários dos assentamentos provenientes de terras públicas, é o que aduz o artigo 148 e parágrafos, conforme segue:

> Art. 148 – As terras públicas e devolutas se destinarão, de acordo com suas condições naturais e econômicas, à preservação ambiental ou a assentamentos de trabalhadores rurais sem-terra, até o limite máximo de vinte e cinco hectares por família. § 1º — Os beneficiários dos assentamentos provenientes de terras públicas e devolutas receberão títulos de concessão de direito real de uso, inegociáveis pelo prazo de quinze anos. § 2º — O Es-

---

226. Art. 327 A alienação ou a concessão, a qualquer título, de terras públicas à pessoa física ou jurídica, ainda que por interposta pessoa, dependerá de prévia aprovação da Assembleia Legislativa, salvo se as alienações ou as concessões forem para fins de reforma agrária. (Mato Grosso. Constituição (1989). *Constituição do Estado do Mato Grosso*. Mato Grosso: Assembleia Legislativa, 1989. Disponível em: <http://bit.ly/2OWv9mD>. Acesso em: 05 mai. 2017, art. 327).

227. Art. 251 - A alienação ou concessão, a qualquer título, de terras públicas estaduais com área superior a 50 hectares, dependerá de prévia aprovação da Assembleia Legislativa. § 1º - Não se aplica o disposto neste artigo às terras destinadas a assentamento. (Rio de Janeiro. Constituição (1989). *Constituição Estadual do Rio de Janeiro*. Rio de Janeiro: Assembleia Legislativa, 1989. Disponível em: <http://bit.ly/2no6Ml6>. Acesso em: 05 maio 2017, art. 251 § 1º).

tado implementará a regularização fundiária das áreas devolutas de até vinte e cinco hectares, destinando-as aos produtores rurais que nelas residem e as cultivam empregando força de trabalho preponderantemente familiar. § 3º — A concessão ou alienação de terras públicas e devolutas, a qualquer título, de área superior a vinte e cinco hectares depende de prévia autorização legislativa.[228]

Com isso, temos uma flexibilização em relação ao requisito da autorização legislativa, mas com um limite de área imposto a destinação de terras públicas a reformas de natureza fundiária ou agrária. Some-se a essa peculiaridade da referida constituição estadual o fato de o seu poder constituinte decorrente ter ampliado para quinze anos o prazo de inegociabilidade de terras públicas com concessão de direito real de uso, que na própria Constituição Federal é de dez anos, conforme se verifica no artigo subsequente, artigo 189,[229] da Carta Magna. Conforme exposto antes, até o momento não há Ação Direta de Inconstitucionalidade questionando a referida ampliação de prazo, presumindo-se, assim, sua constitucionalidade.

Encerrando as constituições estaduais que dispensam autorização legislativa para fins de alienações de terras públicas que se destinam a assentamento de trabalhadores rurais, também a Constituição Estadual de Minas Gerais adota a referida flexibilização como medida de desburocratização dos processos de reforma agrária, é o que se verifica no seu artigo 247, § 3º.[230] Contudo, as referidas políticas não configuram, necessariamente, inovações dos poderes constituintes decorrentes em matéria de econômico no que se refere a políticas agrárias e fundiárias, uma vez que as políticas socioeconômicas estaduais devem encontrar

---

228. Santa Catarina, op. cit. art. 148.
229. Art. 189. Os beneficiários da distribuição de imóveis rurais pela reforma agrária receberão títulos de domínio ou de concessão de uso, inegociáveis pelo prazo de dez anos. (Brasil, 1988, op. cit. art. 189).
230. Art. 247 § 3º § 3º – Independem da prévia autorização legislativa: I – a alienação ou concessão de terra pública previstas no plano de reforma agrária estadual, aprovado em lei; (Minas Gerais, op. cit. art. 247, § 3º, inciso I).

referencial de ideologia e de limites na Constituição Federal que, no tocante à matéria, dispensa autorização legislativa para fins de concessão de terras públicas para atender a demandas agrárias, conforme parágrafos primeiro e segundo do artigo 188 da Lei Maior. Da leitura dos dispositivos extrai-se a exclusão do condicionamento de aprovação do Congresso Nacional as alienações e concessões de terras públicas para fins de Reforma Agrária.[231]

De forma contrária à mitigação do requisito da autorização legislativa mediante condições preestabelecidas pelos dispositivos constitucionais, tornando mais dificultoso o processo de concessão ou alienação de terras públicas estaduais para fins de assentamentos e de Reforma Agrária, estão dispositivos constitucionais das cartas estaduais do Mato Grosso do Sul que não somente condiciona as alienações e concessões de terras públicas, "a qualquer título", à autorização legislativa, como também limita a área a 2.500ha (dois mil e quinhentos hectares),[232] e considera as políticas de assentamentos como não obrigatórias ao Estado, ao tratar das mesmas enquanto faculdades, conforme expresso no seu artigo 324.[233] Igualmente optou pelo condicionamento a aprovação da Assembleia Legislativa qualquer destinação de terras públicas com área superior a mil hectares, a constituição Estadual de Rondônia.[234]

---

231. Art. 188. A destinação de terras públicas e devolutas será compatibilizada com a política agrícola e com o plano nacional de reforma agrária. § 1º A alienação ou a concessão, a qualquer título, de terras públicas com área superior a dois mil e quinhentos hectares a pessoa física ou jurídica, ainda que por interposta pessoa, dependerá de prévia aprovação do Congresso Nacional. § 2º Excetuam-se do disposto no parágrafo anterior as alienações ou as concessões de terras públicas para fins de reforma agrária. (Brasil, 1988, op. cit. art. 188, §§ 1º e 2º).
232. Cf. 217.
233. Art. 324. Ao Estado, mediante prévia aprovação da Assembleia Legislativa, é facultado instalar e organizar unidades de assentamento ou colonização condominiais e/ou de exploração coletiva, granjas comunitárias e fazendas experimentais orientadas e administradas pelo Poder Público, garantida, sempre a participação dos beneficiários por suas organizações de natureza associativa, na direção dos estabelecimentos. (Mato Grosso, op. cit. art. 324).
234. Art. 170. A destinação, venda, doação, permuta e concessão de uso à pessoa física ou jurídica das terras públicas estaduais, com área contí-

É preciso ressaltar que outras constituições estabeleceram critérios de outorga de terras públicas com previsão ou dispensa de autorização legislativa, ou de suas assembleias legislativas, ou mesmo com critérios de limites de extensão, mas somente as supracitadas fazem menção aos critérios tratados associados às políticas de assentamentos. Diversas podem ser as finalidades de concessão e alienação de terras públicas, o que não necessariamente interessaria à analise apresentada. Por esse motivo, foram expostas as políticas constitucionais relativas à outorga de áreas públicas para fins de assentamentos e as formas pelas quais elas se apresentam, quando se apresentam, nas constituições estaduais.

Para encerrar as políticas agrárias de assentamentos, merecem menção em destaque quatro constituições estaduais pelas particularidades que trouxeram em termos de iniciativas locais. A primeira delas é a Constituição Estadual do Ceará e, sobre as políticas agrárias e voltadas aos assentamentos trazidas pelos seus dispositivos, havemos de enfatizar a atenção especial que deve ser dada aos assentamentos na gestão de recursos hídricos,[235] a programação de criação de fundo ou seguro destinado a indenizações para a produção dos trabalhadores rurais em caso de secas,[236] temática cujo tratamento pelo constituinte

---

nua superior a mil hectares, dependerá de prévia autorização da Assembleia Legislativa. (Rondônia. Constituição (1989). *Constituição Estadual de Rondônia*. Rondônia: Assembleia Legislativa, 1989. Disponível em: <http://bit.ly/2MqeupQ>. Acesso em: 07 jun. 2017, art. 170).

235. Art. 323. O Estado deverá elaborar política especial para as áreas secas, contemplando, dentre outras medidas, a aquisição de áreas para perfuração de poços profundos, açudes, barragens, cisternas e outros pontos d´água e projetos de produção com pequena irrigação. *§ 1º A gestão dos recursos hídricos deve privilegiar a produção de alimentos para consumo interno, especialmente de pequenos produtores familiares e assentamentos rurais; (*Acrescido pela Emenda Constitucional nº 65, de 16 de setembro de 2009 – D.O. 24.09.2009) (Ceará. Constituição (1989). *Constituição do Estado do Ceará*. Ceará: Assembleia Legislativa, 1989. Disponível em: <http://bit.ly/2MnHeiW>. Acesso em: 05 maio 2017, art. 323).

236. Art. 313. Para assegurar a efetividade dos projetos de assentamento e beneficiar os trabalhadores rurais, incumbe ao Estado: I – criar mecanismos especiais de crédito, com juros subsidiados e programas de assistência e de extensão rural; II – assegurar a comercialização da produção; e III –

estadual será tratado ainda no presente capítulo, e a garantia, gratuita, de ensino fundamental e atendimento de saúde nas áreas de assentamentos do Estado.[237] Some-se a essas ações a determinação de dotação orçamentária, em percentual, de órgãos estaduais encarregados da política agrícola no Estado, para desenvolvimento das áreas de assentamentos.[238]

A segunda Constituição Estadual que merece menção por política particular adotada em relação aos assentamentos e diretrizes agrárias, em separado, é a Constituição Estadual do Rio Grande do Sul por dois motivos: o primeiro deles é a admissão de transferência da concessão por sucessão hereditária, conforme artigo 182, § 1º, inciso III,[239] e pela previsão de manutenção de instrumento do Estado designado a prover recursos para os assentamentos agrários e para a concessão de crédito fundiário, o FUNTERRA/RS, conforme conta no artigo 188[240] da referida carta, Fundo de Terras com vistas à destinação de recursos a trabalhadores rurais sem terras sul-rio-grandenses, constantes de um cadastro geral a ser criado por lei ordinária.

A terceira e penúltima constituição estadual com ação diferenciada em termos de diretrizes de assentamentos é a constituição

---

criar fundo ou seguro para indenizar a produção dos trabalhadores rurais, em caso de seca. (Ibid., art. 313).
237. Art. 314. O Estado, nas áreas de assentamento, garantirá, gratuitamente, o ensino fundamental e o atendimento de saúde. (Idem, art. 314).
238. Art. 315 § 2º Os órgãos estaduais encarregados da política agrícola do Estado devem determinar um percentual de suas verbas para o desenvolvimento das áreas de assentamento. (Ibid., art. 315).
239. Art. 182. O Estado priorizará as formas cooperativas e associativas de assentamento. § 1.º São condições para ser assentado, dentre outras previstas em lei: III - ser a terra intransferível, salvo por sucessão, e indivisível; (Rio Grande do Sul. Constituição (1989). *Constituição Estadual do Rio Grande do Sul*. Rio Grande do Sul: Assembleia Legislativa, 1989. Disponível em: <http://bit.ly/2OUuYIC>. Acesso em: 05 maio 2017, art. 182).
240. Art. 188. O Fundo de Terras – FUNTERRA/RS – é instrumento do Estado para prover recursos para os assentamentos agrários e a concessão de crédito fundiário. Parágrafo único. Os recursos referidos no "caput" serão destinados com base no cadastro geral dos trabalhadores sem terra do Rio Grande do Sul, que será criado e regulado em lei. (Rio Grande do Sul, op. cit., art. 188).

Estadual do Rio de Janeiro e esse destaque se deve pela criação de autarquia denominada Instituto Estadual de Terras e Cartografia para, entre outras atribuições, promover a regularização fundiária de projetos de assentamentos de lavradores, em áreas de domínio público.[241] Embora outros estados tenham criado autarquias para fins de atendimento a demandas rurais, a exemplo de Rondônia que dispunha de Empresa Pública denominada EMATER-RO, para fins de prestar assistência técnica e extensão rural no Estado de Rondônia e que, em 2016 adquiriu personalidade jurídica de direito público de ente exclusivamente prestador de serviços público enquadrando-se, por esse motivo, na modalidade autárquica de ente da administração pública.[242] Todavia, ao contrário do Instituto Estadual de Terras e Cartografia, a EMATER-RO não está diretamente associada a políticas de assentamentos na constituição do seu estado, como o está o instituto supracitado.

E a quarta constituição que traz medida de atendimento aos assentamentos que merece menção em separado é a Constituição Estadual do Pará ao instituir que a política agrícola, agrária e fundiária levará em conta preferencialmente:

> A priorização à pequena produção e ao abastecimento alimentar, através de sistemas de comercialização direta entre produtores e consumidores, bem como assentamentos agrários voltados para o abastecimento urbano.[243]

---

241. Art. 248 - Compete ao Instituto Estadual de Terras e Cartografia, organizado sob a forma de autarquia e obedecida a legislação específica da União, promover: VI - regularização fundiária dos projetos de assentamento de lavradores, em áreas de domínio público; (Rio de Janeiro, op. cit., art. 248).
242. Art. 161 § 3º. A Entidade Autárquica de Assistência Técnica e Extensão Rural do Estado de Rondônia – EMATER-RO, Entidade da Administração Indireta do Estado de Rondônia, responsável por desenvolver as atividades de Assistência Técnica e Extensão Rural, tratada no caput deste artigo, tem a natureza de Autarquia, prestadora de serviços públicos, vinculada à Secretaria de Estado de Agricultura. (NR dada pela EC nº 113, de 30/11/2016 – DOeALE. nº 203, de 30/11/2016) (Rondônia, op. cit., art. 161, § 3º).
243. Cf. art. 239, inciso II. (Pará, op. cit., art. 239, II).

Com destaque a essa finalidade preestabelecida em relação às finalidades da produção de alimentos nas áreas de assentamentos: o abastecimento urbano.

Com relação aos limites para legislar sobre políticas agrícolas, agrárias ou fundiárias, em especial para tratar de políticas que viabilizem medidas agrárias, entre o rol de artigos que tratam dos assentamentos e de abastecimento alimentar, na Constituição Estadual de São Paulo, um encontrou óbice no Supremo Tribunal Federal, e teve a sua redação integralmente declarada inconstitucional, e foi o artigo 190 que determinava que "O transporte de trabalhadores urbanos e rurais deverá ser feito por ônibus, atendidas as normas de segurança estabelecidas em lei",[244] pela ADIN 403-4 de 2002.[245] O referido artigo foi declarado inconstitucional por invasão de competência, uma vez que estava tratando de trânsito e transporte, matéria de competência privativa da União, nos moldes do seu artigo 22, inciso XI.[246] Temos, aqui, a primeira limitação imposta pela Suprema Corte ao poder constituinte decorrente em matéria de políticas agrícolas, agrárias e fundiárias.

Com essas quatro Constituições destaque, encerramos a análise dos dispositivos constitucionais estaduais que trataram de assentamentos. Destacamos as discrepâncias encontradas em relação ao requisito da autorização legislativa ou da Assembleia Legislativa, com constituições que o impõe sempre que das alienações e concessões de terras públicas, mesmo que para fins de reforma agrária ou assentamento de trabalhadores rurais, e outras que dispensam tal requisito, algumas dessas estabelece limites em hectares para a dispensa, outras não, assim como a Ação Direta de Inconstitucionalidade que impôs limites a Constituição de Rondônia em relação à iniciativa legislativa em matéria de desapropriação e declaração de utilidade pública, e as po-

---

244. São Paulo, 1989, op. cit. art. 190.
245. Brasil. Supremo Tribunal Federal. *ADIN 403-4*. Relator: Min. Ilmar Galvão. Brasília: 01 de julho de 2002. Disponível em: <http://bit.ly/2KFPWrk>. Acesso em: 12 jul. 2017.
246. Art. 22. Compete privativamente à União legislar sobre: XI - trânsito e transporte; (Brasil, 1988, op. cit., art., 22, inciso XI).

líticas particularizadas das quatro constituições que acabaram de ser expostas. Passemos a análise das políticas de amparo aos trabalhadores rurais em épocas de secas.

Sobre a referida matéria, trataram sobre o evento natural a Constituição Estadual da Bahia, como menção a necessidade de tomadas de ações sistemáticas permanentes de convivência com as secas como parte das garantias da política agrícola "a ser formulada",[247] menção pouco expressiva, se consideradas as demandas reais da população do semiárido nordestino brasileiro, e que foi quase identicamente acompanhada pela Constituição Estadual de Sergipe.[248] Contudo, a Constituição Estadual do Ceará outorgou a matéria um tratamento diferente duas constituições anteriormente citadas prevendo a compensação dos custos das obras com as secas pelos grandes proprietários que se beneficiarem daquelas, através de contribuições de melhoria,[249] a criação de um Conselho Estadual de Ações Permanentes contra as Secas,[250] a medida de aquisição pelo Estado de áreas "para perfuração de poços profundos, açudes, barragens, cisternas e outros pontos de agia e projetos de pro-

---

247. Art. 191. A política agrícola será formulada, observadas as peculiaridades locais, visando a desenvolver e consolidar a diversificação e especialização regionais, voltada prioritariamente para os pequenos produtores e para o abastecimento alimentar, assegurando-se: VII – a ação sistemática e permanente de convivência com a seca; (Bahia, Constituição (1991). *Constituição Estadual da Bahia*. Bahia: Assembleia Legislativa, 1989. Disponível em: <http://bit.ly/2ngaIEA>. Acesso em: 05 maio 2017, art. 191).
248. Art. 168. O Estado incentivará e auxiliará os setores de produção, estabelecendo políticas agrícola e industrial especialmente com: X - criação de mecanismos que permitam a convivência com a seca. (Sergipe. Constituição (1989). *Constituição Estadual de Sergipe*. Sergipe: Assembleia Legislativa, 1989. Disponível em: <http://bit.ly/2vmLZmF>. Acesso em: 07 jun. 2017, art. 168).
249. Art. 319, § 1º Os grandes proprietários beneficiados em decorrência de investimentos públicos contra as secas deverão, através de contribuição de melhoria, compensar o custo das obras realizadas, na forma estabelecida na lei. (Ceará, op. cit., art. 319, § 1º).
250. Art. 322. Fica criado o Conselho Estadual de Ações Permanentes contra as Secas. (Ceará, op. cit., art. 322).

dução com pequena irrigação",[251] além do fundo destinado a indenizações para a produção dos trabalhadores rurais em caso de secas, já mencionado.[252]

Para encerrar as políticas estaduais de atendimento às demandas das secas, a Constituição Estadual do Rio Grande do Norte traz previsão constitucional de instituição de Fundo Estadual de Permanente Controle às Secas, "devendo o orçamento do Estado fazer constar recursos a seu crédito para a construção permanente de obras de açudagem e irrigação, com a participação dos Municípios".[253] Temos, com isso, duas constituições com normas programáticas que instituem compromissos com as secas e duas outras que criam, já nas suas constituições, diretrizes orçamentárias de obras e assistência com fins a atenuar as consequências regionais das secas. Observa-se que são todas constituições de Estados nordestinos, apesar de o evento natural não afetar somente a essa região. Associado a políticas que visam atenuar as secas, também políticas voltadas ao incentivo à produção de alimentos são encontradas com alguma frequência nas cartas. Vejamos como se apresentam.

Primeiramente, cumpre destacar que as políticas sobre alimentos encontradas nas cartas estaduais se inserem nas Políticas Agrícolas regionais e voltaram-se, prioritariamente, a instituir o abastecimento alimentar como prioritário, algumas delas mencionando "produtos básicos", assim como o fomento ou apoio ao desenvolvimento de pesquisa agropecuária para incremento da produção de alimentos. Contudo, cabe destacar que a Constituição Federal considera matéria de competência comum entre União, Estados, Distrito Federal e Municípios o fomento à produção agropecuária e a organização do abastecimento alimentar, conforme dispõe o seu artigo 23, inciso VIII,[254] o que

---

251. Art. 323. O Estado deverá elaborar política especial para as áreas secas, contemplando, dentre outras medidas, a aquisição de áreas para perfuração de poços profundos, açudes, barragens, cisternas e outros pontos d´água e projetos de produção com pequena irrigação. (Ceará, op. cit., art. 323).
252. Cf. item 229.
253. Cf. art. 121 (Rio Grande do Norte, op. cit., art. 121).
254. Art. 23. É competência comum da União, dos Estados, do Distrito Federal e dos Municípios: VIII - fomentar a produção agropecuária e organizar o

autoriza, em certa medida, que Estados legislem em matéria de abastecimento alimentar, respeitadas as diretrizes postas pela União. Todavia, para fins de análise serão extraídos os dispositivos constitucionais estaduais que se alinhem com diretrizes de política econômica locais ou regionais, conforme já delimitado.

Diante disto, cabe elencar as cartas estaduais que trataram especificamente de abastecimento alimentar como ação que integra a Política Agrícola, e são elas: as constituições do Amazonas (art. 174), da Bahia (art. 191), do Ceará (art. 317, inciso IV), do Espírito Santos (art. 247), de Goiás (art. 137), do Mato Grosso do Sul (art. 231), de Minas Gerais (art. 247), do Pará (art. 239, inciso II), da Paraíba (art. 189), do Rio de Janeiro (art. 254), do Rio Grande do Sul (art. 184) e de São Paulo (art. 189). Entre essas, quatro estabelecem como prioridade da Política Agrícola, juntamente com o abastecimento alimentar, a priorização do pequeno produtor, ou da pequena produção, assim como a comercialização direta entre produtores e consumidores, e são as constituições estaduais do Amazonas,[255] da Bahia,[256] do Pará[257] e do Rio de Janeiro.[258]

---

abastecimento alimentar; (Brasil, 1988, op. cit., art. 22, inciso VIII).

255. Art. 174. A política agrícola a ser implementada pelo Estado e Municípios, priorizará o pequeno produtor e o abastecimento alimentar através de sistema de comercialização direta entre produtores e consumidores, bem como observará o interesse da coletividade na conservação do solo, da água e da fauna, competindo ao Poder Público: [...] (Amazonas. Constituição (1989). *Constituição Estadual do Amazonas*. Amazonas: Assembleia Legislativa, 1989. Disponível em: <http://bit.ly/2M4xE7S>. Acesso em: 07 jun. 2017, art. 174).

256. Art. 191. A política agrícola será formulada, observadas as peculiaridades locais, visando a desenvolver e consolidar a diversificação e especialização regionais, voltada prioritariamente para os pequenos produtores e para o abastecimento alimentar, assegurando-se: [...] (Bahia, op. cit., art. 191).

257. Art. 239, inciso II - a priorização à pequena produção e ao abastecimento alimentar, através de sistemas de comercialização direta entre produtores e consumidores, bem como assentamentos agrários voltados para o abastecimento urbano; (Pará, 1989, op. cit., art. 239, inciso II).

258. Art. 254 - A política agrícola a ser implementada pelo Estado dará prioridade à pequena produção e ao abastecimento alimentar através de sistema

De outra forma, mencionam que o abastecimento alimentar – ou a produção de alimentos – se destinará ao consumo interno, entendido esse como estadual ou nacional, as Constituições de outros quatro Estados-Membros, a exemplo da Carta de Goiás,[259] Rio Grande do Sul,[260] Mato Grosso,[261] Santa Catarina[262] – sendo os dois últimos omissos em relação à abastecimento em si, tratando especificamente apenas de produção de alimentos para consumo interno – e tratam do incentivo ao abastecimento alimentar associado à finalidade de fixação do homem no campo as constitui-

---

de comercialização direta entre produtores e consumidores, competindo ao Poder Público: [...] (Rio de Janeiro. Constituição (1989). *Constituição Estadual do Rio de Janeiro*. Rio de Janeiro: Assembleia Legislativa, 1989. Disponível em: <http://bit.ly/2no6Ml6>. Acesso em: 05 maio 2017, art. 254).
259. Art. 137. O Estado adotará política integrada de fomento e estímulo à produção agropastoril, nos termos do art. 187 da Constituição da República, por meio de assistência tecnológica e de crédito rural, organizando o abastecimento alimentar, objetivando sobretudo o atendimento do mercado interno. (Goiás. Constituição (1988) *Constituição Estadual de Goiás*. Goiás: Assembleia Legislativa, 1989. Disponível em: <http://bit.ly/2Mn1roq>. Acesso em: 05 maio 2017).
260. Art. 184. Nos limites de sua competência, o Estado definirá sua política agrícola, em harmonia com o plano estadual de desenvolvimento. § 1.º São objetivos da política agrícola: IV - o fomento da produção agropecuária e de alimentos de consumo interno, bem como a organização do abastecimento alimentar; (Rio Grande do Sul, op. cit., art. 184, § 1º, inciso IV).
261. Art. 339. Na formulação da Política Agrícola serão levadas em conta, especialmente: XIII - o incentivo à produção de alimentos de consumo interno; (Mato Grosso. Constituição (1989). *Constituição do Estado do Mato Grosso*. Mato Grosso: Assembleia Legislativa, 1989. Disponível em: <http://bit.ly/2OWv9mD>. Acesso em: 05 mai. 2017, art. 339).
262. Art. 144. A política de desenvolvimento rural será planejada, executada e avaliada na forma da lei, observada a legislação federal, com a participação efetiva das classes produtoras, trabalhadores rurais, técnicos e profissionais da área e dos setores de comercialização, armazenamento e transportes, levando em conta, especialmente: XI - o estímulo à produção de alimentos para o mercado interno;

ções do Mato Grosso do Sul,[263] de Minas Gerais[264] e da Paraíba.[265] Por fim, não trataram nem associado ao consumo interno e nem a fixação do homem no campo as constituições de São Paulo, que limitou-se a transferir ao Poder Público, em geral, a responsabilidade pela garantia de produção e distribuição de alimentos básicos, no processo de organização do abastecimento alimentar, a do Espírito Santo, que direcionou a prioridade do referido suprimento às necessidades das cidades e do campo, e a Constituição Estadual do Ceará que estabelece cinco objetivos distintos de todos os já mencionados para o abastecimento em questão, e são eles:

> Art. 317. A política agrícola do Estado será planejada e executada na forma da lei, com a participação efetiva dos setores de produção, envolvendo produtores e trabalhadores rurais, e setores de comercialização, armazenamento e de transportes, com base nos seguintes princípios:
> IV – organização do abastecimento alimentar, visando a: a) apoio a programas regionais e municipais de abastecimento popular; b) estímulo à organização de consumi-

---

263. Art. 231. O Estado adotará programas de desenvolvimento rural destinados a fomentar a produção agropecuária, a organizar o abastecimento alimentar e a fixar o homem no campo, compatibilizados com a política agrícola e com o plano de reforma agrária estabelecidos pela União e com o plano estadual de controle ambiental. (Mato Grosso do Sul. Constituição (1989). *Constituição Estadual do Mato Grosso do Sul*. Mato Grosso do Sul: Assembleia Legislativa, 1989. Disponível em: <http://bit.ly/2Ob7D40>. Acesso em: 05 maio 2017, art. 231).
264. Art. 247. O Estado adotará programas de desenvolvimento rural destinados a fomentar a produção agropecuária, organizar o abastecimento alimentar, promover o bem-estar do homem que vive do trabalho da terra e fixá-lo no campo, compatibilizados com a política agrícola e com o plano de reforma agrária estabelecidos pela União. (Minas Gerais. Constituição (1989). *Constituição Estadual de Minas Gerais*. Minas Gerais: Assembleia Legislativa, 1989. Disponível em: <http://bit.ly/2LVv1pI>. Acesso em: 05 jun. 2017, art. 247).
265. Art. 189. O Estado adotará programas de desenvolvimento rural destinados a fomentar a produção agropecuária, organizar o abastecimento alimentar e fixar o homem no campo, compatibilizados com a política agrícola e com o plano de reforma agrária estabelecidos pela União. (Paraíba. Constituição (1989). *Constituição Estadual da Paraíba*. Paraíba: Assembleia Legislativa, 1989. Disponível em: <http://bit.ly/2M023Fe>. Acesso em: 06 jun. 2017, art. 189).

dores em associações de consumo ou em outros modos não convencionais de comercialização de alimentos, tais como os sistemas de compras comunitárias, diretamente dos produtores; c) distribuição de alimento a preços diferenciados, dentro de programas especiais; d) articulação de órgãos federais, estaduais e municipais responsáveis pela implementação de programas de abastecimento e alimentação; e e) manutenção e acompanhamento técnico--operacional de feiras livres e feiras de produtores;[266]

Destacamos que a organização do abastecimento alimentar na constituição cearense consiste em princípio da Política Agrícola que estabelece diretrizes de apoio a programas de abastecimento alimentar, inclusive municipais, um compromisso de integração e suporte a esses entes federados em matéria de alimentos, que se reafirma com a programação de integração desses com União, para execução de programas voltados a abastecimento e alimentação, estímulo à organização de consumidores em associações, iniciativa que, se levada adiante pode viabilizar o comércio direito entre produtores e consumidores, e uma programação de controle de preços através da distribuição direta de alimentos e fiscalização e acompanhamento de feiras livres.

Sobre diretrizes constitucionais de natureza iminentemente social, com reflexo em abastecimento de produtos básicos, duas constituições estaduais estabelecem compromisso estatal de estocagem de alimentos da cesta básica, são as constituições do Mato Grosso[267] e do Rio Grande do Sul.[268] Com isso temos

---

266. Ceará. Constituição (1989). *Constituição do Estado do Ceará*. Ceará: Assembleia Legislativa, 1989. Disponível em:<http://bit.ly/2MnHeiW>. Acesso em: 05 maio 2017, art. 317, IV.
267. Art. 317. A política agrícola do Estado será planejada e executada na forma da lei, com a participação efetiva dos setores de produção, envolvendo produtores e trabalhadores rurais, e setores de comercialização, armazenamento e de transportes, com base nos seguintes princípios: [...] (Mato Grosso, op. cit. art. 317).
268. Art. 185. As ações de política agrícola e de política fundiária serão compatibilizadas. § 2.º O Estado fará estoque de segurança que garanta à população alimentos da cesta básica. (Rio Grande do Sul, op. cit., art. 185).

algumas preocupações mais evidentes em termos de suprimento de produtos alimentícios: o suprimento do mercado interno, o incentivo a produção para fixação do homem no campo, o incentivo à pequena produção e a facilitação da chegada de produtor dessa natureza ao mercado consumidor. Além dessas, a Constituição Estadual de São Paulo que estabelece como competência do Estado a criação de programa específico de crédito para "custeio e aquisição de insumos, objetivando incentivas a produção de alimentos básicos e da horticultura".[269]

Além dessas, também políticas de incentivo à pesquisa agropecuária direcionada à produção de alimentos foi adotada por um número considerável de constituições estaduais, foram elas: a do Amazonas, com estabelecimento de prioridade ao produto nativo,[270] a do Amapá, com enfoque especial à pesquisa agrosilvopastoril e florestal,[271] a do Maranhão, com destaque ao uso do termo "pesquisa agropecuária" ao invés de agrícola, bem como do destaque à atenção às características regionais no processo de desenvolvimento tecnológico,[272] menção também feita pela

---

269. Artigo 184 - Caberá ao Estado, com a cooperação dos Municípios: X - criar programas específicos de crédito, de forma favorecida, para custeio e aquisição de insumos, objetivando incentivar a produção de alimentos básicos e da horticultura. (São Paulo. Constituição (1989). *Constituição Estadual de São Paulo*. São Paulo: Assembleia Legislativa, 1989. Disponível em: <http://bit.ly/2M3KgNo>. Acesso em: 05 mai. 2017, art. 184, X).
270. Art. 174 II - incentivo e manutenção de pesquisa agropecuária, priorizando os produtos nativos, que garantam o desenvolvimento do setor de produção de alimentos com processo tecnológico voltado ao pequeno e médio produtor, às características regionais e aos ecossistemas; (Amazonas, op. cit., art. 174, inciso II).
271. Art. 210 VI - promoverá e subsidiará financeiramente a pesquisa agroflorestal e pastoril, garantindo o avanço tecnológico compatibilizado com o desenvolvimento social e cultural do homem do campo, sem trazer prejuízo ao meio ambiente e priorizando a produção de alimentos. (Amapá. Constituição (199). *Constituição Estadual do Amapá*. Amapá: Assembleia Legislativa, 1991. Disponível em: <http://bit.ly/2KCL4TI>. Acesso em: 07 jun. 2017. art. 210, inciso VI).
272. Art. 197 II - incentivar e manter a pesquisa agropecuária que garanta o desenvolvimento do setor de produção de alimentos com desenvolvimento tecnológico, voltado para o pequeno e médio produtor, para as características regionais e para os ecossistemas; (Maranhão. Constitui-

Constituição Estadual do Rio de Janeiro,[273] quando do tratamento da pesquisa na área, e a Constituição Estadual do Pará,[274] que se limitou apenas a destacar o incentivo e manutenção da pesquisa agropecuária como sendo um dos objetivos da política de desenvolvimento agrícola.

E, encerrando as abordagens constitucionais sobre produção de alimentos, cabe destaque o óbice imposto pela constituinte decorrente pernambucano à concessão de benefício creditício ou fiscal ao explorador agrícola ou agroindustrial monocultor sempre que esse não destine pelo menos dez por cento da área agricultável do seu imóvel rural à produção de alimentos. Além disso, a constituição abre possibilidade de o próprio Estado destinar terras do seu domínio para culturas de subsistência para abastecimento interno em benefício de agricultores sem-terra, é o que se extrai dos artigos 152 e 154 da sua carta constitucional.[275]

ção (1989). *Constituição Estadual do Maranhão*. Maranhão: Assembleia Legislativa, 1989. Disponível em: <http://bit.ly/2LVyGDY>. Acesso em: 04 abr. 2017 art. 197, inciso II).

273. Art. 254 - A política agrícola a ser implementada pelo Estado dará prioridade à pequena produção e ao abastecimento alimentar através de sistema de comercialização direta entre produtores e consumidores, competindo ao Poder Público: II - incentivar e manter pesquisa agropecuária que garanta o desenvolvimento do setor de produção de alimentos, com progresso tecnológico voltado aos pequenos e médios produtores, às características regionais e aos ecossistemas; (Rio de Janeiro. Constituição (1989). *Constituição Estadual do Rio de Janeiro*. Rio de Janeiro: Assembleia Legislativa, 1989. Disponível em: <http://bit.ly/2no6Ml6>. Acesso em: 05 maio 2017, art. 254).

274. Art. 239, VIII - a adoção de política de desenvolvimento agrícola que tenha por objetivo: e) o incentivo e a manutenção da pesquisa agropecuária que garanta o desenvolvimento do setor de produção de alimentos com progresso tecnológico; (Pará Constituição (1989). *Constituição Estadual do Pará*. Pará: Assembleia Legislativa, 1989. Disponível em: <http://bit.ly/2OWdage>. Acesso em: 04 abr. 2017, art. 239, inciso VIII, alínea e).

275. Art. 152. O Estado não concederá qualquer espécie de benefício ou incentivo creditício ou fiscal às pessoas físicas ou jurídicas que, desenvolvendo exploração agrícola ou agroindustrial sob a forma de monocultura, não destinem para a produção de alimentos, pelo menos, dez por cento da área agricultável do imóvel. Art. 154. O Estado poderá destinar terras de sua propriedade e domínio, para o cultivo de produtos alimentares ou

Além dessa, também a Constituição Estadual do Maranhão impõe ao Estado e aos Municípios, desde 1995, destinação orçamentária mínima de cinco por cento da sua receita de impostos para financiamento da produção de alimentos básicos.[276] E, finalmente, a Constituição Estadual do Amazonas que, no seu artigo 171, § 1º obriga o Estado a definir os aspectos fundiários das áreas de várzeas dos seus rios e determina que essa definição deverá priorizar o seu uso para produção de alimentos, através do pequeno produtor.[277] Com isso encerram-se os tratamentos constitucionais estaduais a produção, distribuição e pesquisa em produtos alimentícios.

De forma menos expressiva aparecem as isenções tributárias em políticas agrícolas e adotam essa política apenas três constituições: a Constituição Estadual de Pernambuco, que isenta de tributos a maquinaria agrícola e os veículos de tração animal do pequeno produtor rural, mas a referida norma depende de lei ordinária para produção de efeitos.[278] Curiosa-

---

culturas de subsistência, objetivando o abastecimento interno e beneficiando agricultores sem-terra, segundo forma e critérios estabelecidos em lei ordinária. (Pernambuco. Constituição (1989). *Constituição do Estado de Pernambuco*. Pernambuco: Assembleia Legislativa, 1989. Disponível em: <http://bit.ly/2M7oOGp>. Acesso em: 10 jul. 2017, art. 152 e 154).

276. Art. 198. O Estado e os Municípios aplicarão, anualmente, no mínimo, cinco por cento de sua receita de impostos inclusive a proveniente de transferências, na produção de alimentos básicos. (Redação dada pela Emendas Constitucional nº 013, de 31 de janeiro de 1995) (Maranhão, op. cit., art. 198).

277. Art. 171. O Estado poderá atuar em cooperação com a União nas ações de reforma agrária voltadas aos imóveis rurais que não estejam cumprindo sua função social, nos termos da Constituição da República, entendendo-se como tal a propriedade que não atenda aos seguintes requisitos: § 1º. Observado o disposto no art. 131, desta Constituição, o Estado fica obrigado a definir os aspectos fundiários das áreas de várzea, disciplinando e direcionando, prioritariamente, seu uso para a produção de alimentos, através do pequeno produtor, devendo, para tal, dispor de regulamento de posse específico. (Amazonas, op. cit., art. 171, § 2º).

278. Art. 151 § 2º O Estado, através de lei específica, isentará de tributos a maquinaria agrícola e os veículos de tração animal do pequeno produtor rural, utilizados em sua própria lavoura ou no transporte de seus

mente, esse dispositivo se repetia na Constituição Estadual de Goiás, mas teve o seu texto revogado pela Emenda Constitucional nº 46 de 09 de setembro de 2010, com a substituição da isenção pela concessão de benefícios tributários.

Todavia, além de Pernambuco, também o Estado do Maranhão mantém a política de isenção para fins de execução de medidas que atendem à política agrícola e fundiária, e isenta de impostos o ato cooperativo praticado entre o associado e sua cooperativa ou entre cooperativas,[279] bem como para operações de transferência de imóveis que tenham por finalidade assentamento de trabalhadores rurais em programas desenvolvidos pelo Poder Público Estadual.[280] Desse último dispositivo se extrai que não gozarão do mesmo benefício tributário as transferências de imóveis para fins de assentamento que atendam a políticas exclusivamente federais ou municipais, uma restrição sem fundamento dado o Princípio Da Cooperação entre os entes federativos e a importância e urgências das políticas fundiárias de assentamentos para o desenvolvimento socioeconômico do Estado.

Para encerrar as políticas agrícolas, agrárias e fundiárias, merecem menção em destaque as Constituições que estabeleceram diretrizes constitucionais considerando peculiaridades rurais dos seus territórios e entre elas está a Constituição do Amazonas, que veda a importação de juta e malva estrangeiras, subordinando as importações desses produtos à autorização do Estado, median-

---

produtos, bem como os corretivos do solo e os adubos produzidos em Pernambuco, respeitado, no que couber, o disposto na legislação federal. (Pernambuco, op. cit., art. 151, § 2º).
279. Art. 197, VII - fomentar o cooperativismo, em todas as suas modalidades, através de estímulos adequados ao desenvolvimento das atividades próprias e, mais: b) não incidência de imposto sobre o ato cooperativo praticado entre o associado e sua cooperativa ou entre cooperativas associadas, na forma da lei. (Maranhão, op. cit., art. 197, inciso VII, alínea *b*).
280. Art. 193. Salvo os casos de interesse público, as terras estaduais serão utilizadas para: § 3º São isentas de impostos estaduais as operações de transferência de imóveis que tenham por fim o assentamento de trabalhadores rurais em programas desenvolvidos pelo Poder estadual. (Pernambuco, op. cit., art. 193, § 3º).

te oitiva da Assembleia Legislativa, dos órgãos estaduais e federais competentes e dos órgãos representativos de juticultores e malvicultores,[281] assim como compromete o Estado ao desenvolvimento de "programa especial de apoio ao cultivo de seringueiras, guaraná, castanheira, juta, malva e outros, sem prejuízo da busca constante de novas alternativas para a economia estadual".[282] Sobre a referida carta, é possível extrair do seu texto uma evidente intenção na proteção de produtos oriundos de recursos naturais típicos da Amazônia em relação ao mercado externo e de importações e em relação à viabilidade da sua produção e manutenção no mercado. Essa iniciativa amazonense é uma típica iniciativa que usufrui da competência concorrente e da autonomia do estado na federação para legislar em matérias locais.

Da mesma forma se manifestam políticas de ordem econômica constitucionais na Carta do Estado do Maranhão ao criar mecanismos de proteção do babaçu e de garantia da continuidade da sua exploração, ao assegurá-la em terras públicas e devolutas, em regime de economia familiar e comunitária,[283] o que assegura, intencionalmente ou não, a exploração através de conhecimentos tradicionais. De igual modo, mas condicionado à disciplina por lei ordinária, o mesmo Estado outorga proteção de mercado ao carvão mineral, com prioridade, na disciplina legal, à proteção do pequeno produtor e do meio ambiente.[284] Ademais, também

---

281. Art. 170 § 6º. Qualquer importação de juta e malva, do exterior, só será autorizado em casos excepcionais, ouvidos a Assembleia Legislativa, órgãos competentes de âmbito estadual e federal e órgãos representativos dos juticultores e malvicultores. (Amazonas, op. cit., art. 170 § 6º).
282. Amazonas, op. cit., art. 174, § 1º.
283. Art. 196. Os babaçuais serão utilizados na forma da lei, dentro de condições que assegurem a sua preservação natural e do meio ambiente, e como fonte de renda do trabalhador rural. Parágrafo único. Nas terras públicas e devolutas do Estado assegurar-se-á a exploração dos babaçuais em regime de economia familiar e comunitária. (Maranhão, op. cit., art. 196).
284. Art. 200. O Estado disciplinará, na forma da lei, a produção e a comercialização de carvão vegetal por meio de política voltada para a proteção do pequeno produtor e do meio ambiente, e da exploração racional dos recursos naturais. (Maranhão, op. cit., art. 200).

a constituição maranhense considera a viabilidade de exploração econômica das encostas da Pré-Amazônia maranhense, sempre que a área de manifeste inadequada à exploração agrícola.[285] Nesse caso, o que se verifica é que entre proteger a exploração econômica dos recursos florestais, a carta estadual supramencionada optou por priorizar a exploração agrícola, subjugando a extração de recursos florestais locais para fins econômicos a inviabilidade da agricultura. Nesse mesmo sentido, conforme já mencionado quando tratamos do extrativismo, o Estado do Amapá outorga proteção às terras estaduais com potencial econômico caracterizado pela exploração de açaizais, seringais e castanhais.[286]

Sobre exploração de recursos florestais e as proteções outorgadas pelas Constituições Estaduais, merece menção a Constituição Estadual do Mato Grosso que no seu artigo 346 condicionava o exercício da atividade da extração ou da exploração florestal à observância de legislação federal pertinente mas vedava, na última parte do seu texto, a saída do Estado de madeira em Toras. Entretanto, a Ação Direta de Inconstitucionalidade 280-5,[287] de 1994, provocou alteração no referido artigo, declarando inconstitucional essa vedação final.

A defesa da Assembleia Legislativa alegou estar o trecho respaldado pela competência concorrente do artigo 24, inciso VI, que autoriza os Estados a legislar sobre "florestas, caça, pesca, fauna, conservação da natureza, defesa do solo e dos recursos naturais, proteção do meio ambiente e controle da poluição".[288] Ocorre que a tese da defesa foi descartada, pois o supremo en-

---

285. Art. 199. O Estado procederá ao zoneamento agropecuário e implantará uma política de apoio à preservação e recuperação florestal nas encostas, pré- Amazônia maranhense, florestas protetoras de mananciais, com estímulo ao reflorestamento para uso econômico nas áreas inadequadas à exploração agrícola. (Maranhão, op. cit., art. 199).
286. Cf. item 160.
287. Brasil. Supremo Tribunal Federal. *ADIN 280-5*. Relator: Francisco Rezek. Brasília: 17 de junho de 1994. Disponível em: <http://bit.ly/2vOyr2x>. Acesso em: 10 jul. 2017.
288. Brasil, 1988, op. cit., art. 24, inciso VI.

tende que a vedação não trata de aspectos protecionistas e ecológicos, mas sim de natureza comercial, e em matéria de comércio interestadual e, dessa forma, invade a competência privativa do artigo 22, inciso I e VIII,[289] um deles já mencionado quando tratamos da competência para legislar em Direito Agrário.

Desta forma, temos a segunda limitação de natureza econômica que se insere na temática das políticas agrárias e fundiárias, imposta pelo Supremo Tribunal Federal, ao exercício legislativo dos poderes constituintes decorrentes. O curioso, nesse caso, é que o parágrafo único do mesmo artigo objeto da ADI não foi declara inconstitucional nem na mesma ação e nem em outra posterior e o mesmo expressa vedação de saída do Estado do Pescado "in natura", e o artigo expressa o seguinte:

> O exercício da atividade de extração ou exploração florestal no território estadual, fica condicionado à observação das normas da legislação federal pertinente. Parágrafo único: A vedação a que se refere este artigo aplica-se ao pescado "in natura", na forma da lei.[290]

Numa análise de cunho gramatical é possível afirmar que o referido parágrafo se esvaziou de sentido na medida em que se refere a uma "vedação a que se refere o artigo" e a vedação já não consta mais do seu texto, apesar de o artigo ter sido mantido, com exclusão da sua parte final. Entretanto, não compete ao aplicador da norma presumir inconstitucionalidade, especialmente porque, dados os controles preventivos de constitucionalidade, as normas brasileiras vigentes presumem-se constitucional. Assim, reside a incógnita sobre a vigência do parágrafo, e consequentemente a aplicabilidade da proibição declarada

---

289. Art. 22. Compete privativamente à União legislar sobre: I - direito civil, comercial, penal, processual, eleitoral, agrário, marítimo, aeronáutico, espacial e do trabalho; VIII - comércio exterior e interestadual; (Brasil, 1988, op. cit., art. 22, incisos I e VIII).
290. Mato Grosso, op. cit. art. 346 e parágrafo único.

inconstitucional para madeira em toras, que se presume constitucional para pescado "in natura".

Encerrada a exposição acerca dos dispositivos constitucionais que tratam da exploração sob a forma agrícola, agrária ou fundiária de elementos locais que dependem de recursos naturais, como o são os recursos florestais, cumpre conduzir a análise em políticas econômicas constitucionais estaduais direcionadas a setores da economia já consolidados nos respectivos Estados-Membros, também a Constituição Estadual de Sergipe institui política de fomento ao artesanato, através da adoção de ações que viabilizem a comercialização,[291] e essa diretriz se insere entre aquelas que interessam às políticas agrárias e agrícolas, talvez por se desenvolverem na zona rural, e igualmente prevê a criação de um fundo destinado aos produtores rurais, para financiamento de estruturas produtivas associativas,[292] e a Constituição do Tocantins que, para proteger economicamente a pecuária, traz para o Estado a responsabilidade pela manutenção de uma rede oficial de armazéns, silos e frigoríficos.[293]

Com isso, é possível concluir que as políticas agrícolas, agrárias e fundiárias guardam significativas políticas de proteção ao pequeno produtor rural, a produção de gêneros alimentícios em um número razoável de Constituições Estaduais. Da mesma forma é possível concluir que algumas constituições fizeram jus à sua autonomia associada à prerrogativa da Competência Con-

---

291. Art. 182. O Estado adotará política de fomento ao artesanato, promovendo os meios para a sua comercialização. (Sergipe, op. cit., art. 182).
292. Art. 173. Será obrigatória pelos bancos oficiais do Estado de Sergipe a formação de um fundo para financiamento de estruturas produtivas associativas, destinado aos pequenos produtores rurais. (Sergipe. Constituição (1989). *Constituição Estadual de Sergipe*. Sergipe: Assembleia Legislativa, 1989. Disponível em: <http://bit.ly/2vmLZmF>. Acesso em: 07 jun. 2017, art. 173).
293. Art. 91. O Estado adotará política integrada de fomento à produção agropecuária, através de assistência técnica e crédito especializado bem como estimulará o abastecimento, mediante instalação de rede oficial de armazéns, silos e frigoríficos. (Tocantins. Constituição (1989). *Constituição Estadual de Tocantins*. Tocantins: Assembleia Legislativa, 1989. Disponível em: <http://bit.ly/2MoXJvt>. Acesso em: 08 jun. 2017, art. 91).

corrente em matéria de Direito Econômico e outorgaram proteção a produtos ou produtores locais, estabelecendo as prioridades que melhor se adéquam as demandas regionais e locais.

Encerradas as políticas agrícolas, agrárias e fundiárias, cabe tratar dos dispositivos constitucionais estaduais sobre políticas urbanas e de infraestrutura a partir do ponto de vista local e econômico.

6. POLÍTICAS URBANAS E DE INFRAESTRUTURA

Expostas as análises sobre políticas estaduais constitucionais rurais, cabe-nos a exposição das políticas adotadas pelas Constituições Estaduais, voltadas às regiões urbanas dos Estados-Membros, mas não sem antes considerar o tratamento dado pela Constituição Federal à matéria em geral, não obstante o enfoque dessa investigação ser políticas econômicas, muitas Cartas trataram da matéria a partir de uma perspectiva mais social, tratamento esse que encontrou fundamento jurídico na Carta Magna, mais especificamente no artigo 23, sobre competências comuns entre União, Estados, Distrito Federal e Municípios, segundo a qual compete aos entes supracitados "promover programas de construção de moradias e a melhoria das condições habitacionais e de saneamento básico",[294] assim como "combater as causas da pobreza e os fatores de marginalização, promovendo a integração social dos setores desfavorecidos".[295]

Entretanto, "instituir diretrizes para o desenvolvimento urbano, inclusive habitação, saneamento básico e transportes urbanos",[296] configura competência legislativa exclusiva da União nos moldes do no artigo 21, inciso XX. Pela leitura do artigo aduz-se que a competência dos Estados-Membros em matérias urbanas habitacionais, de saneamento e transportes, restringe-se à adoção de políticas locais ou regionais de execução de diretrizes nacionais. Especialmente em matéria de transportes, uma vez que configura competência privativa da União legislar em matéria de transporte e trânsito, e estabelecer, por lei, conforme artigo 22, incisos XI[297] da Lei Maior, respectiva-

---

294. Brasil, 1988 op. cit., art. 23, inciso IX.
295. Brasil, 1988, op. cit., art. 23, inciso IX e X.
296. Brasil, 1988, op. cit., art. 21, inciso XX.
297. Art. 22. Compete privativamente à União legislar sobre: XI - trânsito e transporte; (Brasil, op. cit., art. 22).

mente. Até então os limites aos constituintes decorrentes estava mais ou menos definido na medida em que instituir diretrizes de habitação, saneamento e transportes urbanos competia privativamente à União, e planejar e executar programas de construção de moradias e de saneamento básico, a todos os entes federativos de forma colaborativa, uma vez que se encontra no rol das competências comuns.

Todavia, a confusão sobre os limites da competência dos Estados-Membros começa quando o Constituinte Originário atribui a estes entes e à União competência para legislar concorrentemente em matéria de Direito Urbanístico, no mesmo inciso do artigo 24 que trata da competência concorrente em Direito Econômico, inciso I.[298] Diante dessa distribuição confusa da Carta Magna, resta uma análise da competência estadual por exclusão, como, aliás, parece ser sempre a medida constitucional de baliza da competência do referido ente: a residualidade.[299] Em síntese, o que a Lei Maior estabelece é que compete aos Estados-Membros legislar em matéria de Direito Econômico e Urbanístico, sobre tudo aquilo que não seja enquadrado em instituição de "diretrizes para o desenvolvimento urbano, inclusive habitação, saneamento básico e transportes urbanos",[300] nem tampouco que se enquadre em legislação em transporte e trânsito. Ao menos é o que se extrai de uma leitura literal dos artigos supramencionados.

A baliza dos limites reais só será estabelecida em sede de manifestação da Suprema Corte sobre as referidas matérias, e as Ações Diretas de Inconstitucionalidade já julgadas em definitivo, nessas matérias, serão nesse subcapítulo oportunamente

---

298. Art. 24. Compete à União, aos Estados e ao Distrito Federal legislar concorrentemente sobre: I - direito tributário, financeiro, penitenciário, econômico e urbanístico; (Brasil, op. cit., art. 24, inciso I).
299. Conforme se extra do artigo 25, § 1º da Constituição Federal que postula que "são reservadas aos Estados as competências que não lhes sejam vedadas por esta Constituição". (Brasil, op. cit., art. 25, § 1º).
300. Cf. item 287.

expostas, a começar pela ADI 851-0,[301] de 1993, que impõe aos Estados-Membros a competência municipal como limite às suas deliberações, ao declarar a inconstitucionalidade do parágrafo único do artigo 237, da Constituição Estadual do Rio De Janeiro, que se insere no capítulo designado para tratar de política urbana, de redação: "Os projetos, aprovados pelos municípios, só poderão ser modificados com a concordância de todos os interessados ou por decisão judicial, observados os preceitos legais regedores de cada espécie",[302] e que impõe limitação à alteração de projetos municipais de política urbana elaborados no âmbito da sua competência. Ocorre que a competência dos Municípios para legislar sobre a matéria em questão se enquadra nas prerrogativas legislativas abarcadas pelo artigo 30, inciso I, qual seja, "assuntos de interesse local". É o entendimento do STF na referida ADI. No aspecto da competência legislativa, Ações Diretas de Inconstitucionalidade têm dirimido algumas confusões criadas pelos Constituintes Decorrentes, e duas outras serão tratadas quando da exposição das políticas de transportes.

Sobre a natureza das políticas de desenvolvimento urbano, a própria Constituição Federal, no seu artigo 182, estabelece como objetivo o pleno desenvolvimento das funções sociais da cidade, para garantia do bem-estar dos seus habitantes, e essas ações estatais se inserem no título sobre a ordem econômica do Estado Federal. Talvez por isso a Constituição Estadual do Amazonas, ao reproduzir o referido artigo da Lei Maior, altera o seu texto, diferentemente do que fizeram todos os demais Constituintes, e insere a finalidade econômica de forma expressa entre as políticas urbanas, conforme se observa no seu artigo 136.[303] Além disso,

---
301. Brasil. Supremo Tribunal Federal. *ADIN 851-0*. Relator: Min. Marco Aurélio. Brasília: 01 de abril de 1993. Disponível em: <http://bit.ly/2MenQrS>. Acesso em: 10 jul. 2017.
302. Rio de Janeiro. Constituição (1989). *Constituição Estadual do Rio de Janeiro*. Rio de Janeiro: Assembleia Legislativa, 1989. Disponível em: <http://bit.ly/2no6Ml6>. Acesso em: 05 maio 2017, art. 237, parágrafo único.
303. Art. 136. A política de desenvolvimento urbano será formulada pelos Municípios e pelo Estado, onde couber, de conformidade com as diretrizes

algumas políticas urbanas foram incluídas no título "Da Ordem Social" nas Constituições Estaduais de Minas Gerais, que trata do saneamento básico dentro do capítulo "Da saúde", e a de Roraima que também insere os dispositivos sobre transportes e habitação no título designado a tratar de políticas sociais.

Todavia, independente da inserção da finalidade econômica entre os objetivos de desenvolvimento urbano, as escolhas estatais que garantem resultados a partir dessas políticas passam, necessariamente, pela adoção de medidas que promovem melhoria nas condições sociais da população. Some-se a isso o fato de que a promoção do desenvolvimento econômico e social, no Brasil, historicamente, sempre trouxe entre os seus principais objetivos a eliminação das desigualdades.[304] Em termos de políticas estaduais, também o objetivo das políticas constitucionais deve ser a elevação das condições sociais de vida da população, assim como a redução das diferenças nas oportunidades econômicas e sociais e não deve se ater essencialmente a ações de elevação de produtividade industrial ou do PIB.[305]

Não obstante, algumas iniciativas constitucionais estaduais parecem atender mais ao desenvolvimento iminentemente social que ao econômico, e outras mais ao econômico que ao social. Em ambos os casos, considerando os postulados teóricos sobre a relação de essencialidade entre ambos, trataremos, num primeiro momento, das políticas direcionadas a assentamentos na zona urbana, à habitação popular e a transportes, para, na sequência, tratarmos de questões de exploração agrícola e pecuária urbanas, de restrições ou delimitações de zonas industriais e das políticas tecnológicas para atendimento de demandas de infraestrutura das cidades. So-

---

fixadas nesta Constituição, objetivando ordenar o pleno desenvolvimento das funções sociais e econômicas da cidade, de forma a garantir padrões satisfatórios de qualidade de vida e bem-estar de seus habitantes. (Amazonas. Constituição (1989). *Constituição Estadual do Amazonas*. Amazonas: Assembleia Legislativa, 1989. Disponível em: <http://bit. ly/2M4xE7S>. Acesso em: 07 jun. 2017, art. 136).
304. Bercovici, 2003, op. cit., p. 42-43.
305. Ibidem, p. 239.

bre os assentamentos, as Constituições Estaduais da Bahia,[306] do Maranhão,[307] do Mato Grosso,[308] do Pará,[309] de Pernambuco,[310] do Rio de Janeiro[311] e de Sergipe,[312] essas os tratam enquanto prioridade na destinação de terras públicas para população de baixa

---

306. Art. 169. As terras públicas estaduais não utilizadas ou subutilizadas e as discriminadas serão prioritariamente destinadas a assentamentos de população de baixa renda, instalação de equipamentos coletivos ou manutenção do equilíbrio ecológico e recuperação do meio ambiente natural, respeitado o plano diretor. (Bahia, Constituição (1991). *Constituição Estadual da Bahia*. Bahia: Assembleia Legislativa, 1989. Disponível em: <http://bit.ly/2ngaIEA>. Acesso em: 05 maio 2017, art. 169).
307. Art. 181 Parágrafo único – As terras públicas urbanas não utilizadas ou subutilizadas serão prioritariamente destinadas a assentamentos humanos de população de baixa renda. (Maranhão. Constituição (1989). *Constituição Estadual do Maranhão*. Maranhão: Assembleia Legislativa, 1989. Disponível em: <http://bit.ly/2LVyGDY>. Acesso em: 04 abr. 2017 art. 181).
308. Art. 304 § 1º As terras públicas não utilizadas ou subutilizadas serão prioritariamente destinadas a assentamentos urbanos de população de baixa renda, obedecendo as diretrizes fixadas no Plano Diretor. (Mato Grosso. Constituição (1989). *Constituição do Estado do Mato Grosso*. Mato Grosso: Assembleia Legislativa, 1989. Disponível em: <http://bit.ly/2OWv9mD>. Acesso em: 05 mai. 2017, art. 304, § 1º).
309. Art. 236 § 5º. As terras públicas não utilizadas ou subutilizadas serão, prioritariamente, destinadas, mediante concessão de uso, a assentamentos de população de baixa renda e à instalação de equipamentos coletivos. (Pará. Constituição (1989). *Constituição Estadual do Pará*. Pará: Assembleia Legislativa, 1989. Disponível em: <http://bit.ly/2OWdage>. Acesso em: 04 abr. 2017. art. 236, § 5º).
310. Art. 146 § 4º As terras públicas, situadas no perímetro urbano, quando subutilizadas ou não utilizadas, serão destinadas, obedecidos o Plano Urbanístico Municipal, ao assentamento da população de baixa renda ou à implantação de equipamentos públicos ou comunitários. (Pernambuco. Constituição (1989). *Constituição do Estado de Pernambuco*. Pernambuco: Assembleia Legislativa, 1989. Disponível em: <http://bit.ly/2M7oOGp>. Acesso em: 10 jul. 2017, art., 146, § 4º).
311. Art. 233 - As terras públicas estaduais não utilizadas, subutilizadas e as discriminadas serão prioritariamente destinadas a assentamentos de população de baixa renda e a instalação de equipamentos coletivos, respeitados o plano diretor, ou as diretrizes gerais de ocupação do território. (Rio de Janeiro, op. cit., art. 233).
312. Art. 165 § 6º As terras públicas não utilizadas ou subutilizadas poderão ser prioritariamente destinadas a assentamentos humanos da população de baixa renda e a projeto de recuperação ambiental. (Sergipe, op. cit., art. 165, § 6º).

renda, com redações quase idênticas, cujas pequenas distinções textuais estão na menção da observância do plano diretor, para esse fim, da priorização de instalação de equipamentos coletivos ou comunitários, ou mesmo a recuperação ambiental. Fato é que nas Constituições Estaduais que trataram de assentamentos na zona urbana, assim como visto em relação aos assentamentos da zona rural, esses deverão ter prioridade –, compartilhada ou não com outras políticas – na destinação de terras públicas. Mas não foram somente essas as Cartas que contemplaram a referida temática.

Também adotaram ações voltadas a assentamentos as Constituições do Espírito Santo, que trata da transferência de titulação de áreas de assentamento à população de baixa renda como medida que assegura moradia digna, e a do Piauí, cujo texto apesar de não contemplar normas que definam prioridades aos assentamentos, cuida da urbanização desses como diretriz a ser instituída pelas políticas de desenvolvimento urbano.

Dessa forma, no tocante a políticas de assentamentos urbanos, os Constituintes Decorrentes que optaram por tratar dessas ações o fizeram de forma semelhante aos assentamentos rurais, e adotaram padrões de efetivação do direito social à moradia e a condições dignas de habitação, bem como dos compromissos estatais de adoção de medidas que reduzam a pobreza e as desigualdades, a partir especialmente da priorização de terras públicas para ações de assentamentos.

Grosso modo, o que se extrai das políticas constitucionais estaduais voltadas à viabilização de assentamentos é uma alternativa de destinação de patrimônio público para promoção do desenvolvimento social no quesito habitação para população de baixa renda. Mas será que essa destinação de patrimônio público tem alguma representatividade efetiva em relação à redução de desigualdades sociais? Acaso são essas últimas promovidas pela acumulação de patrimônio do Estado? Sem retirar-lhe a importância em favor dos desprovidos de habitação, não acreditamos ser essa uma política que caminha para a promoção do desenvolvimento regional, e consequentemente nacional, pela via da promoção de condições econômicas e sociais mais igualitárias à população.

Entretanto, os assentamentos não consistem em única iniciativa adotada pelos Constituintes Decorrentes. Também diretrizes político-econômicas voltadas à construção de moradias populares e urbanização de regiões de favelas foram encontradas, medidas essas que efetivam o disposto no inciso IX do artigo 23 da Constituição Federal, já citado. Dessa forma, algumas Constituições Estaduais tratam da construção de habitações populares expressamente como responsabilidade pública, e são elas: as Constituições do Amapá, Ceará, Pernambuco, São Paulo,[313] Sergipe,[314] Goiás,[315] Maranhão,[316] Mato Grosso[317] e Rio de Janeiro.[318] Entretanto, essas seis últimas

---

313. Artigo 182 - Incumbe ao Estado e aos Municípios promover programas de construção de moradias populares, de melhoria das condições habitacionais e de saneamento básico. (São Paulo. Constituição (1989). *Constituição Estadual de São Paulo*. São Paulo: Assembleia Legislativa, 1989. Disponível em: <http://bit.ly/2M3KgNo>. Acesso em: 05 mai. 2017, art. 182).
314. Art. 166. Incumbe ao Estado e aos Municípios a construção de moradias populares e a melhoria das condições habitacionais e de saneamento básico. (Sergipe. Constituição (1989). *Constituição Estadual de Sergipe*. Sergipe: Assembleia Legislativa, 1989. Disponível em: <http://bit.ly/2vmLZmF>. Acesso em: 07 jun. 2017, art. 166).
315. Art. 148. O acesso à moradia é dever do Estado, do Município e da sociedade e direito de todos, na forma da lei. § 1º - É responsabilidade do Estado, dos Municípios e da sociedade promover e executar programas de construção de moradias populares. (Goiás. Constituição (1988) *Constituição Estadual de Goiás*. Goiás: Assembleia Legislativa, 1989. Disponível em: <http://bit.ly/2Mn1roq>. Acesso em: 05/05/2017, art. 148).
316. Art. 183 – Incumbe ao Estado e aos Municípios promover e executar programas de construção de moradias populares e garantir condições habitacionais e infraestruturais urbanas, em especial as de saneamento básico e de transporte, assegurado sempre o nível compatível com a dignidade da pessoa humana. (Maranhão, op. cit., art. 183).
317. Art. 312 Incumbe ao Estado e aos Municípios promover e executar programas de construção de moradias populares e garantir condições habitacionais e infra-estrutura urbana, em especial as de saneamento básico e transporte, assegurando-se sempre um nível compatível com a dignidade da pessoa humana. (Mato Grosso, op. cit., art. 312).
318. Art. 239 - Incumbe ao Estado e aos Municípios promover e executar programas de construção de moradias populares e garantir condições habitacionais e infraestrutura urbana, em especial as de saneamento básico, escola pública, posto de saúde e transporte. (Rio de Janeiro, op. cit., art. 239).

apenas mencionam a referida política como de responsabilidade do Estado e do Município, e nada mais.

Diferentemente, a Constituição Estadual do Ceará[319] determina que a delimitação da área destinada à habitação popular é tarefa obrigatória do Plano Diretor do Município, e orienta que estas áreas localizem-se acima da cota máxima de cheias, garantindo assim a segurança e a dignidade da população que ali será alocada, e devem igualmente estar localizadas dentro de região com abastecimento de água e energia elétrica, e com declividade máxima de trinta por cento, via de regra, ou de cinquenta por cento, em caráter excepcional, sempre que inexistentes dentro do perímetro urbano áreas que atendam ao requisito anterior. Além disso, a referida Constituição prevê o fomento de casas populares por um sistema de financiamento do Estado, para construção ou mesmo aquisição, além de assessoria técnica à construção da casa própria.[320] Além desta também as Constituições de Pernambuco[321] e do Amapá,[322] apresentam políticas

---

319. Art. 290. O plano diretor do Município deverá conter: II – a delimitação de áreas destinadas à habitação popular, que atenderão aos seguintes critérios: a) contiguidade à área de rede de abastecimento de água e energia elétrica, no caso de conjuntos habitacionais; b) localização acima da cota máxima de cheias; c) declividade inferior a trinta por cento, salvo se inexistirem no perímetro urbano áreas que atendam a este requisito, quando será admitida uma declividade de até cinquenta por cento, desde que sejam obedecidos padrões especiais de projetos, a serem definidos em lei estadual; (Ceará. Constituição (1989). *Constituição do Estado do Ceará*. Ceará: Assembleia Legislativa, 1989. Disponível em: <http://bit.ly/2MnHeiW>. Acesso em: 05 maio 2017, art. 290, inciso II).
320. Art. 298. Para assegurar a todos os cidadãos o direito de moradia, fica o Poder Público obrigado a formular políticas habitacionais que permitam: I – acesso a programas públicos de habitação ou a financiamento público para aquisição ou construção de habitação própria; e II – assessoria técnica à construção da casa própria. (Ibidem, art. 298).
321. Art. 149 § 1º O Estado promoverá e financiará a construção de habitações populares, especialmente para a população de classe media de baixa renda, da área urbana e rural, assegurado o pagamento pela equivalência salarial. § 2º Será assegurada a utilização prioritária da mão de obra local, nos programas de que trata este artigo. (Pernambuco, op. cit., art. 149, §§ 1º e 2º).
322. Art. 199. A política habitacional do Estado, integrada à da União e dos Municípios, tem como finalidade combater a carência habitacional e buscar

de habitação popular com particularidades, e ambas outorgam tanto ao Município quanto ao Estado – e no caso da carta amapaense, também à União – a responsabilidade pela execução de programas de moradias populares, com prioridade para a utilização de mão de obra local, e essa é a peculiaridade.

No caso da Carta cearense há uma nítida preocupação com a dignidade da população de baixa renda às quais serão destinadas essas moradias, com a adoção de indicações de medidas de segurança em relação a alagamentos e deslizamentos, o que visa garantir condições humanas mínimas de habitação, apesar da transferência desse papel ao Município. Alem disso, a referida constituição foi a única que, em matéria de habitação, previu um sistema de financiamento estatal da casa própria como forma de assegurar a todo cidadão o direito de moraria. Nesse sentido, resta evidente a adoção de políticas públicas de garantia desse direito social não somente à população de baixa renda, mas a todo e qualquer cidadão. Por outro lado, no caso das duas últimas Constituições, a do Amapá e de Pernambuco, os textos se limitam a compartilhar a responsabilidade pelas construções de moradias populares com outros entes federativos, chamando também para o Estado-Membro essa tarefa, e a garantir empregabilidade de pessoal da região na execução dessas obras.

Além dos referidos compromissos, também o compromisso estatal de apoio à criação de cooperativas de habitação aparece entre as políticas constitucionais de alguns Estados-Membros tais como a Constituição do Mato Grosso,[323] a de Rondônia,[324]

---

soluções para esses problemas em conjunto com a sociedade, e será executada mediante: II - utilização prioritária da mão de obra local na execução dos projetos habitacionais; III - promoção e execução de programas de construção de moradias populares; (Amapá. Constituição (199). *Constituição Estadual do Amapá*. Amapá: Assembleia Legislativa, 1991. Disponível em: <http://bit.ly/2KCL4TI>. Acesso em: 07 jun. 2017, art. 199).

323. Art. 312 – Parágrafo único: O Poder Público dará apoio à criação de cooperativas e outras formas de organização que tenham por objetivo a realização de programas de habitação popular. (Mato Grosso, op. cit., art. 312).

324. Art. 159. Para consecução dos objetivos de que trata esta Seção, poderá ser adotado o sistema de cooperativismo, especialmente para as áreas

a de Roraima,[325] a do Rio de Janeiro,[326] a do Amazonas,[327] a da Bahia[328] e a do Espírito Santo,[329] mas somente as duas últimas trazem os meios pelos quais o Poder Público apoiará essas iniciativas, e comprometem o Estado com assistência técnica e financeira. As Constituições do Mato Grosso do Sul,[330] do

---

de crédito, abastecimento, saneamento, habitação, educação e transporte. (Rondônia. Constituição (1989). *Constituição Estadual de Rondônia*. Rondônia: Assembleia Legislativa, 1989. Disponível em: <http://bit.ly/2MqeupQ>. Acesso em: 07 jun. 2017, art. 159).
325. Art. 182. O Estado e os Municípios, em conjunto com a União ou isoladamente, promoverão programas de construção de moradias e melhoria das condições habitacionais e de saneamento básico, incentivando a participação do setor privado e a formação de cooperativas populares de habitação. (Roraima. Constituição (1991). *Constituição Estadual de Roraima*. Roraima: Assembleia Legislativa, 1991. Disponível em: <http://bit.ly/2M7qjEx>. Acesso em: 06 jun. 2017, art. 182).
326. Art. 240 - O Poder Público estimulará a criação de cooperativas de moradores, destinadas à construção da casa própria e auxiliará o esforço das populações de baixa renda na edificação de suas habitações. (Rio de Janeiro, op. cit., art. 240).
327. Art. 260. A política habitacional do Estado objetivará o equacionamento da carência habitacional, de acordo com as seguintes diretrizes: II - estímulo e incentivo à formação de cooperativas populares de habitação; (Amazonas, op. cit., art. 260).
328. Art. 170. O Poder Público dará apoio à criação de cooperativas e outras formas de organização da população que tenham por objetivo a realização de programas de habitação popular, colaborando na **assistência técnica e financeira** necessária ao desenvolvimento dos programas de construção e reforma de casas populares. (Bahia, op. cit., art. 170, grifo nosso).
329. Art. 242. O Estado e os Municípios estimularão a criação de cooperativas de trabalhadores para a construção de casa própria, auxiliando, **técnica e financeiramente**, esses empreendimentos. (Espírito Santo, op. cit., art. 242, grifo nosso).
330. Art. 220 - O Poder Público, a fim de facilitar o acesso à habitação, apoiará a construção, pelos próprios interessados, de moradias populares e as demais modalidades alternativas de construção. (Mato Grosso do Sul. Constituição (1989). *Constituição Estadual do Mato Grosso do Sul*. Mato Grosso do Sul: Assembleia Legislativa, 1989. Disponível em: <http://bit.ly/2Ob7D40>. Acesso em: 05 maio 2017, art. 220).

Pará[331] e do Rio Grande do Sul[332] mencionam o mesmo apoio, mas restringem-no às cooperativas habitacionais cujas moradias devam ser construídas pelos próprios interessados ou beneficiários, condição que não aparece nas anteriores.

E, encerrando a análise dos dispositivos constitucionais estaduais que trataram da política habitacional, cinco constituições mencionaram as áreas de favelas nos seus planejamentos urbanos. Dessas, três apresentam redação quase idêntica, e outorgam, ao Estado e ao Município, o compromisso de promover a urbanização e a regularização fundiária das áreas faveladas, e foram as Constituições de Pernambuco,[333] Rio de Janeiro[334]

---

331. Art. 236. A política urbana, a ser formulada e executada pelo Estado, no que couber, e pelos Municípios, terá como objetivo, no processo de definição de estratégias e diretrizes gerais, o pleno desenvolvimento das funções sociais da cidade e a garantia do bem-estar de sua população, respeitados os princípios constitucionais e mais os seguintes: VI - promoção e execução de programas de construção de moradias populares, pelos próprios interessados, por cooperativas habitacionais e pelas demais modalidades alternativas de construção, em níveis compatíveis com a dignidade da pessoa humana; (Pará, op. cit., art. 236).
332. Art. 175. O Estado, a fim de facilitar o acesso à habitação, apoiará a construção de moradias populares realizada pelos próprios interessados, por cooperativas habitacionais e através de outras modalidades alternativas. (Rio Grande do Sul, op. cit., art. 175).
333. Art. 144 § 2º No estabelecimento de diretrizes e normas relativas ao desenvolvimento urbano o Estado e os Municípios deverão assegurar: h) a urbanização e a regularização fundiária das áreas **ocupadas por favelas** ou por populações de baixa renda; (Pernambuco. Constituição (1989). *Constituição do Estado de Pernambuco*. Pernambuco: Assembleia Legislativa, 1989. Disponível em: <http://bit.ly/2M7oOGp>. Acesso em: 10 jul. 2017, art. 144 grifo nosso).
334. Art. 234 - No estabelecimento de diretrizes e normas relativas ao desenvolvimento urbano, o Estado e os Municípios assegurarão: I - urbanização, regularização fundiária e titulação das áreas faveladas e de baixa renda, sem remoção dos moradores, salvo quando as condições físicas da área imponham risco à vida de seus habitantes; (Rio de Janeiro. Constituição (1989). *Constituição Estadual do Rio de Janeiro*. Rio de Janeiro: Assembleia Legislativa, 1989. Disponível em: <http://bit.ly/2no6Ml6>. Acesso em: 05 maio 2017, art. 234).

e Rondônia,[335] com inserção das expressões "sem remoção de moradores" e "preferencialmente sem remoção dos moradores" nas duas últimas, o que reflete uma preocupação com a logística do processo de regularização fundiária, uma vez que leva em conta a realidade dos moradores dessas regiões, que acabam nessas submoradias justamente por ser essa a única alternativa.

Sobre as outras duas, ambas trataram da matéria inserida em dispositivos programáticos, e são a Constituição Estadual do Rio Grande do Sul, que atribui ao Município a responsabilidade inclusão de diretrizes de recuperação de bolsões de favelamento, e consequente integração com a malha urbana, entre as ações de interesse local,[336] e a Constituição Estadual do Maranhão, que transfere para o futuro a celebração de convênio com os Municípios para criação de programas de urbanização e saneamento das áreas ocupadas tanto por favelas quanto por palafitas.[337] Nesse último caso, apesar do caráter programático da norma, é possível verificar uma preocupação que não aparece nas demais, as questões de urbanização de conjuntos de palafitas, submoradias que aparecem em regiões com rios e manguezais, como é o caso do referido Estado. Nesse sentido, é possível afirmar que uma demanda social local foi considerada no estabelecimento de políticas de desenvolvimento urbano naquele Estado.

Essas foram as políticas urbanas de habitação tratadas nas Constituições Estaduais brasileiras vigentes. De modo geral, percebe-se que a preocupação com a população de baixa renda que aparece nas políticas rurais, se manteve para as urbanas, com

---

335. Art. 158. No estabelecimento de diretrizes e normas relativas ao desenvolvimento urbano, o Estado e os Municípios assegurarão: I - a urbanização, a regularização fundiária e a titulação das áreas de população favelada e de baixa renda, preferencialmente sem remoção dos moradores; (Rondônia, op. cit., art. 158).
336. Art. 176. Os Municípios definirão o planejamento e a ordenação de usos, atividades e funções de interesse local, visando a: V - promover a recuperação dos bolsões de favelamento, sua integração e articulação com a malha urbana; (Rio Grande do Sul, op. cit., art., 176, inciso V).
337. Art. 185. O Estado poderá firmar convênio com os Municípios para a realização de programas de urbanização e saneamento de áreas ocupadas por favelas e palafitas. (Maranhão, op. cit., art. 185).

a adoção de alternativas de assentamentos nas cidades e com a previsão de construção de moradias populares, fomentadas ou apoiadas pelo Estado. Encerradas as abordagens a esse respeito iniciaremos as análises sobre as políticas urbanas de transportes.

Antes de proceder à exposição analítica acerca das políticas estaduais de transportes, é preciso redestacar que a competência para legislar em matéria de transporte e trânsito[338] é privativa da União, assim como a instituição de diretrizes para transportes urbanos é matéria de competência exclusiva[339] desse ente. Ainda sobre transportes e competência, é do Município a prerrogativa de organização e prestação, "diretamente ou sob regime de concessão ou permissão, os serviços públicos de interesse local, incluído o de transporte coletivo, que tem caráter essencial".[340] Diante dos dispositivos constitucionais sobre competência, resta uma incógnita sobre os limites à autonomia dos Estados-Membros para legislar sobre a referida matéria, sempre que o procedimento esteja respaldado pela prerrogativa da Competência Concorrente em matéria de Direito Econômico. Em outras palavras, ao estabelecer normas constitucionais estaduais que interessam à política econômica (e, porque não, social) do Estado-Membro, alinhando-se à ideologia econômica nacional, quais seriam as prerrogativas desses entes quando o assunto for transportes, dada a distribuição de competências constitucionais sobre a matéria?

A resposta a essa incógnita está na própria Constituição Federal, no seu artigo 25, § 1º,[341] e essa afirmativa está chancelada pelo entendimento da Suprema Corte, mais especificamente na Ação Direita de Inconstitucionalidade 845-5,[342] que punha em cheque a constitucionalidade de dispositivo da Carta Estadual do Amapá, que versa sobre direito à redução em cinquenta por cento

---

338. Cf. item 289.
339. Cf. item 288.
340. Brasil, 1988, op. cit., art. 30, inciso V.
341. Cf. item 291.
342. Brasil. Supremo Tribunal Federal. *ADIN 845-5*. Relator: Min. Eros Grau. Brasília: 22 de novembro de 2007. Disponível em: <http://bit.ly/2KFHFUh>. Acesso em: 05 jul. 2017.

no valor da passagem de ônibus municipais e intermunicipais.[343] Sobre o referido dispositivo, o entendimento do STF foi o de que é inconstitucional somente o trecho "municipais e", estabelecendo, assim, o limite do Constituinte Decorrente para dispor sobre a matéria, que se encontra entre normas sobre transporte interestadual, de competência da União, e transporte municipal interno, de competência dos Municípios, restando aos Estados-Membros a competência para tratar dos sistemas intermunicipais.

Entretanto, por se tratar de um serviço geralmente prestado mediante concessão, há, em sede de Ação Direta de Inconstitucionalidade, questionamento sobre a constitucionalidade para outorgar benefícios de gratuidade de transportes, inclusive em relação à competência da União, fundamentado em afronta aos princípios da Ordem Econômica, da Isonomia, da Livre Iniciativa e mesmo do Direito de Propriedade, como foi o caso da ADI 2649-6[344] do Distrito Federal, interposta pela Associação Brasileira de Empresas de Transporte Interestadual, Intermunicipal e Internacional de Passageiros, a ABRATI, que questiona a constitucionalidade da Lei 8.899/94 que concede passe livre às pessoas portadoras de deficiência.

A referida ação foi julgada improcedente por estar resguardada pelo Princípio Da Isonomia Substancial ou Material, garantindo o cumprimento do Princípio da Cidadania e da Dignidade da Pessoa Humana, ao promover a inclusão dessas pessoas, a igualdade de oportunidades e a humanização das relações sociais. Apesar de se tratar de ADI que questiona constitucionalidade de Lei Ordinária Federal e não de dispositivo constitucional estadual, e apesar do objeto relacionar-se mais ao tema do subcapítulo sobre Organização da Atividade Econômica, oportuna se fez a menção por tratar de limites à autonomia para legislar sobre transportes.

---

343. Art. 224. O Estado garantirá o direito à meia passagem ao estudante de qualquer nível, nos transportes coletivos urbanos, rodoviários e aquaviários, municipais e intermunicipais, mediante lei. (Amapá, op. cit., art. 224).
344. Brasil. Supremo Tribunal Federal. *ADI 2649-6*. Relator(a): Min. Carmen Lúcia. Brasília: 08 de maio de 2008. Disponível em: <http://bit.ly/2KFHFUh>. Acesso em: 20 jun. 2017.

Sobre o tratamento dado à matéria nas Cartas Estaduais, as políticas de natureza econômica que se apresentaram sobre transportes giraram em torno da criação de câmaras de compensação tarifária, como foi o caso das Constituições do Pará[345] e do Amapá,[346] de isenções tarifárias, como foi o caso das Cartas Estaduais do Amazonas, novamente do Pará, do Mato Grosso e do Espírito Santo – cujos artigos das Constituições trataremos na sequência –, e da proibição de "subsídios financeiros" até que autorizados por lei, como foi o caso da Constituição Estadual do Espírito Santo.[347] Sobre as isenções, considerando o precedente da ADI 845-5, resta claro que ao Estado não compete legislar em matéria de transporte municipal, tampouco conceder isenções tarifárias nessa esfera territorial de prestação do serviço, e esse entendimento foi mantido pela ADI n° 2349-7[348] de 2005 que declara a inconstitucionalidade do trecho "urbano

---

345. Art. 249. Os sistemas viários e os meios de transporte atenderão, prioritariamente, as necessidades de deslocamento da pessoa humana no exercício do direito de ir e vir, e, no seu planejamento, implantação e operação serão observados os seguintes princípios: § 1°. O Estado e os Municípios, em regime de cooperação, criarão câmaras de compensação tarifária relativas ao transporte rodoviário de passageiros, nos termos da lei. (Pará. Constituição (1989). *Constituição Estadual do Pará*. Pará: Assembleia Legislativa, 1989. Disponível em: <http://bit.ly/2OWdage>. Acesso em: 04 abr. 2017, art. 249, § 1°).
346. Art. 222. O transporte coletivo de passageiros é um serviço público essencial, incluído entre as atribuições do Poder Público, responsável por seu planejamento e normatização, que pode operá-lo diretamente ou mediante concessão ou permissão, obrigando-se a fornecê-lo com tarifa justa e digna qualidade de serviço: § 1° O Estado e os Municípios, em regime de cooperação, criarão câmaras de compensação tarifária relativas ao transporte rodoviário de passageiros, nos termos da lei. (Amapá. Constituição (199). *Constituição Estadual do Amapá*. Amapá: Assembleia Legislativa, 1991. Disponível em: <http://bit.ly/2KCL4TI>. Acesso em: 07 jun. 2017, art. 222, § 1°).
347. Art. 230. É vedado ao Poder Público subsidiar financeiramente as empresas concessionárias ou permissionárias de transporte coletivo, salvo autorização expressa em lei. (Espírito Santo, op. cit., art. 230).
348. Brasil. Supremo Tribunal Federal. *ADI 2349-7*. Relator (a): Min. Eros Grau. Brasília: 31 de agosto de 2005. Disponível em: <http://bit.ly/2KFHFUh>. Acesso em: 20 jun. 2017.

e" do § 2º do artigo 229 da Constituição Estadual do Espírito Santo, cujo texto era originalmente o seguinte:

> Art. 229. Aos maiores de sessenta e cinco anos e aos menores de cinco anos de idade, e às pessoas com deficiência é garantida a gratuidade no transporte coletivo urbano, mediante a apresentação de documento oficial de identificação e, na forma da lei complementar de iniciativa do Poder Executivo, em cujo texto constará parâmetros necessários para a habilitação do deficiente ao benefício, especialmente em relação ao grau de sua capacidade física, à condição financeira de sua família e à limitação do uso da gratuidade. § 2º Fica vedada a concessão de gratuidade no transporte coletivo **urbano e** rodoviário intermunicipal, redução no valor de sua tarifa fora dos casos previstos neste artigo e, ainda, a inclusão ou manutenção de subsídio de qualquer natureza para cobrir déficit de outros serviços de transporte.[349]

Desta forma, percebe-se que a limitação do poder Constituinte Decorrente em matéria de transporte público está expressamente definida pela Suprema Corte, que tem declarado a inconstitucionalidade de dispositivos estaduais que tratem de transportes municipais, por entenderem que os mesmos estão entre matérias de interesse local, de competência legislativa dos Municípios. Mas aí é que reside uma curiosidade: há artigo de Constituição Estadual que versa sobre gratuidade de transporte coletivo municipal e que ainda não foi objeto de Ação Direta de Inconstitucionalidade, como é o caso da Constituição Estadual do Pará e seu artigo 249, inciso VI e alíneas, vejamos:

> Art. 249. Os sistemas viários e os meios de transporte atenderão, prioritariamente, as necessidades de deslocamento da pessoa humana no exercício do direito de ir e vir, e, no seu planejamento, implantação e operação

---

349. Brasil, op. cit., art. 229, § 2º. (grifo nosso).

serão observados os seguintes princípios: VI - isenção tarifária nos transportes coletivos, rodoviários e aquaviários, **municipais e intermunicipais**, para: a) pessoas portadoras de deficiência mental, sensorial e motora, todas de caráter permanente, através de laudo comprobatório proveniente de junta médica. b) crianças de até seis anos, inclusive; c) policiais civis e militares e carteiros, quando em serviço.[350]

No caso em tela, a Carta Constitucional paraense concede benefício de gratuidade de transportes coletivos municipais a pessoas portadoras de deficiência mental, especificidade de deficiência para outorga do benefício não encontrada em outras Constituições Estaduais, de deficiência sensorial e motora, crianças até seis anos e policiais civis, militares e carteiros, sempre que em serviço. Se considerarmos as duas ADIs anteriores que trataram de transportes municipais, resta evidente a invasão de competência do Constituinte Decorrente do Estado do Pará, apesar de o referido dispositivo não encontrar, ainda, contestação em sede de Ação Direita de Inconstitucionalidade.

Ademais, considerando as Constituições estudadas, e tomando por base as que tiveram e as que não tiveram dispositivos sobre isenção tarifária declarados inconstitucionais, é possível afirmar que alguns artigos das Cartas Estaduais sobre isenção tarifária se mantêm vigentes, sem interpretações de invasão da competência municipal, mesmo quando tratam de transportes urbanos, talvez porque intermunicipal em zonas metropolitanas, sejam também urbanos, posto que não foi somente na Constituição paraense que a vigência de artigo com esse conteúdo ainda está mantida. Também a Constituição Estadual do Mato Grosso usa o termo urbano para legislar sobre isenções, no seu artigo 317 e alíneas, senão vejamos:

---

350. Pará, op. cit., art. 249, inciso VI. (grifo nosso).

Art. 317 São isentos de pagamento de tarifas nos **transportes coletivos urbanos:** a) pessoas maiores de sessenta e cinco anos, mediante apresentação de documento oficial de identificação; b) pessoas de qualquer idade, portadoras de deficiências físicas, sensorial ou mental, com reconhecida dificuldade de locomoção e seu acompanhante; c) outros casos previstos em lei.[351]

De igual modo, a Constituição Estadual do Amazonas, e o uso do termo "transportes coletivos, fluviais e terrestres",[352] que curiosamente já teve o referido artigo impugnado em Ação Direta de Inconstitucionalidade, mas com a redação anterior à emenda que deu a redação atual, qual seja "Art. 255. "São isentos do pagamento de tarifas nos transportes coletivos, urbanos e fluviais". Dada a alteração, essa foi a decisão do Ministro Relator Nelson Jobim:

> O dispositivo questionado foi alterado pela EC nº 10 de 16.12.1991. (...) Por sua vez, a EC 10/91 alterou o caput do dispositivo questionado e substituiu a palavra urbanos por terrestre. A nova redação ampliou o espectro dos meios de transporte ao incluir a palavra terrestre. Também ampliou o público alvo das isenções. Houve acréscimo de inciso e de parágrafo. Nos termos da ju-

---

351. Mato Grosso. Constituição (1989). *Constituição do Estado do Mato Grosso*. Mato Grosso: Assembleia Legislativa, 1989. Disponível em: <http://bit.ly/2OWv9mD>. Acesso em: 05 mai. 2017, art. 317 grifo nosso.
352. Art. 255. São isentos do pagamento de tarifas nos transportes coletivos, fluviais e terrestre: I - as pessoas portadoras de deficiências com reconhecida impossibilidade de locomoção; II - policiais em serviço; III - idosos maiores de sessenta e cinco anos; IV - durante o período letivo, o aluno da rede escolar oficial devidamente uniformizado e identificado; V - crianças menores de até 10 (dez) anos de idade devidamente acompanhadas de um responsável. ("Caput" com a redação dada pela EC nº 10, D.OF. de 16.12.91) (Amazonas. Constituição (1989). *Constituição Estadual do Amazonas*. Amazonas: Assembleia Legislativa, 1989. Disponível em: <http://bit. ly/2M4xE7S>. Acesso em: 07 jun. 2017, art. 255).

risprudência deste tribunal, a superveniência de norma que lhe altere o sentido impede o seu conhecimento. (...) Nego seguimento (art. 38 da lei 8.038/90). [353]

Entretanto, se levado em consideração o aspecto material da norma jurídica em comento, das duas últimas constituições supracitadas, é possível considerar que a amplitude da terminologia usada, assim como a abrangência das escolhas gramaticais do texto, levam a crer que também os transportes municipais se inserem no âmbito de alcance da norma, e a Constituição Estadual do Espírito Santo teve dispositivo declarado inconstitucional exatamente no trecho "e urbano" quando impõe vedação à concessão de gratuidade no transporte coletivo, restando constitucional somente a outorga do referido benefício aos transportes intermunicipais, conforme artigo e ADI já citadas.[354] Não obstante, até que fato jurídico conduza ao questionamento de constitucionalidade desses dispositivos, pelos legitimados para tal, para que haja uma manifestação sobre os limites desse alcance, presumem-se constitucionais tais quais estão dispostos.

Sobre assentamentos, políticas habitacionais populares e transportes, essas são as formas pelas quais se manifestou a autonomia dos Estados-Membros em matéria de políticas socioeconômicas que interessam ao meio urbano. Vejamos, então, de que forma fatos urbanos que envolvem exploração de mercado e investimentos para retorno socioeconômico se apresentaram nas Cartas. Para tanto, serão apresentadas, a seguir, as políticas constitucionais estaduais urbanas voltadas à exploração agrícola e pecuária, de restrições ou delimitações de zonas industriais e das políticas de incentivo ou fomento à ciência e tecnologia para atendimento de demandas urbanas, especialmente de melhoria de infraestrutura.

---

353. Brasil. Supremo Tribunal Federal. *ADI 107-8*. Relator (a): Min. Nelson Jobin. Brasília: 20 de novembro de 2001. Disponível em: <http://bit.ly/2vRvspY>. Acesso em: 20 jun. 2017.
354. Cf. item 346 e 347.

Sobre o estímulo à exploração agrícola e pecuária em zonas não rurais, sete Constituições Estaduais trataram da matéria de forma idêntica, inclusive sem mudanças substanciais na própria redação dos textos, o que caracteriza esses dispositivos como normas de objetivo e normas de imitação, e impuseram a preservação das áreas de exploração agrícola e pecuária como objetivos a serem perseguidos pelo Estado, no estabelecimento de diretrizes relativas ao desenvolvimento urbano. Nenhuma das Cartas trouxe normas de políticas ou programas de execução dessa finalidade. Apenas fez-se constá-la como parte dos projetos que garantirão o desenvolvimento dessas áreas. Foram elas: a Constituição Estadual do Paraná,[355] a de Rondônia,[356] a do Espírito Santo,[357] a do Rio de Janeiro,[358] a

---

355. Art. 151. A política de desenvolvimento urbano visa assegurar, dentre outros objetivos: III - a preservação de áreas periféricas de produção agrícola e pecuária; (Paraná. Constituição (1989). *Constituição Estadual do Paraná*. Paraná: Assembleia Legislativa, 1989. Disponível em: <http://bit.ly/2LXw74p>. Acesso em: 02 abr. 2017, art. 151, inciso III).

356. Art. 158. No estabelecimento de diretrizes e normas relativas ao desenvolvimento urbano, o Estado e os Municípios assegurarão: IV - a preservação das áreas de exploração agrícola e pecuária, e o estímulo a estas atividades primárias; (Rondônia. Constituição (1989). *Constituição Estadual de Rondônia*. Rondônia: Assembleia Legislativa, 1989. Disponível em: <http://bit.ly/2MqeupQ>. Acesso em: 07 jun. 2017, art. 158).

357. Art. 231. Parágrafo único. Na formulação da política de desenvolvimento urbano serão assegurados:
I - plano de uso e ocupação do solo que garanta o controle da expansão urbana, dos vazios urbanos e da especulação imobiliária, a preservação das áreas de exploração agrícola e pecuária, além da preservação, proteção e recuperação do ambiente cultural e natural; (Espírito Santo. Constituição (1989). *Constituição Estadual do Espírito Santo*. Espírito Santo: Assembleia Legislativa, 1989. Disponível em: <http://bit.ly/2AMJNtN>. Acesso em: 05 mai. 2017, art. 231, parágrafo único, inciso I).

358. Art. 234. No estabelecimento de diretrizes e normas relativas ao desenvolvimento urbano, o Estado e os Municípios assegurarão: IV - preservação das áreas de exploração agrícola e pecuária e estímulo a essas atividades primárias; (Rio de Janeiro. Constituição (1989). *Constituição Estadual do Rio de Janeiro*. Rio de Janeiro: Assembleia Legislativa, 1989. Disponível em: <http://bit.ly/2no6Ml6>. Acesso em: 05 maio 2017, art. 234, inciso IV).

do Piauí,[359] a do Tocantins[360] e a do Ceará,[361] e apenas essa última trouxe, num outro artigo, o 297,[362] meta imposta às Leis Orgânicas de definição de cinturão verde, nos seus territórios, voltados à produção de hortifrutigranjeiros, pelas comunidades que residem na região periférica das cidades. Nesse quesito, apenas a Carta Constitucional cearense traz norma que, apesar de programática, leva em consideração aspectos estaduais de abastecimento alimentar da zona urbana, e adota política diferenciada de acordo com as próprias demandas. Essas são as normas sobre agricultura e pecuária no espectro urbano. Vejamos de que forma as Constituições Estaduais dispuseram sobre zonas industriais e localização de indústrias.

Sobre as políticas urbanas voltadas às zonas industriais, o que se vê nas Cartas Estaduais é um padrão de texto que se repete com algumas poucas alterações entre elas, sendo que três, das sete que trataram da matéria, reproduzem o texto de forma idêntica ao artigo 103, inciso IX da Constituição Federal que trata das obrigações doa Estados-Membros e dos Municípios no estabelecimento de diretrizes relativas ao desenvolvimento

---

359. Art. 191. No estabelecimento de diretrizes e normas relativas ao desenvolvimento urbano, o Estado e os Municípios assegurarão: III - a preservação das áreas de exploração agrícola e pecuária; (Piauí. Constituição (1989) *Constituição Estadual do Piauí*. Piauí: Assembleia Legislativa, 1989. Disponível em: <http://bit.ly/2OV9M55>. Acesso em: 05 maio 2017).
360. Art. 103. No estabelecimento de diretrizes relativas ao desenvolvimento urbano, o Estado e os Municípios deverão atender: III - à preservação e ao estímulo às atividades agrícolas e pecuárias situadas no entorno urbano; (Tocantins. Constituição (1989). *Constituição Estadual de Tocantins*. Tocantins: Assembleia Legislativa, 1989. Disponível em: <http://bit.ly/2MoXJvt>. Acesso em: 08 jun. 2017, art. 103, inciso III).
361. Art. 291. Nas diretrizes e normas relativas ao desenvolvimento urbano, o Estado e os Municípios assegurarão: II – preservação das áreas de exploração agrícola e pecuária e o estímulo a essas atividades primárias; (Ceará. Constituição (1989). *Constituição do Estado do Ceará*. Ceará: Assembleia Legislativa, 1989. Disponível em: <http://bit.ly/2MnHeiW>. Acesso em: 05 maio 2017, art. 291).
362. Art. 297. A Lei Orgânica dos Municípios definirá as áreas destinadas à criação do cinturão verde, para a produção de hortifrutigranjeiros pelas comunidades periféricas. (Ibidem, art. 297).

urbanos, estabelecendo como obrigatório o atendimento "à utilização racional do território e dos recursos naturais, mediante controle da implantação e do funcionamento de atividades industriais, comerciais, residenciais e viárias",[363] e são as Constituições do Rio de Janeiro,[364] do Paraná[365] e Pernambuco,[366] essa última se estendendo no tratamento à matéria no sentido de trazer norma de garantia, à população de acesso à informação sobre localização industrial, entre outras matérias que efetivam, na realidade, o Direito Fundamental à informação.

Independente de espelharem dispositivo da Carta Magna, os Poderes Constituintes Decorrentes dos Estados-Membros supracitados optaram por tratar da relação entre zona urbana e indústria criando limites protecionistas ambientais à sua atuação nos seus territórios. De forma um pouco distinta apa-

---

363. Brasil, 1988, op. cit., art. 103, inciso IX.
364. Art. 234. No estabelecimento de diretrizes e normas relativas ao desenvolvimento urbano, o Estado e os Municípios assegurarão: VIII - utilização racional do território e dos recursos naturais, mediante controle da implantação e do funcionamento de atividades industriais, comerciais, residenciais e viárias. (Rio de Janeiro, op. cit., art. 234, inciso VIII).
365. Art. 151. A política de desenvolvimento urbano visa assegurar, dentre outros objetivos: VI - a utilização racional do território e dos recursos naturais, mediante controle da implantação e do funcionamento de atividades industriais, comerciais, residenciais e viárias. (Paraná, op. cit., art. 151, inciso VI).
366. Art. 144. § 2º No estabelecimento de diretrizes e normas relativas ao desenvolvimento urbano o Estado e os Municípios deverão assegurar: c) a utilização adequada do território e dos recursos naturais mediante o controle de implantação e de funcionamento, entre outros, de empreendimentos industriais, comerciais, habitacionais e institucionais; e) o amplo acesso da população às informações sobre desenvolvimento urbano e regional, projetos de infraestrutura, de transporte, de localização industrial e sobre o Orçamento municipal e sua execução; (Pernambuco. Constituição (1989). *Constituição do Estado de Pernambuco*. Pernambuco: Assembleia Legislativa, 1989. Disponível em: <http://bit.ly/2M7oOGp>. Acesso em: 10 jul. 2017, art. 144, § 2º alíneas "c" e "e").

recem as Constituições do Amapá,[367] Mato Grosso do Sul[368] e São Paulo,[369] apesar de os textos encontrarem identidade na quase totalidade dos seus textos. De toda forma, designam à Lei Ordinária Estadual competência para estabelecer diretrizes sobre localização e integração das atividades industriais, a partir de aspectos ambientais, locacionais, sociais e econômicos (estratégicos), de modo a atender ao melhor aproveitamento de condições naturais urbanas, e de forma a atender aos objetivos de desenvolvimento econômico e social.

Entre elas, a Constituição Estadual de São Paulo[370] e a do Amapá[371] ainda definiram o espectro de atuação que se espe-

---

367. Art. 196. Compete ao Estado, em consonância com seus objetivos de desenvolvimento econômico, estabelecer mediante lei, diretrizes para localização e integração das atividades industriais, considerando os aspectos ambientais, locacionais, sociais e econômicos, atendendo ao melhor aproveitamento das condições naturais urbanas e de organização espacial. (Amapá, op. cit., art. 196).
368. Art. 214 § 3º - Ao Estado, em consonância com seus objetivos de desenvolvimento econômico e social, cabe estabelecer, mediante lei, diretrizes para localização e integração das atividades industriais, considerando os aspectos ambientais, locacionais, sociais, econômicos e estratégicos, atendendo ao melhor aproveitamento das condições naturais urbanas e de organização espacial, observadas as diretrizes de desenvolvimento, urbano no âmbito e de competência dos Municípios. (Mato Grosso do Sul. Constituição (1989). *Constituição Estadual do Mato Grosso do Sul*. Mato Grosso do Sul: Assembleia Legislativa, 1989. Disponível em: <http://bit.ly/2Ob7D40>. Acesso em: 05 maio 2017, art. 214, § 3º).
369. Artigo 183 - Ao Estado, em consonância com seus objetivos de desenvolvimento econômico e social, cabe estabelecer, mediante lei, diretrizes para localização e integração das atividades industriais, considerando os aspectos ambientais, locacionais, sociais, econômicos e estratégicos, e atendendo ao melhor aproveitamento das condições naturais urbanas e de organização especial. (São Paulo. Constituição (1989). *Constituição Estadual de São Paulo*. São Paulo: Assembleia Legislativa, 1989. Disponível em: <http://bit.ly/2M3KgNo>. Acesso em: 05 mai. 2017, art. 183).
370. Parágrafo único - Competem aos Municípios, de acordo com as respectivas diretrizes de desenvolvimento urbano, a criação e a regulamentação de zonas industriais, obedecidos os critérios estabelecidos pelo Estado, mediante lei, e respeitadas às normas relacionadas ao uso e ocupação do solo e ao meio ambiente urbano e natural. (São Paulo, op. cit., parágrafo único).
371. Art. 197. Compete aos Municípios, de acordo com as respectivas diretrizes de desenvolvimento urbano, a criação e regularização das zo-

ra dos Municípios, designando, a esses, competência para "de acordo com as respectivas diretrizes de desenvolvimento urbano, criação e regularização das zonas industriais, obedecendo aos critérios estabelecidos em lei estadual e respeitadas as normas relacionadas ao uso e ocupação do solo e ao meio ambiente urbano", em redações idênticas. Contudo, a crítica que se faz a essa reprodução se justifica por se tratar de matéria relevante à autoadministração do ente federativo, que poderia ter considerado aspectos locais para o estabelecimento de diretrizes superiores ao legislador ordinário, de outra forma, não haveria justificativa para a outorga de autonomia aos entes federativos.

Isso porque é através das políticas urbanas que o Estado pode instituir diretrizes constitucionais de infraestrutura, que consistem no suporte para o exercício de atividades econômicas fundamentais, uma vez que "toda e qualquer decisão sobre infraestrutura é uma decisão política, inserida na estratégia estatal de promoção do desenvolvimento",[372] e representam, necessariamente, políticas basilares pelas quais o Estado atingirá finalidades econômicas últimas, pois as obras de infraestrutura urbanas são condição essencial para execução de todas as demais atividades.[373] E, ao receber poderes para legislar concorrentemente em matéria de Direito Econômico, enquanto uma das vias do exercício da autonomia, poderiam os Estados-Membros terem considerado questões locais para tratar nas suas Constituições, propondo soluções viáveis que promovessem uma redução de desigualdades sociais e regionais.

A sexta e última temática dentro das políticas urbanas que merece menção em destaque pela frequência com que apareceu nas Cartas Estaduais são as diretrizes voltadas ao incentivo à pesquisa, à ciência e ao desenvolvimento de tecnologia

---

nas industriais, obedecendo aos critérios estabelecidos em lei estadual e respeitadas as normas relacionadas ao uso e ocupação do solo e ao meio ambiente urbano. (Amapá, op. cit., art. 197).

372. Bercovici, Gilberto. Infraestrutura e desenvolvimento. In: Bercovici, Gilberto; Valim, Rafael. (coord.) *Elementos de Direito da Infraestrutura*. São Paulo: Editora Contracorrente, 2015, p. 20.

373. Amapá, op. cit., p. 17.

especificamente para atendimento a demandas urbanas de infraestrutura habitacional. Nesse sentido, as Constituições Estaduais direcionaram a finalidade do desenvolvimento de pesquisa de materiais à redução dos custos de obra, como acontece na Constituição Estadual do Espírito Santo,[374] na do Mato Grosso do Sul[375] e na do Rio Grande do Sul,[376] e essa última menciona, ainda, a garantia da qualidade como meta, também direcionam à melhoria das condições habitacionais em geral, conforme texto das Cartas Estaduais do Mato Grosso[377] e Santa Catarina,[378] e, igualmente, ao aprimoramento de soluções tecnológicas – e

---

374. Art. 239. O Estado e os Municípios apoiarão e estimularão estudos e pesquisas que visem à melhoria das condições habitacionais, através do desenvolvimento de tecnologias construtivas alternativas que reduzam o custo de construção, respeitados os valores e cultura locais. (Espírito Santo, op. cit., art. 239).
375. Art. 220. O Poder Público, a fim de facilitar o acesso à habitação, apoiará a construção, pelos próprios interessados, de moradias populares e as demais modalidades alternativas de construção. § 2º - O Estado apoiará o desenvolvimento de pesquisa de materiais e de técnicas de construção alternativas e de padronização de componentes, visando ao barateamento da obra. (Mato Grosso do Sul, op. cit., art. 220).
376. Art. 175. O Estado, a fim de facilitar o acesso à habitação, apoiará a construção de moradias populares realizada pelos próprios interessados, por cooperativas habitacionais e através de outras modalidades alternativas. Parágrafo único. O Estado apoiará o desenvolvimento de pesquisas de materiais e sistema de construção alternativos e de padronização de componentes, visando a garantir a qualidade e o barateamento da construção. (Rio Grande do Sul. Constituição (1989). *Constituição Estadual do Rio Grande do Sul*. Rio Grande do Sul: Assembleia Legislativa, 1989. Disponível em: <http://bit.ly/2OUuYIC>. Acesso em: 05 maio 2017, art. 175).
377. Art. 313. A lei estabelecerá a Política Estadual de Habitação e Saneamento, que deverá prever a articulação e integração das ações do Poder Público e a participação das comunidades organizadas, através de suas entidades representativas, bem como os instrumentos institucionais e financeiros de sua execução. § 4º O Estado e os Municípios apoiarão e estimularão a pesquisa que vise à melhoria das condições habitacionais. (Mato Grosso, op. cit., art. 313, § 4º).
378. Art. 143. Na elaboração de seus planos plurianuais e orçamentos anuais, o Estado e os Municípios estabelecerão as metas e prioridades e fixarão as dotações necessárias à efetividade e eficácia da política habitacional. Parágrafo único. O Estado e os Municípios apoiarão e estimularão a pesquisa que vise à melhoria das condições habitacionais. (Santa Catarina, op. cit., art. 143, parágrafo único).

não somente pesquisa *lato sensu* – para problemas habitacionais, como foi o caso da Constituição Estadual do Ceará.[379] Por fim, sobre pesquisas para soluções de demandas urbanas, a Constituição Estadual do Amazonas estabelece como obrigação do Estado estimular a pesquisa com as seguintes finalidades:

> I - ao melhoramento e modernização dos transportes alternativos de massa; II - à utilização de combustíveis não poluentes; III - à redução de comprometimentos ambientais; IV - ao aumento das margens de segurança e economicidade; V - ao resgate da tecnologia de construção de embarcações ajustadas às necessidades da região.

Nesse caso, é possível verificar que o Constituinte Decorrente cria finalidades para o incentivo à pesquisa, pelo Estado, que se volta a soluções de problemas específicos da região, qual seja: o resgate de tecnologia de construção de embarcações ajustadas às necessidades da região. Isso implica duas conclusões sobre as especificidades do Estado: a primeira delas é que no Estado-Membro há embarcações típicas de regiões com rios, e essas são utilizadas para transporte coletivo, e a segunda é que as tecnologias de construção desses veículos precisam ser resgatadas através de incentivo do Estado. Nesse caso tem-se uma norma constitucional estadual que não reproduz artigo da Carta Magna e que representa o exercício da autonomia para legislar concorrentemente em Direito Econômico, sobre políticas urbanas, atendendo a demandas típicas da região.

Assim, sobre as políticas urbanas é possível observar que há uma preocupação com o direcionamento dessas às populações de baixa renda, quando os Constituintes Decorrentes instituem diretrizes constitucionais de viabilização de assentamentos e construções de moradias populares, da mesma forma como acontece com os transportes, cuja preocupação girou em tor-

---

379. Art. 299. A execução da política habitacional do Estado será realizada por órgão estadual responsável pela: II – avaliação e aprimoramento de soluções tecnológicas para problemas habitacionais. (Ceará, op. cit., art. 299, inciso II).

no das políticas tarifárias, que igualmente se voltam a propostas sociais de inclusão, em alguma medida. Sobre as questões agrícolas em zonas urbanas, as Cartas Estaduais limitaram-se a reproduzir normas de objetivos e de imitação entre elas, e sobre as zonas industriais, poucos Constituintes Decorrentes trataram da matéria e boa parte dos que o fizeram também trouxeram normas programáticas gerais ou de imitação da Constituição Federal e, em matéria de solução científico-tecnológica, as Cartas Estaduais apresentam orientações para o desenvolvimento das áreas de construção, produção de materiais e de infraestrutura de transportes, mas não somente. Vejamos, então, de que forma as políticas científico-tecnológicas se apresentam no âmbito das normas constitucionais estaduais, para além das relações com diretrizes de infraestrutura urbana.

7. CIÊNCIA E TECNOLOGIA

Para inciar as análises dos dispositivos das Constituições Estaduais que trataram da ciência e da tecnologia é preciso situar o tratamento dado pela Constituição Federal tanto em relação ao acesso quanto em relação à produção de conhecimento. Sobre o acesso, a Carta Magna atribui competência comum da União, Estados, Distrito Federal e Municípios "proporcionar os meios de acesso à cultura, à educação, à ciência, à tecnologia, à pesquisa e à inovação",[380] redação dada pela Emenda Constitucional nº 85 de 2015,[381] que insere no texto o trecho sobre tecnologia, pesquisa e inovação, antes ausentes, modificando a redação do já existente inciso V do artigo 23. Do mesmo modo, o incentivo à pesquisa e à tecnologia aparece como área a ser considerada quando do estabelecimento de diretrizes de política agrícola,[382] e a forma como as metas relativas à produção de tecnologia e ao fomento à pesquisa apareceram nas Cartas Estaduais foi tratada quando da análise das políticas rurais. Ademais, produtos de criações tecnológicas são tratados, pela Lei Maior, como patrimônio cultural brasileiro.

Sobre a produção do conhecimento através do incentivo à pesquisa, à produção de tecnologia e inovação, também o capítulo que tratava de "ciência e tecnologia" teve o seu título, e o corpo do seu texto, alterados pela Emenda Constitucional supracitada, e nele se inseriram diretrizes de desenvolvimento, promoção e fomento à capacitação científica e tecnológica e a inovação entre as áreas de incentivo do Estado, além de artigo que prevê a criação de um Sistema Nacional de Ciência Tecno-

---

380. Brasil, 1988, op. cit., art. 23, inciso V.
381. Brasil. Constituição (1988). *Emenda Constitucional nº 85, de 26 de fevereiro de 2015*. Altera e adiciona dispositivos na Constituição Federal para atualizar o tratamento das atividades de ciência, tecnologia e inovação. Disponível em: <http://bit.ly/2OW8rv9>. Acesso em: 20 jul. 2017.
382. Brasil, 1988, op. cit., art. 187, III.

logia e Inovação, organizado em regime de colaboração entre os entes federativos, e cujas peculiaridades admitem legislação concorrente entre Estados, Distrito Federal e Municípios.[383] Todavia, dada a atualidade da inserção, e considerando a duração de tempo média dos processos legislativos no Brasil, ainda não foram alterados os dispositivos constitucionais estaduais para contemplação das novas diretrizes. Dessa forma, o tema da análise das Cartas Estaduais se manteve "ciência e tecnologia".

Inegável a importância do estabelecimento de diretrizes constitucionais para desenvolvimento científico não só no âmbito federal, mas igualmente nas esferas de atuação estatal, em potencialidades locais ou regionais, tendo em vista que o fator determinante de desenvolvimento e crescimento econômico de um país, na atualidade, deixou de ser a acumulação de capitais e passou a ser a acumulação de saber e tecnologia, conforme preleciona Eros Grau,[384] especialmente considerando a necessidade iminente de rompimento da dependência tecnológica na qual estão imersos os países subdesenvolvidos, historicamente. E esse é um dos papeis do Estado: romper com esse quadro de dependência a partir do incentivo, fomento e promoção do desenvolvimento científico, tecnológico e de inovação.

Dessa forma, considerando o processo de desenvolvimento proposto pelos moldes do artigo 219 da Constituição Federal, que dispõe que "o mercado interno integra o patrimônio nacional e será incentivado de modo a viabilizar o desenvolvimento cultural e socioeconômico, o bem-estar da população e a autonomia

---

383. Art. 219-B. O Sistema Nacional de Ciência, Tecnologia e Inovação (SNCTI) será organizado em regime de colaboração entre entes, tanto públicos quanto privados, com vistas a promover o desenvolvimento científico e tecnológico e a inovação § 1º Lei federal disporá sobre as normas gerais do SNCTI § 2º Os Estados, o Distrito Federal e os Municípios legislarão concorrentemente sobre suas peculiaridades. (Brasil, 1988, op. cit., art. 219-B).
384. Grau, E. R. *A Ordem Econômica na Constituição de 1988*: interpretação e crítica. 18. ed. atual. São Paulo: Malheiros, 2017, p. 261.

tecnológica do País",[385] o papel do Estado na efetivação desses objetivos se torna indispensável, na medida em que esse desenvolvimento depende necessariamente da "vontade política para orientar e favorecer as transformações econômicas e sociais".[386]

Com isso, faz-se necessário analisar de que forma os Estados--Membros manifestaram essa vontade política de transformação das estruturas econômicas e sociais através do incentivo ao desenvolvimento da ciência e da tecnologia, considerando a amplitude e os limites da sua competência de atuação, bem como as demandas que lhe são particulares. Para tanto, é preciso conhecer de que forma essas Cartas Estaduais trataram das finalidades do desenvolvimento desse setor e, para iniciar a exposição, foram omissas em relação a finalidades da política científica e tecnológica adotadas as Constituições Estaduais do Piauí, do Rio Grande do Sul, de Roraima, de Santa Catarina e de Sergipe. Além dessas, transcreveram as finalidades apontadas na Carta Magna, de benefício ao bem público e ao progresso da ciência, conforme redação anterior do § 1º do artigo 218,[387] as Constituições de Minas Gerais,[388] Rio

---

385. Brasil, 1988, op. cit., art. 219.
386. Bercovici, Gilberto. Ciência e Inovação sob a Constituição de 1988. *Revista dos Tribunais*. São Paulo. (Impresso), v. 916, p. 267-294, 2012b.
387. Art. 218. O Estado promoverá e incentivará o desenvolvimento científico, a pesquisa, a capacitação científica e tecnológica e a inovação. § 1º A pesquisa científica básica receberá tratamento prioritário do Estado, tendo em vista o bem público e o progresso das ciências. § 1º A pesquisa científica básica e tecnológica receberá tratamento prioritário do Estado, tendo em vista o bem público e o progresso da ciência, tecnologia e inovação.(Redação dada pela Emenda Constitucional nº 85, de 2015). (Brasil, 1988, op. cit., art. 218, § 1º).
388. Art. 211 § 1º – A pesquisa básica receberá tratamento prioritário do Estado, com vistas ao bem público e ao progresso do conhecimento e da ciência. (Minas Gerais. Constituição (1989). *Constituição Estadual de Minas Gerais*. Minas Gerais: Assembleia Legislativa, 1989. Disponível em: <http://bit.ly/2LVv1pI>. Acesso em: 05 jun. 2017, art. 211 § 1º).

Grande do Norte,[389] São Paulo[390] e Tocantins,[391] sem nenhuma alteração, assim como a Constituição Estadual do Ceará,[392] a de Pernambuco,[393] a do Rio de Janeiro[394] e a do Mato Grosso,[395] com a sutil substituição de "bem público" por "bem estar da população", e essa última com a inserção da "solução de problemas

---

389. Art. 147 § 1º. A pesquisa científica básica recebe tratamento prioritário do Estado, tendo em vista o bem público e o progresso da ciência. (Rio Grande do Norte, op. cit., art. 147, § 1º).
390. Artigo 268 § 1º - A pesquisa científica receberá tratamento prioritário do Estado, diretamente ou por meio de seus agentes financiadores de fomento, tendo em vista o bem público e o progresso da ciência. (São Paulo, op. cit., art. 268, § 1º).
391. Art. 142 § 1º. A pesquisa científica básica receberá tratamento prioritário do Estado, tendo em vista o bem público e o progresso das ciências. (Tocantins. Constituição (1989). *Constituição Estadual de Tocantins*. Tocantins: Assembleia Legislativa, 1989. Disponível em: <http://bit.ly/2MoXJvt>. Acesso em: 08 jun. 2017, art. 142, § 1º).
392. Art. 253. O Estado promoverá o desenvolvimento científico e tecnológico, incentivando a pesquisa básica e aplicada, a autonomia e capacitação tecnológicas e a difusão dos conhecimentos técnicos e científicos, tendo em vista o bem-estar da população e o progresso das ciências. (Ceará. Constituição (1989). *Constituição do Estado do Ceará*. Ceará: Assembleia Legislativa, 1989. Disponível em: <http://bit.ly/2MnHeiW>. Acesso em: 05 maio 2017, art. 253).
393. Art. 203. O Estado promoverá o desenvolvimento científico e tecnológico, incentivando a formação de recursos humanos, a pesquisa básica e aplicada, a autonomia e a capacitação tecnológicas, a difusão de conhecimentos, tendo em vista o bem-estar da população e o progresso das ciências. (Pernambuco, op. cit., art. 203).
394. Art. 331 - O Poder Público promoverá e incentivará a pesquisa e a capacitação científica e tecnológica, bem como a difusão do conhecimento, visando ao progresso da ciência e ao bem-estar da população. (Rio de Janeiro. Constituição (1989). *Constituição Estadual do Rio de Janeiro*. Rio de Janeiro: Assembleia Legislativa, 1989. Disponível em: <http://bit.ly/2no6Ml6>. Acesso em: 05 maio 2017, art. 331).
395. Art. 352 O Estado promoverá e incentivará o desenvolvimento científico e tecnológico, a pesquisa básica, a autonomia e a capacitação tecnológicas e a difusão dos conhecimentos, tendo em vista o bem-estar da população, a solução dos problemas sociais e progresso das ciências. (Mato Grosso, op. cit., art. 352).

sociais" entre as finalidades, reproduções, mais uma vez, reflexo da prática dos Poderes Constituintes Decorrentes de adoção de normas de imitação, mesmo quando não se trata de dispositivo de reprodução obrigatória. De forma um pouco distinta, a Carta goiana traz como objetivo somente o bem-estar da população, e estabelece como prioritária a pesquisa e difusão do conhecimento "tecno-científico".[396]

Trouxeram finalidades idênticas, apesar de não encontrarem identidade na Carta Magna, as Constituições do Pará e da Paraíba, que estabelecem a promoção de desenvolvimento científico e tecnológico, como parte de uma política específica, tendo em vista "a qualidade de vida da população, o desenvolvimento do sistema produtivo, a solução dos problemas sociais e o progresso das ciências".[397] Incluindo nas metas das políticas científico-tecnológicas do Estado, o desenvolvimento de sistemas de produção, e a atuação do setor em favor dos problemas sociais, como objetivos do Estado. Mencionam, igualmente o aperfeiçoamento do sistema produtivo do Estado ou da região, as Constituições de Alagoas,[398] que inclui também a reprodução da finalidade encontrada na Constituição Federal do bem públi-

---

396. Art. 167. O Estado, visando ao bem-estar da população, promoverá e incentivará o desenvolvimento e a capacitação científica e tecnológica, com prioridade à pesquisa e à difusão do conhecimento tecno-científico. (Goiás. Constituição (1988) *Constituição Estadual de Goiás*. Goiás: Assembleia Legislativa, 1989. Disponível em: <http://bit.ly/2Mn1roq>. Acesso em: 05/05/2017, art. 167).
397. Pará. Constituição (1989). *Constituição Estadual do Pará*. Pará: Assembleia Legislativa, 1989. Disponível em: <http://bit.ly/2OWdage>. Acesso em: 04 abr. 2017, art. 289 e Paraíba. Constituição (1989). *Constituição Estadual da Paraíba*. Paraíba: Assembleia Legislativa, 1989. Disponível em: <http://bit.ly/2M023Fe>. Acesso em: 06 jun. 2017, art. 224.
398. Art. 215. O Estado, objetivando o bem público, progresso das ciências e o aprimoramento do sistema produtivo nacional e regional, promoverá e estimulará o desenvolvimento científico, a pesquisa e a capacitação tecnológica, apoiando, inclusive, a formação de recursos humanos especializados. (Alagoas. Constituição (1989). *Constituição Estadual de Alagoas*. Alagoas: Assembleia Legislativa, 1989. Disponível em: <http://bit.ly/2OW8IhF>. Acesso em: 05 mai. 2017).

co e do progresso da ciência, a da Bahia[399] e do Amapá,[400] que associam a esse a solução de problemas sociais, e essa última institui também como meta do incentivo à ciência a melhoria da qualidade de vida da população e o progresso da ciência, e as do Maranhão[401] e Mato Grosso do Sul,[402] com a inclusão da solução de problemas regionais. Inegável a preocupação de algumas Constituições com questões sociais e regionais aliadas à produção do conhecimento, ainda que apareçam de forma pouco significativa em relação ao que poderia ter sido estabelecido em termos de abrangência das diferenças regionais e sociais, mas

---

399. Art. 265. O Estado promoverá o desenvolvimento científico e tecnológico, incentivando a pesquisa básica e aplicada, bem como assegurando a autonomia e capacitação tecnológica e a difusão do conhecimento técnico-científico. § 2º A pesquisa aplicada voltar-se-á preponderantemente para a solução dos problemas sociais e para o desenvolvimento do sistema produtivo do Estado. (Bahia, Constituição (1991). *Constituição Estadual da Bahia*. Bahia: Assembleia Legislativa, 1989. Disponível em: <http://bit.ly/2ngaIEA>. Acesso em: 05 maio 2017, art. 165, § 2º).
400. Art. 296. O Estado promovera e incentivara, por intermédio de uma política específica, o desenvolvimento cientifico e tecnológico, a pesquisa básica e aplicada, a autonomia e a capacitação tecnológica, e a ampla difusão dos conhecimentos, com a finalidade de melhorar a qualidade de vida da população, desenvolver o sistema produtivo, buscar solução dos problemas sociais e o progresso das ciências. (Amapá. Constituição (199). *Constituição Estadual do Amapá*. Amapá: Assembleia Legislativa, 1991. Disponível em: <http://bit.ly/2KCL4TI>. Acesso em: 07 jun. 2017, art. 296).
401. Art. 234. O Estado promoverá e incentivará o desenvolvimento científico, a pesquisa e a capacitação tecnológica. § 5º A pesquisa tecnológica voltar-se-á preponderantemente para a solução de problemas regionais e o desenvolvimento produtivo. (Maranhão. Constituição (1989). *Constituição Estadual do Maranhão*. Maranhão: Assembleia Legislativa, 1989. Disponível em: <http://bit.ly/2LVyGDY>. Acesso em: 04 abr. 2017, op. cit., art. 234, § 5º).
402. Art. 211. O Estado promoverá e incentivará o desenvolvimento da ciência e da capacitação técnica e a pesquisa, que terá tratamento prioritário. Parágrafo único. A pesquisa científica voltar-se-á preponderantemente para a solução dos problemas regionais e para o desenvolvimento da produção no Estado. (Mato Grosso do Sul. Constituição (1989). *Constituição Estadual do Mato Grosso do Sul*. Mato Grosso do Sul: Assembleia Legislativa, 1989. Disponível em: <http://bit.ly/2Ob7D40>. Acesso em: 05 maio 2017, art. 211, parágrafo único).

já implicam num avanço em relação àquelas que se dispuseram somente à reprodução de dispositivo constitucional federal.

Contudo, cinco Estados-Membros trataram desse objetivo de forma original, com um tratamento que merece estudo em separado, e foram as Constituições do Acre,[403] que destaca a importância do desenvolvimento de pesquisa que possibilite o aproveitamento dos recursos naturais e regionais, a preservação do meio ambiente e o progresso das ciências, e essa menção aos recursos da localidade contempla aspectos peculiares do seu território e que aliados à pesquisa e à produção de tecnologia podem contribuir de forma peculiar para o desenvolvimento regional ou local; a do Paraná,[404] que estabelece o desenvolvimento econômico e social do Estado-Membro como única finalidade do referido incentivo, mas que ainda sim trata dessa área como fator de potencial promoção de progresso estadual; a de Rondônia[405] que impõe ao Poder Público não somente o dever de incentivo, mas igualmente de controle das políticas científicas e tecnológicas, e direciona o objetivo para o benefício do in-

---

403. Art. 208. O Estado promoverá e incentivará o desenvolvimento científico, a pesquisa e a capacitação tecnológica. 1º A pesquisa científica básica receberá tratamento prioritário do Estado, tendo em vista o aproveitamento dos recursos naturais e regionais, objetivando a preservação do meio ambiente e o progresso das ciências. (Acre, (1989). *Constituição Estadual do Acre*. Acre: Assembleia Legislativa, 1989. Disponível em: <http://bit.ly/2nlSHon>. Acesso em: 05 mai. 2017).
404. Art. 200. Cabe ao Poder Público, com a participação da sociedade, em especial as instituições de ensino e pesquisa, bem como as empresas públicas e privadas, promover o desenvolvimento científico e tecnológico e suas aplicações práticas, com vistas a garantir o desenvolvimento econômico e social paranaense. (Paraná. Constituição (1989). *Constituição Estadual do Paraná*. Paraná: Assembleia Legislativa, 1989. Disponível em: <http://bit.ly/2LXw74p>. Acesso em: 02 abr. 2017, art. 200).
405. Art. 198. É livre a pesquisa, o ensino, a experimentação científica e tecnológica, cabendo ao Poder Público seu incentivo e controle, com vistas ao desenvolvimento em benefício do interesse coletivo, no sentido de atender as necessidades básicas da população. (Rondônia. Constituição (1989). *Constituição Estadual de Rondônia*. Rondônia: Assembleia Legislativa, 1989. Disponível em: <http://bit.ly/2MqeupQ>. Acesso em: 07 jun. 2017, art. 198).

teresse coletivo, que se concretiza sempre que atendidas as necessidades básicas da população; a do Espírito Santo[406] que traz como finalidade, além do bem-estar da população, da solução dos problemas sociais e do progresso das ciências, já mencionados em outras Cartas Estaduais, mas também o aproveitamento racional e não predatório dos recursos naturais, a preservação e a recuperação do meio ambiente, o desenvolvimento do sistema produtivo e o respeito aos valores culturais do povo. No caso dessa última Carta Estadual, é nesse ponto que especificidades locais são tratadas como parte do desenvolvimento de uma ação do Estado, uma vez que direciona o incentivo à pesquisa a questões sociais locais, em especial o respeito aos valores culturais do seu povo e recuperação do meio ambiente, que possivelmente se apresenta como fragilidade daquela região.

Por fim, também a Constituição Estadual do Amazonas levou em conta aspectos locais para estabelecer finalidades para o incentivo à pesquisa, à capacitação científica e tecnológica, para a difusão do conhecimento, tudo isso associado à promoção do desenvolvimento, e que requer citação em destacado, tal qual está posto, dada a extensão do dispositivo que tratou da matéria, vejamos:

> Art. 217. O Estado e os Municípios promoverão e incentivarão o desenvolvimento, a pesquisa e a capacitação científica e tecnológica e a difusão de conhecimentos, objetivando, principalmente: I - elevar os níveis da qualidade de vida da população residente no Estado; II - reduzir o grau de dependência tecnológica, financeira e econômica do

---

406. Art. 197. O Estado promoverá e incentivará o desenvolvimento científico e tecnológico, a pesquisa científica, a autonomia e a capacitação tecnológicas e a difusão dos conhecimentos, tendo em vista o bem-estar da população, o aproveitamento racional e não predatório dos recursos naturais, a preservação e a recuperação do meio ambiente, o desenvolvimento do sistema produtivo, o respeito aos valores culturais do povo, a solução dos problemas sociais e o progresso das ciências. (Espírito Santo. Constituição (1989). *Constituição Estadual do Espírito Santo*. Espírito Santo: Assembleia Legislativa, 1989. Disponível em: <http://bit.ly/2AMJNtN>. Acesso em: 05 mai. 2017, art. 197).

Estado; III - promover o conhecimento da realidade amazônica como fator de desenvolvimento e meio de possibilitar a utilização racional e não predatória de seus recursos naturais; IV - eliminar as disparidades existentes entre a capital e os municípios, centro e periferia urbana; V - eliminar os bolsões de pobreza do contexto amazonense.[407]

Tomando-se por base os dispositivos das demais Constituições até aqui analisados, torna-se indiscutível o tratamento diferenciado dado à ciência e tecnologia pelo Constituinte Decorrente amazonense em termos de usufruto de autonomia e de tutela a interesses sociais para promoção do desenvolvimento do Estado. O artigo supracitado não só trata expressamente da necessidade de elevação dos padrões de vida do seu povo, como se preocupa com o desenvolvimento local a partir de pesquisa para aprofundamento de conhecimento sobre as potencialidades da Amazônia, e com a redução das desigualdades regionais dentro do próprio Estado e da dependência tecnológica, econômica e financeira da unidade federativa.

A mesma Constituição, no seu artigo 219, estabelece como prioritária a pesquisa cujo objeto central tenha por objetivo atender às expectativas da comunidade amazônica em áreas pré-definidas, e são elas:

> I - identificação e controle das grandes endemias; II - aproveitamento das várzeas e desenvolvimento de técnicas acessíveis aos pequenos produtores rurais com vistas à produção de alimentos; III - conhecimento do ecossistema amazônico, de modo a permitir a utilização não predatória de seus recursos ambientais; IV - desenvolvimento de técnicas de manejo, reflorestamento com espécies apropriadas às características da região e recuperação de áreas degradadas; V - utilização de fontes alternativas de energia que minimizem o impacto ecológico

---

407. Amazonas. Constituição (1989). *Constituição Estadual do Amazonas*. Amazonas: Assembleia Legislativa, 1989. Disponível em: <http://bit.ly/2M4xE7S>. Acesso em: 07 jun. 2017, art. 217.

no meio amazonense; VI - identificação de tecnologias simplificadas e de baixo custo de saneamento básico; VII - alternativas de habitação de baixo custo, inclusive no que se relacione à identificação de matérias-primas.[408]

No caso da Constituição Estadual do Amazonas, o que se tem é uma meta de redução de dependência externa a partir do desenvolvimento interno, promovendo o que Bercovici chamou de "autodeterminação tecnológica", entendida essa como sendo "a capacidade de tomar decisões autônomas, em questão de tecnologia, ou seja, ter a capacidade de gerar de modo independente, os elementos críticos do conhecimento técnico necessários à obtenção do produto ou processo",[409] que se faz necessária medida para a concretização do que ele mesmo chamou de soberania econômica, necessária a promoção de desenvolvimento efetivo em país com tradição de subdesenvolvimento. Esses foram os objetivos instituídos pelas constituições estaduais para o desenvolvimento da ciência e da tecnologia com apoio do Estado.

Além disso, o estabelecimento de prioridade a pesquisas que atendam às demandas locais, tais como aproveitamento de várzeas, habitação de baixo custo, controle de endemias, conhecimento do ecossistema amazônico, e todos os demais constantes dos incisos do artigo 219 supracitado, comprovam, mais uma vez, que alguns Poderes Constituintes Decorrentes de fato efetivaram a autonomia dos Estados-Membros, e consideraram aspectos locais entre as suas deliberações, em especial em matérias que interessam ao Direito Econômico e que visam garantir, de algum modo, o desenvolvimento regional.

Assim como aconteceu com os objetivos em relação às disposições estaduais constitucionais, igualmente distinto foi o tratamento outorgado a compromissos orçamentários pré-definidos para esse setor, e esses serão apresentados a seguir. Entretanto, algumas Constituições Estaduais não se comprometeram com percentuais específicos, e são elas: as Constituições do Acre, do Amapá, da

---

408. Amazonas, op. cit., art. 219 e incisos.
409. Bercovici, op. cit., 2012b, p. 271-272.

Bahia, do Ceará, de Goiás, do Mato Grosso do Sul, do Rio Grande do Norte, de Rondônia e de Roraima. Para facilitar a observação comparativa das dotações das Cartas que trouxeram percentuais definidos, optamos por dispô-las numa tabela, conforme segue:

Estado-Membro (artigo)	Dotação Mínima	Dotação Máxima
Alagoas	Mínimo de 1,5% da receita estimada anual.	
Amazonas	Mínimo de 1% da receita tributária para a Fundação de Amparo à Pesquisa do Estado do Amazonas.	
Espírito Santo	Mínimo de 2,5% da receita orçamentária anual.	
Maranhão	Exato de 0,5% para a Fundação de Amparo e ao Desenvolvimento Científico e Tecnológico do Maranhão.	
Mato Grosso		Até 2% da receita proveniente de impostos.
Minas Gerais	Mínimo de 1% da receita orçamentária corrente ordinária.	
Pará	Mínimo de 0,3% da receita orçamentária.	
Paraíba	Mínimo de 2.5% da receita orçamentária anual.	
Paraná	Mínimo de 2% da receita tributária.	
Pernambuco	Mínimo de 0,5% dos impostos.	
Piauí		Até 1% da receita corrente líquida.

Rio de Janeiro	Exato de 2% da receita tributária do exercício à Fundação de Amparo à Pesquisa – FAPERJ.	
Rio Grande do Sul	Mínimo de 1,5% da receita líquida de impostos à Fundação de Amparo à Pesquisa do Rio Grande do Sul.	
Santa Catarina	Exato de 2% das receitas correntes.	
São Paulo	Mínimo de 1% da receita tributária à Fundação de Amparo à Pesquisa do Estado de São Paulo.	
Sergipe	Mínimo de 0,5% da receita anual.	
Tocantins	Mínimo de 0,5% da receita tributária.	

Tabela 1. Dotações orçamentárias para ciência e tecnologia

Em geral, as Cartas optaram por destacar percentuais mínimos que variaram entre três décimos por cento (0,3%) da receita orçamentária do Estado, chegando até um mínimo de dois e meio por cento (2,5%), algumas determinando o destinatário e, nesse caso, foram sempre as Fundações de Amparo à Pesquisa dos seus Estados, outras destinando ao desenvolvimento de pesquisa, independente da entidade de fomento.

A *contrário sensu*, dois Estados-Membros optaram por estabelecer, ao invés de percentual mínimo, um teto de investimento no setor, e foram as Constituições do Piauí, com o máximo de apenas um por cento (1%) da receita líquida, e a do Mato Grosso, com um teto de dois por cento (2%). No caso da primeira, fato curioso ocorreu com a referida dotação orçamentária: até 2007 a redação do artigo estabelecia destinação mínima de um por cento (e não máxima), e foi uma Emenda Constitucional que alterou a redação de "mínimo de" para "até".[410] Do mesmo modo, também a Constituição Estadual de Alagoas teve a redação do dispositivo que tratava do investimento do Estado em ciência e tecnologia minorado por alteração constitucional, pela via da reforma, nesse caso pela Emenda Constitucional nº 25 de 2002. A redação anterior estabelecia dotação mínima de dois por cento, com redução para um e meio depois da referida reforma[411]. Nota-se, nesses casos, um corte de despesas Estaduais que mitigam todo o discurso sobre promoção do desenvolvimento regional a partir do fomento à produção do conhecimento e que coloca em risco um processo histórico de conquistas científico-tecnológicas.

Em termos de usufruto da autonomia para legislar na matéria, essas foram as disposições constitucionais encontradas nas Cartas Estaduais. Agora, sobre os limites do Poder Constituinte Decorrente para instituir normas dessa natureza, três dispositivos constitucionais, dos dezessete elencados na Tabela 1, foram objetos de três Ações Diretas de Inconstitucionalidade, e foram os artigos 354, da Constituição Estadual do Mato Grosso, na

---

410. Cf. item 413 • O texto original dispunha: • Art. 235 - O Estado destinará o mínimo de um por cento de sua receita orçamentária ao desenvolvimento da pesquisa científica e tecnológica, através de fundação pública a ser criada. (Piauí. Constituição (1989) *Constituição Estadual do Piauí*. Piauí: Assembleia Legislativa, 1989. Disponível em: <http://bit.ly/2OV9M55>. Acesso em: 05 maio 2017, art. 235).

411. Art. 216. Recursos orçamentários, no montante de pelo menos 1,5% (um e meio por cento) da receita estimada anual decorrente do exercício da competência tributária estadual, deduzidas as transferências aos Municípios previstas no inciso II, alínea "b" e inciso III do art. 171, serão destinados ao desenvolvimento científico e tecnológico do Estado, sendo transferidos em duodécimos, durante o exercício correspondente, à instituição de que trata o § 1º deste artigo. (Artigo com redação alterada pela Emenda Constitucional nº 25/02, publicada no Diário Oficial do Estado, edição de 05 de junho de 2002. Redação originária: "Art. 216. Recursos orçamentários, no importe de pelo menos dois por cento da receita estimada, serão reservados com vista ao estímulo do desenvolvimento científico e tecnológico e obrigatoriamente transferidos em duodécimos, durante o exercício correspondente, à instituição de que trata o § 1º deste artigo). (Alagoas, op. cit., art. 216).

ADI 550-2,[412] o 329, atual art. 332 – depois de emenda constitucional que alterou a numeração de alguns artigos dessa Carta Estadual – na ADI 780-7[413] e do artigo 235, § 2º, da Constituição Estadual de Sergipe, na ADI 336.[414] Em todos os casos, o entendimento da Suprema Corte foi o de que a vinculação da receita questionada é medida que invade a competência do Poder Executivo e esse posicionamento encontra amparo no artigo 218[415] e parágrafos, em especial o §5º, da Constituição Federal.

Por fim, duas Constituições Estaduais trataram de incentivos ou benefícios a empresas que fomentem produção de conhecimento por ações científico-tecnológicas, e foram as Constituições de Minas Gerais,[416] com previsão de concessão de benefícios

---

412. Brasil. Supremo Tribunal Federal. *ADIN 550-2*. Relator: Min. Ilmar Galvão. Brasília: 29 de agosto de 2002. Disponível em: <http://bit.ly/2nmzov6>. Acesso em: 10 jul. 2017.
413. Brasil. Supremo Tribunal Federal. *ADIN 780-7* (Medida Liminar). Relator: Min. Carlos Velloso. Brasília: 11 de março de 1993. Disponível em: <http://bit.ly/2vPKrkt>. Acesso em: 10 jul. 2017.
414. Brasil. Supremo Tribunal Federal. *ADIN 336*. Relator: Min. Eros Grau. Brasília: 10 de fevereiro de 2010. Disponível em: <http://bit.ly/2nngoN1>. Acesso em: 10 jul. 2017.
415. Art. 218. O Estado promoverá e incentivará o desenvolvimento científico, a pesquisa, a capacitação científica e tecnológica e a inovação. § 5º É facultado aos Estados e ao Distrito Federal vincular parcela de sua receita orçamentária a entidades públicas de fomento ao ensino e à pesquisa científica e tecnológica. (Brasil, 1988, op. cit., art. 218, § 5º).
416. Art. 213. Entre outros estímulos, a lei disporá, observado o art. 146, XI, sobre concessão de isenções, incentivos e benefícios fiscais a empresas brasileiras de capital nacional, com sede e administração no Estado, que concorram para a viabilização da autonomia tecnológica nacional, especialmente: I – as do setor privado: a) que tenham sua produção voltada para o mercado interno, em particular as dedicadas à produção de alimentos, com utilização de tecnologia indicada para a exploração dos recursos naturais e para a preservação do meio ambiente; b) que promovam pesquisa tecnológica e desenvolvimento experimental no âmbito da medicina preventiva e terapêutica, publiquem e divulguem seus resultados e produzam equipamentos especializados destinados ao uso de portador de deficiência; (Minas Gerais. Constituição (1989). *Constituição Estadual de Minas Gerais*. Minas Gerais: Assembleia Legislativa, 1989. Disponível em: <http://bit.ly/2LVv1pI>. Acesso em: 05 jun. 2017, art. 213).

fiscais a empresas que produzam instrumentos que viabilizem a autonomia tecnológica nacional, e aqui temos outro dispositivo que expressa uma preocupação do Constituinte Decorrente com a autodeterminação tecnológica, ainda que pela via do financiamento direto privado; e a Constituição Estadual de São Paulo,[417] que estabelece, como objetivo do Poder Público, o apoio a empresas que invistam em pesquisas, mas designa à lei ordinária a competência para definir os mecanismos desse estímulo.

Com isso, é possível afirmar que, em relação às políticas científico-tecnológicas dos Estados-Membros, há uma variação considerável de atribuição de finalidades, assim como de dotação orçamentária para fins de desenvolvimento da área. Além disso, alguns Estados-Membros estabeleceram diretrizes constitucionais para a produção de conhecimento útil à resolução de problemas locais e a promoção do desenvolvimento regional, algumas delas que visam a atuação direta do Estado, outras que se voltam ao incentivo à produção de ciência e tecnologia pelas empresas. Com isso, encerram-se as políticas estaduais constitucionais de estímulo a área. A propósito da relação entre essa e empresas privadas, cumpre destacar o tratamento dos constituintes decorrentes à organização da atividade econômica pelos Estados-Membros. É o que será tratado no subcapítulo a seguir.

---

417. Artigo 270. O Poder Público apoiará e estimulará, mediante mecanismos definidos em lei, instituições e empresas que invistam em pesquisa e criação de tecnologia, observado o disposto no 4º do artigo 218 da Constituição Federal. (São Paulo. Constituição (1989). *Constituição Estadual de São Paulo*. São Paulo: Assembleia Legislativa, 1989. Disponível em: <http://bit.ly/2M3KgNo>. Acesso em: 05 mai. 2017, art. 270).

8. ORGANIZAÇÃO DA ATIVIDADE ECONÔMICA

Para encerrar as análises das Constituições Estaduais, em matéria de autonomia constitucional para legislar considerando aspectos locais com fins de promoção de desenvolvimento econômico, foram selecionadas políticas que expressam a atuação do Estado-Membro no domínio econômico, considerando as prerrogativas que lhe foram outorgadas pela Constituição Federal de 1988.

Para fins desse estudo em matéria constitucional estadual, a acepção de intervenção no domínio econômico adotada foi a de Washington Peluso Albino de Souza, já citado quando tratamos das competências para instituir políticas econômicas a partir de escolhas jurídicas, e, para tanto, foram extraídas as normas constitucionais estaduais que expressassem a ação econômica do Estado de autoatribuição de poder de regulamentação, planejamento ou fiscalização da atividade privada, com o objetivo de instituir os devidos limites a livre iniciativa atendendo a demandas sociais e econômicas.[418]

Do mesmo modo, o trabalho de pesquisa constitucional buscou expressar em que medida a autonomia dos Estados-Membros pode desafiar de fato a harmonização da política econômica nacional, dadas as dificuldades de adequação dessa última às multiplicidades de peculiaridades regionais. Partimos do "dever ser" da teoria jurídica econômica sobre o papel dessas unidades federativas de ajuste dos modelos amplos, que se constituíram sem considerar as condições regionais de um federalismo continental – inclusive porque é possível que o seu território apresente condições tais que nenhuma dificuldade se apresente na aplicação de diretrizes econômicas nacionais – para o que de fato foi feito pelos Poderes Constituintes Decorrentes em

---

418. Souza, W. P. A. de. *Primeiras Linhas de Direito Econômico*. 6. ed. São Paulo: LTr, 2016, art. 232.

matéria de intervenção no domínio econômico estadual, considerados os seus limites constitucionais.

Por esse motivo, em termos metodológicos de análise, foram extraídas das Constituições as políticas industriais, comerciais e proteção ao consumidor, por terem sido as políticas que mais se assemelharam à adoção de uma política intervencionista. No caso da proteção ao consumidor, a temática foi inserida no presente subcapítulo tanto porque a tutela estatal ao consumidor interfere numa relação que é contratual em alguma medida – mas que demanda proteção diferenciada para garantia da isonomia material –, quanto porque há Ação Direta de Inconstitucionalidade que tenta dissociar tutelas ao consumidor de naturezas locais, cuja competência é concorrente, de normas de Direito Comercial, cuja competência é privativa da União, e é o que se verifica, por exemplo, na ADI 2832/PR, de relatoria do Ministro Ricardo Lewandowski e de cuja ementa se extrai o seguinte:

> EMENTA: DIREITO CONSTITUCIONAL E ADMINISTRATIVO. ADI CONTRA LEI PARANAENSE 13.519, DE 8 DE ABRIL DE 2002, QUE ESTABELECE OBRIGATORIEDADE DE INFORMAÇÃO, CONFORME ESPECIFICA, NOS RÓTULOS DE EMBALAGENS DE CAFÉ COMERCIALIZADO NO PARANÁ. ALEGAÇÃO DE OFENSA AOS ARTS. 22, I e VIII, 170, CAPUT, IV, E PARÁGRAFO ÚNICO, E 174 DA CONSTITUIÇÃO FEDERAL. PROTEÇÃO AO CONSUMIDOR. OFENSA INDIRETA. AÇÃO JULGADA PARCIALMENTE PROCEDENTE. I - Não há usurpação de competência da União para legislar sobre direito comercial e comércio interestadual porque o ato normativo impugnado buscou, tão somente, assegurar a proteção ao consumidor. II - Precedente deste Tribunal (ADI 1.980, Rel. Min. Sydney Sanches) no sentido de que não invade esfera de competência da União, para legislar sobre normas gerais, lei paranaense que assegura ao consumidor o direito de obter informações sobre produtos combustíveis. III - Afronta ao texto constitucional indi-

reta na medida em que se mostra indispensável o exame de conteúdo de outras normas infraconstitucionais, no caso, o Código do Consumidor. IV - Inocorre delegação de poder de fiscalização a particulares quando se verifica que a norma impugnada estabelece que os selos de qualidade serão emitidos por entidades vinculadas à Administração Pública estadual. V - Ação julgada parcialmente procedente apenas no ponto em que a lei impugnada estende os seus efeitos a outras unidades da Federação.[419]

Incontestável que a tutela estatal às relações de consumo impõe limitações à iniciativa privada, que consistem em medida essencial para garantia de efetividade de direitos sociais, e ao mesmo tempo obstam a liberdade de mercado em alguma medida. Todavia, a Suprema Corte tem proferido suas decisões em favor da manutenção da vigência da norma constitucional estadual sempre que a contestação da constitucionalidade está no âmbito formal de competência e o conteúdo do dispositivo é essencialmente de natureza consumerista, e tem decidido de forma a declarar a inconstitucionalidade sempre que o núcleo material da norma se insere no Direito Comercial. Ocorre que as contestações de dispositivos estaduais, ainda que não necessariamente constitucionais, em ADIs, encontram argumentações diversas, entre elas a de que a intervenção estadual no domínio econômico mitiga um dos fundamentos da República Federativa do Brasil, nos moldes do art. 1°, inciso IV[420] da Carta Magna.

Sobre essas contestações dos limites estaduais (excessivos) à livre iniciativa, o STF se manifesta na ADI 1950/SP apontando para a associação necessária entre a livre iniciativa e os seus valores sociais, representando, os segundos, requisito essencial

---

419. Brasil. Supremo Tribunal Federal. *ADIN 2.834* Relator: Min. Ricardo Lewandowski. Brasília: 07 de maio de 2008. Disponível em: <http://bit.ly/2OodMKh>. Acesso em: 10 jul. 2017.
420. Art. 1° A República Federativa do Brasil, formada pela união indissolúvel dos Estados e Municípios e do Distrito Federal, constitui-se em Estado Democrático de Direito e tem como fundamentos: IV - os valores sociais do trabalho e da livre iniciativa; (Brasil, 1988, op. cit., art. 1°, inciso IV).

da primeira, e é essa a interpretação que se aplica, hoje, ao dispositivo constitucional comumente levantado por representantes da iniciativa privada. Sobre essa decisão que reflete o posicionamento da Suprema Corte em relação aos limites impostos ao Princípio da Livre Iniciativa e à amplitude da autonomia dos Estados-Membros em matérias relativas a consumo, vejamos:

> AÇÃO DIRETA DE INCONSTITUCIONALIDADE. LEI N. 7.844/92, DO ESTADO DE SÃO PAULO. MEIA ENTRADA ASSEGURADA AOS ESTUDANTES REGULARMENTE MATRICULADOS EM ESTABELECIMENTOS DE ENSINO. INGRESSO EM CASAS DE DIVERSÃO, ESPORTE, CULTURA E LAZER. COMPETÊNCIA CONCORRENTE ENTRE A UNIÃO, ESTADOS-MEMBROS E O DISTRITO FEDERAL PARA LEGISLAR SOBRE DIREITO ECONÔMICO. CONSTITUCIONALIDADE. LIVRE INICIATIVA E ORDEM ECONÔMICA. MERCADO. INTERVENÇÃO DO ESTADO NA ECONOMIA. ARTIGOS 1º, 3º, 170, 205, 208, 215 e 217, § 3º, DA CONSTITUIÇÃO DO BRASIL. 1. É certo que a ordem econômica na Constituição de 1988 define opção por um sistema no qual joga um papel primordial a livre iniciativa. Essa circunstância não legitima, no entanto, a assertiva de que o Estado só intervirá na economia em situações excepcionais. 2. Mais do que simples instrumento de governo, a nossa Constituição enuncia diretrizes, programas e fins a serem realizados pelo Estado e pela sociedade. Postula um plano de ação global normativo para o Estado e para a sociedade, informado pelos preceitos veiculados pelos seus artigos 1º, 3º e 170. 3. A livre iniciativa é expressão de liberdade titulada não apenas pela empresa, mas também pelo trabalho. Por isso a Constituição, ao contemplá-la, cogita também da "iniciativa do Estado"; não a privilegia, portanto, como bem pertinente apenas à empresa. 4. Se de um lado a Constituição assegura a livre iniciativa, de outro determina ao Estado a adoção de todas as providências tendentes

a garantir o efetivo exercício do direito à educação, à cultura e ao desporto [artigos 23, inciso V, 205, 208, 215 e 217 § 3º, da Constituição]. Na composição entre esses princípios e regras há de ser preservado o interesse da coletividade, interesse público primário. 5. O direito ao acesso à cultura, ao esporte e ao lazer, são meios de complementar a formação dos estudantes. 6. Ação direta de inconstitucionalidade julgada improcedente.[421]

Com o posicionamento supracitado, resta claro que a intervenção do Estado no domínio econômico é medida necessária de garantia da efetivação de direitos fundamentais e sociais de um povo, e dos próprios fundamentos da República Brasileira, nos moldes da ideologia econômica adotada, em especial daquela a partir da Constituição de 1988, e das prerrogativas de competências adotada por ela que, para fins de análise desse subcapítulo, interessam as competências concorrentes entre União, Estados e Distrito Federal em Direito Econômico e em produção e consumo,[422] e privativa da União para Direito Comercial e comércio interestadual.[423]

Com isso, justificam-se as seleções de políticas constitucionais estaduais, para composição do subcapítulo que trata da organização da atividade econômica pelos Estados-Membros. Destaque-se, desde já, que algumas Constituições não apresentam capítulos ou seções designadas ao tratamento de políticas industriais, comerciais ou de tutela do consumidor, e são as Constituições do Acre, de Alagoas, do Ceará, do Maranhão, de Minas Gerais, do

---

421. Brasil. Supremo Tribunal Federal. *ADIN 1.950* Relator: Min. Eros Grau. Brasília: 02 de junho de 2006. Disponível em: <http://bit.ly/2MfZMVA>. Acesso em: 10 jul. 2017.
422. Art. 24. Compete à União, aos Estados e ao Distrito Federal legislar concorrentemente sobre: I - direito tributário, financeiro, penitenciário, econômico e urbanístico; V - produção e consumo; (Brasil, 1988, op. cit., art. 24, incisos I e V).
423. Art. 22. Compete privativamente à União legislar sobre: I - direito civil, comercial, penal, processual, eleitoral, agrário, marítimo, aeronáutico, espacial e do trabalho; VIII - comércio exterior e interestadual; (Brasil, 1988, op. cit., art. 22, incisos I e VIII).

Pará, da Paraíba, do Paraná, do Piauí, do Rio Grande do Norte e a do Rio Grande do Sul. As demais trataram ao menos de uma dessas matérias que foram metodologicamente selecionadas para a análise. Para fins de organização da exposição das normas encontradas, as políticas selecionadas seram expostas separadamente.

Sobre as Cartas Estaduais que trataram de políticas somente industriais, e que foram omissas em relação a diretrizes comerciais, seguiram esse modelo as Constituições Estaduais da Bahia e de Rondônia. A primeira adota medida de responsabilização do Estado pela formulação de uma política própria de desenvolvimento Estadual, que deve se alinhar à política federal e considerar a realidade econômica do Estado, com garantia de investimentos públicos em infraestrutura de apoio, e enfoque no aproveitamento das potencialidades do interior do Estado para desconcentração industrial.[424] Aqui aparece, mais uma vez, assim como já visto em outros dispositivos de outras Constituições, a instituição de diretrizes também para redução de desigualdades internas do Estado-Membro em relação a níveis de desenvolvimento regionais (estaduais).

No caso da Carta rondoniense, há previsão de Lei Complementar para estabelecimento de diretrizes de desenvolvimento estadual com previsão de implantação de política industrial, o que não impossibilitou o Constituinte Decorrente de estabelecer alguns parâmetros para essa política já na Constituição

---

424. Art. 205. Caberá ao Estado formular e executar política própria de desenvolvimento industrial, observada a proteção do meio ambiente, com objetivo de: I – otimizar as oportunidades e potencialidades industriais existentes, consolidando e ampliando o parque industrial implantado; II – estabelecer prioridades setoriais e regionais para os investimentos públicos em infraestrutura de apoio, de acordo com a política federal e a realidade econômica do Estado; III – estimular atividades que transformem insumos de natureza industrial, mineral, agrícola e animal, produzidos no Estado, potencializando a capacidade de geração e agregação de valor econômico; IV – promover a desconcentração industrial, aproveitando as potencialidades existentes no interior do Estado e a infraestrutura disponível em centros urbanos; (Bahia, Constituição (1991). *Constituição Estadual da Bahia*. Bahia: Assembleia Legislativa, 1989. Disponível em: <http://bit.ly/2ngaIEA>. Acesso em: 05 maio 2017, art. 205 e incisos).

Estadual, tais como a inclusão de atividades agroindustriais, de pesca industrial e da indústria florestal entre as atividades a serem regulamentadas pela referida lei complementar. Do mesmo modo, é na própria Carta Estadual que se estabelecem os objetivos dessa política industrial e as formas pela qual o Estado corroborará para a consecução desses, entre as quais está a redução da intervenção do Estado e estímulo da livre concorrência, entendida a intervenção do Estado no domínio econômico como processo que causa distorções estruturais, e o estímulo à criação de mecanismos de autossustentação da iniciativa privada, especialmente ao micro e pequeno industrial, conforme incisos II e III do parágrafo único do artigo 181.[425]

Sobre essas competências do Estado atribuídas pela Constituição para consecução dos objetivos da política industrial do Estado, se considerarmos o disposto no artigo 179[426] da Constituição Federal, bem como o disposto na ADI 1950,[427] é possível observar que essas diretrizes constitucionais impostas ao Estado não estão alinhadas nem à ideologia político-econômica expressa pela Constituição Federal e nem a nenhum dos demais atos normativos federais de cunho socioeconômico, uma vez que dispõe sobre a intervenção estatal no domínio econômico com medida prejudicial ao livre funcionamento do mercado, expres-

---

425. Art. 181. A política industrial tem por objetivo: [...] Parágrafo único. Para a consecução desses objetivos, compete ao Estado: II - reduzir a intervenção do Estado, estimulando o mercado de livre concorrência, mantendo-o sob condições de equilíbrio, objetivando reverter os processos de distorção estrutural resultantes dessa intervenção; III - estimular a criação e o fortalecimento de mecanismos de autossustentação da iniciativa privada, especialmente voltados para o micro e pequeno industrial; (Rondônia. Constituição (1989). *Constituição Estadual de Rondônia*. Rondônia: Assembleia Legislativa, 1989. Disponível em: <http://bit.ly/2MqeupQ>. Acesso em: 07 jun. 2017, art. 181, parágrafo único, inciso II).
426. Art. 179. A União, os Estados, o Distrito Federal e os Municípios dispensarão às microempresas e às empresas de pequeno porte, assim definidas em lei, tratamento jurídico diferenciado, visando a incentivá-las pela simplificação de suas obrigações administrativas, tributárias, previdenciárias e creditícias, ou pela eliminação ou redução destas por meio de lei. (Brasil, 1988, op. cit., art. 179).
427. Cf. item 430.

são de uma postura política mais alinhada aos ideais neoliberais que não encontram identidade na ideologia econômica adotada pela política nacional brasileira pós-1988.

Ainda sobre a Constituição Estadual de Rondônia, além das ações já mencionadas, a referida Carta adota diretrizes estatais de garantia da consecução dos objetivos da política industrial a serem adotadas pelo Estado, também a prevenção de perda de mercado, através da redução de custos de transportes, energia, abastecimento de água, armazenamento e comercialização dos produtos, e a política de compra de produtos industrializados que privilegie a produção local, ainda que isso implique na compra de um produto com preços superiores aos dos produtores externos, até o limite a ser estabelecido por lei ordinária. Por fim, prevê a criação de programa de incentivos fiscais com recursos de alguns impostos estaduais e oriundos do diferencial de preços ajustados pela indústria local sobre os valores da concorrência externa, ambos recolhidos ao Fundo de Planejamento e Desenvolvimento Industrial.[428] Medidas de proteção da produção interna do Estado não encontrada em outras Cartas.

De forma distinta, trataram de políticas industriais associadas a outras ações, algumas relevantes, outras nem tanto, as Constituições do Amapá, Mato Grosso, Rio de Janeiro, São Paulo, Sergipe e Tocantins. Entre essas, fizeram constar normas programáticas sem aprofundamentos que interessem às peculia-

---

428. Art. 181. Parágrafo único. IV - prevenir a perda de mercados, tanto nacional como internacional, viabilizando a redução de custos de transporte, energia, abastecimento de água, armazenamento e comercialização dos produtos; V - estabelecer uma política de compra de produtos industrializados que privilegie a produção local, ainda que os preços praticados sejam superiores aos da concorrência externa, até o limite estabelecido em lei, e que parte desse diferencial de preço seja alocado ao Fundo de Planejamento e Desenvolvimento Industrial; VI - criar programa de incentivos fiscais para a indústria com recursos: a) derivados dos valores de impostos estaduais incidentes sobre operações de circulação dos produtos fabricados pelas empresas beneficiadas e efetivamente recolhidos ao Fundo de Planejamento e Desenvolvimento Industrial; b) advindos do diferencial de preços ajustados pela indústria local sobre os valores das concorrências externas, de acordo com a execução da política de compras do Estado, e alocados também ao Fundo. (Rondônia, op. cit., art. 181, parágrafo único, incisos II a VI).

ridade locais as Constituições do Amapá, que se diferencia das demais apenas pela adoção da prioridade à mão de obra local,[429] a do Mato Grosso, com enfoque no papel do Estado de suporte à infraestrutura básica das áreas industriais, e na limitação temporal aos benefícios fiscais concedidos à industria – a ser determinado em lei[430] – a Constituição Estadual de São Paulo que transfere à Lei Ordinária o papel de estabelecer diretrizes de localização e integração da atividade industrial, e aos Municípios o papel de regulamentar as zonas industriais seguindo as diretrizes da referida Lei Ordinária Estadual.[431] Essa última Carta Estadual trata das políticas industriais na mesma seção das políticas urbanas, a seção "Do Desenvolvimento Urbano".

Além dessas, também tratam das políticas industriais de forma genérica a Constituição Estadual do Tocantins, que diferencia-se das demais apenas pela associação da indústria ao turismo,

---

429. Art. 242. A indústria e o comércio no âmbito estadual obedecerão e atenderão aos princípios estabelecidos pela Constituição Federal e mais aos seguintes: III - prioridade à mão-de-obra local, visando à busca da planificação e do pleno emprego. (Amapá. Constituição (199). *Constituição Estadual do Amapá*. Amapá: Assembleia Legislativa, 1991. Disponível em: <http://bit.ly/2KCL4TI>. Acesso em: 07 jun. 2017, art. 242).

430. Art. 348 O Estado de Mato Grosso, através de lei, elaborará sua Política Industrial e Comercial. Art. 349 Caberá ao Estado prover de infraestrutura básica as áreas industriais, a partir de um certo número de indústrias, definido em lei. Art. 351 Os incentivos fiscais às indústrias só serão permitidos àquelas que estiverem em fase de produção e por período de tempo determinado em lei. (Mato Grosso. Constituição (1989). *Constituição do Estado do Mato Grosso*. Mato Grosso: Assembleia Legislativa, 1989. Disponível em: <http://bit.ly/2OWv9mD>. Acesso em: 05 mai. 2017, arts. 348, 349 e 351].

431. Artigo 183 - Ao Estado, em consonância com seus objetivos de desenvolvimento econômico e social, cabe estabelecer, mediante lei, diretrizes para localização e integração das atividades industriais, considerando os aspectos ambientais, locacionais, sociais, econômicos e estratégicos, e atendendo ao melhor aproveitamento das condições naturais urbanas e de organização especial. Parágrafo único - Competem aos Municípios, de acordo com as respectivas diretrizes de desenvolvimento urbano, a criação e a regulamentação de zonas industriais, obedecidos os critérios estabelecidos pelo Estado, mediante lei, e respeitadas as normas relacionadas ao uso e ocupação do solo e ao meio ambiente urbano e natural. (São Paulo. Constituição (1989). *Constituição Estadual de São Paulo*. São Paulo: Assembleia Legislativa, 1989. Disponível em: <http://bit.ly/2M3KgNo>. Acesso em: 05 mai. 2017, art. 183 e parágrafo único).

ambos considerados como atividades econômicas capazes de promover o desenvolvimento social e cultural,[432] e a Constituição Estadual de Sergipe, que trata de políticas industriais juntamente com as agrícolas, com previsão de incentivo ao desenvolvimento da pesquisa e concessão de créditos e incentivos fiscais.

Diante da análise dos artigos das Constituições que trataram de políticas industriais, além da Constituição de Rondônia já analisada, apenas a Constituição do Rio de Janeiro estabeleceu diretrizes realmente diferenciadas para o setor, mas nesse caso as políticas adotadas alinham-se à ideologia nacional de desenvolvimento socioeconômico, a partir inclusive da adoção de medidas intervencionistas para redução de desigualdades, ao associar, no seu artigo 226, o papel do Estado de incentivador do desenvolvimento industrial ao de promotor de desenvolvimento social, com priorização para políticas industriais de geração de empregos, elevação de níveis de renda e qualidade de vida e redução de desigualdades regionais.[433] Além do supracitado, prevê na própria constituição a criação de Fundo de Desenvolvimento Econômico, composto por dez por cento dos recursos anuais do Fundo de Participação dos Estados.[434]

---

432. Art. 93. O Estado e os Municípios promoverão e incentivarão o turismo e a indústria como atividades econômicas, buscando o desenvolvimento social e cultural. (Tocantins. Constituição (1989). *Constituição Estadual de Tocantins*. Tocantins: Assembleia Legislativa, 1989. Disponível em: <http://bit.ly/2MoXJvt>. Acesso em: 08 jun. 2017, art. 93).

433. Art. 225. O Estado elaborará uma política específica para o setor industrial, privilegiando os projetos que promovam a desconcentração espacial da indústria e o melhor aproveitamento das suas potencialidades locais e regionais. (Rio de Janeiro. Constituição (1989). *Constituição Estadual do Rio de Janeiro*. Rio de Janeiro: Assembleia Legislativa, 1989. Disponível em: <http://bit.ly/2no6Ml6>. Acesso em: 05 maio 2017, art. 225).

434. Art. 226. Fica criado o Fundo de Desenvolvimento Econômico, voltado para o apoio e estímulo de projetos de investimentos industriais prioritários do Estado. § 1º - Ao Fundo de Desenvolvimento Econômico serão destinados recursos de, no mínimo, 10% (dez por cento) do total anualmente transferido para o Estado, proveniente do Fundo de Participação dos Estados, previsto no artigo 159, inciso I, letra "a", da Constituição da República, dos quais 20% (vinte por cento) se destinarão a projetos de microempresas e de empresas de pequeno porte. (Ibidem, art. 226 e § 1º).

Sobre as políticas especificamente industriais essas foram as diretrizes constitucionais adotadas pelos Estados-Membros nas suas Constituições Estaduais. A insuficiência aparente do tratamento da matéria não implica necessariamente omissão do Estado-Membro em relação à adoção de políticas de planejamento e desenvolvimento do setor, mas implica afirmar que os Constituintes Decorrentes, em geral, foram omissos no tratamento ao desenvolvimento industrial a partir de recursos ou demandas especificamente locais, ou seja, se existem, essas diretrizes desenvolvimentistas não foram tratadas em suas Constituições.

Para concluirmos o tratamento constitucional estadual às políticas que envolvem a iniciativa privada, vejamos de que forma as microempresas e empresas de pequeno porte foram consideradas pelos Estados-Membros nas suas Constituições. Antes disso, entretanto, é preciso considerar as deliberações da Constituição Federal em relação ao tratamento a ser dado à matéria em sede estadual para, só então, viabilizarmos uma análise sobre os efetivos aproveitamento da autonomia para estabelecer considerações sobre a matéria a partir das potencialidades da região.

Para tanto, o artigo 179 da Constituição Federal[435] determina que os entes federativos devem dispensar às microempresas e empresas de pequeno porte tratamento jurídico diferenciado, simplificando procedimentos administrativos, tributários, previdenciários, creditícios, ou mesmo eliminando-os ou reduzindo-os, conforme será regulamentado em lei, e é essa determinação, aliada a Competência Concorrente em Direito Econômico, o ponto de partida para os estudos. Isso porque essas são as obrigações constitucionais impostas a todos os entes federativos pela própria Constituição Federal, e da qual o Constituinte Decorrente não pode esquivar-se. Resta analisar quais Constituições cumpriram com as referidas determinações, sem que tenham meramente reproduzido o referido texto.

Sobre essa hipótese de normas de imitação, já verificada em relação a outras políticas estaduais, exatamente assim o fizeram,

---

435. Cf. item 436.

mais uma vez, as Constituições do Amapá,[436] do Mato Grosso[437] e de Goiás,[438] entre outras que abordaram essa tutela diferenciada quando da exposição de políticas urbanas ou rurais, em relação ao pequeno produtor ou microempresário. No caso das duas primeiras, inserem-se entre os dispositivos de imitação, o compromisso de apoio do Estado a empresas produtoras de bens e serviços instaladas, com sede e foro jurídico em seu território.

Sobre a Constituição Estadual do Amazonas, os seus dispositivos constitucionais dedicados às microempresas e empresas de pequeno porte foram dispostos num rol mais extenso que as demais, mas isso porque a referida Carta reproduz o artigo da Constituição Federal e trata também das prerrogativas dessas empresas em licitações e contratos administrativos, sempre que desejem fornecer bens ou serviços à administração pública, o que não representa nenhuma inovação, posto que essas garantias

---

436. Art. 244. O Estado e os Municípios concederão especial proteção às microempresas e às empresas de pequeno porte, assim definidas em lei, que receberão tratamento jurídico diferenciado, visando o incentivo de sua criação, preservação e desenvolvimento, através da eliminação, redução ou simplificação, conforme o caso, de suas obrigações administrativas, tributárias, creditícias e previdenciárias, nos termos da lei. § 1º O Estado apoiará e incentivará, também, as empresas produtoras de bens e serviços instaladas, com sede e domicílio fiscal em seu território. (Amapá, op. cit., art. 244 e § 1º).
437. Art. 350 O Estado e os Municípios concederão especial proteção às microempresas, como tais definidas em lei, que receberão tratamento jurídico diferenciado, visando ao incentivo de sua criação, preservação e desenvolvimento, através da eliminação, redução ou simplificação, conforme o caso, de suas obrigações administrativas, tributárias, creditícias e previdenciárias, nos termos da lei. Parágrafo único O Estado apoiará e incentivará, também, as empresas produtoras de bens e serviços instaladas, com sede e foro jurídico em seu território. (Mato Grosso, op. cit., art. 350).
438. Art. 142 § 1º O Estado e os Municípios concederão às microempresas e às empresas de pequeno porte, assim definidas em lei, tratamento jurídico diferenciado, visando o incentivo de sua criação, preservação e desenvolvimento, pela simplificação, eliminação ou redução de suas obrigações administrativas, tributárias e creditícias, nos termos da lei. § 2º O Estado aplicará os recursos destinados à política de indústria e comércio, predominantemente, em apoio à pequena e microempresa. (Goiás. Constituição (1988) *Constituição Estadual de Goiás*. Goiás: Assembleia Legislativa, 1989. Disponível em: <http://bit.ly/2nkQNV4>. Acesso em: 05 maio 2017, art. 142, § 1º).

constam de lei de licitações e contratos.[439] O Constituinte Decorrente amazonense usufrui da sua autonomia para legislar na matéria apenas quando determinam que as multas a nível estadual e municipal deverão ser compatíveis com a capacidade financeira das empresas.[440] Nesse sentido, inova em relação à Carta Magna, e oferece benefício diferenciado a essa classe empresarial.

Ademais, em matéria de políticas constitucionais de garantia de manutenção no mercado de empresas com menor potencial competitivo, a Constituição Estadual de Pernambuco merece exposição em destaque pela criação de um Sistema de Fomento Estadual, com objetivo de promover o desenvolvimento do Estado, e pela determinação de que setenta e cinco por cento dos recursos do referido sistema deverão ser destinados aos micro, pequenos e médios produtores urbanos e rurais. Constava nessa Constituição, além desse, um artigo que concedia benefício de dispensa de cinquenta por cento da correção monetária de quaisquer empréstimos concedidos pelo Banco do Estado de Pernambuco S/A – BANDEPE – e por instituições a ele vinculadas, desde que o valor não fosse superior ao equivalente a dez mil bônus do Tesouro Nacional, sempre que o beneficiário fosse a mini e a pequenos empresários ou produtores rurais (antigo artigo 57 do ADCT).[441]

---

439. Brasil. *Lei 8666, de 21 de junho de 1993*. Regulamenta o art. 37, inciso XXI, da Constituição Federal, institui normas para licitações e contratos da Administração Pública e dá outras providências. Brasília: Senado, 1993. Disponível em: <http://bit.ly/2nnrCBi>. Acesso em: 10 jul. 2017.
440. Art. 169. Serão criados mecanismos descentralizados para o registro de novas empresas e as multas, por qualquer tipo de infração cometida, a nível estadual ou municipal, deverão ser compatíveis com a capacidade financeira das empresas. (Amazonas, op. cit., art. 169).
441. Art. 57. Na liquidação dos débitos, inclusive suas renegociações e composições posteriores, ainda que ajuizados, decorrentes de quaisquer empréstimos concedidos pelo Banco do Estado de Pernambuco S/A - BANDEPE e instituições financeiras a ele vinculadas, serão dispensados cinqüenta por cento da correção monetária desde que o valor originário do débito não seja superior ao equivalente a dez mil bônus do Tesouro Nacional e tenha sido celebrado com mini e pequenos empresários ou produtores rurais, no período de 15 de janeiro a 30 de junho de 1989. (Revogado pelo art. 6º da Emenda Constitucional nº 16, de 4 de junho de 1999.). (Cf. Pernambuco, 1989, art. 57 do ADCT).

Contudo, o referido artigo teve sua constitucionalidade questionada na ADI 166-3,[442] em 1996, pela Federação Nacional de Bancos, em nome do BANDEPE, mas não foi julgada, pois restava prejudicada a legitimidade ativa para propositura desse tipo de ação. Mesmo assim, em 1999 o referido dispositivo foi revogado pela Emenda Constitucional n° 16 de 4 de junho.[443] Desta forma, não há como afirmar se, em sendo legítimos os autores da ação, esse dispositivo havia extrapolado os limites da autonomia dos Estados-Membros na matéria ou não, segundo a Suprema Corte. Ademais, além das ADIs mencionadas quando da introdução desse subcapítulo, há decisão final em ADI cujo objeto é norma constitucional estadual sobre proteção à microempresas e empresas de pequeno porte que permite analisar limitações à autonomia dos Estados-Membros em matéria de tutela especial à empresa: e é ação Direta de Inconstitucionalidade 851-0.[444] A decisão na referida ação declarou inconstitucional a expressão "e municipais" contida no inciso I do artigo 228, da Constituição Estadual do Rio de Janeiro, sobre a redução de tributos e obrigações acessórias estaduais (e municipais), com dispensa do pagamento de multas por infrações formais, das quais não resulte falta de pagamento de tributos, apenas para microempresas e empresas de pequeno porte.

Dessa forma, considerando as Ações Diretas de Inconstitucionalidade já expostas, é possível verificar uma reincidência de declarações de inconstitucionalidades causadas por invasão de competência dos Estados-Membros em matérias de competência dos Municípios e, nesse caso, esse óbice às deliberações estaduais, se manifesta inclusive em relação às normas consti-

---

442. Brasil. Supremo Tribunal Federal. *ADIN 166-3*. Relator: Min. Ilmar Galvão. Brasília: 05 de setembro de 1996. Disponível em: <http://bit.ly/2Oouyce>. Acesso em: 10 jul. 2017.
443. Pernambuco. Constituição (1989). Emenda Constitucional n° 16, de 4 de junho de 1999. Adapta a Constituição do Estado as modificações introduzidas pelas Emendas n°. 19 e 20 à Constituição da República, e dá outras providências. Disponível em: <http://bit.ly/2vvxRaJ>. Acesso em: 10 jul. 2017.
444. Cf. item 295.

tucionais, limitação que já havíamos levantado quando do tratamento teórico sobre o assunto, e que se prova coerente quando da manifestação da Suprema Corte na ADI 851-0.

Não obstante as matérias essencialmente tributárias não figurarem entre os objetos da análise apresentada, mas considerando ser "isenção tributária a microempresas" o cerne do questionamento de constitucionalidade, é válida também a menção à ADI 429,[445] interposta pelo Governador do Estado de Ceará, em 2014, impugnando, entre outros, o artigo 193 e parágrafo único,[446] sob a alegação de afronta ao art. 155, § 2º, inciso XII, alínea "g" da Constituição Federal,[447] segundo o demandante, por autorizar a concessão de benefício fiscal sem a precedência de deliberação unânime dos Estados-Membros e por ser isenção tributária matéria de competência privativa do Chefe do Executivo, nos moldes do artigo 61, § 1º, inciso II, alínea "b" da Lei Maior.[448] Novamente se repete o questionamento de constitucio-

---

445. Brasil. Supremo Tribunal Federal. *ADI 429*. Relator: Min. Luiz Fux. Brasília: 20 de agosto de 2014. Disponível em: <http://bit.ly/2KDYCi0>. Acesso em: 10 jul. 2017.
446. Art. 193. As microempresas são isentas de tributos estaduais nos limites definidos pela União, como elemento indicativo dessa categoria. Parágrafo único. A isenção tributária se estende a operações relativas à circulação de mercadorias para destinatário localizado neste ou em outro Estado e sobre prestação de transportes interestaduais, intermunicipais e comunicações. (Ceará. Constituição (1989). *Constituição do Estado do Ceará*. Ceará: Assembleia Legislativa, 1989. Disponível em: <http://bit.ly/2MnHeiW>. Acesso em: 05 maio 2017, art. 193 e parágrafo único).
447. Art. 155. Compete aos Estados e ao Distrito Federal instituir impostos sobre: II - operações relativas à circulação de mercadorias e sobre prestações de serviços de transporte interestadual e intermunicipal e de comunicação, ainda que as operações e as prestações se iniciem no exterior; § 2º O imposto previsto no inciso II atenderá ao seguinte: XII - cabe à lei complementar: g) regular a forma como, mediante deliberação dos Estados e do Distrito Federal, isenções, incentivos e benefícios fiscais serão concedidos e revogados. (Brasil, 1988, op. cit., art. 155, § 2º, inciso XII, alínea "g").
448. Art. 61. A iniciativa das leis complementares e ordinárias cabe a qualquer membro ou Comissão da Câmara dos Deputados, do Senado Federal ou do Congresso Nacional, ao Presidente da República, ao Supremo Tribunal Federal, aos Tribunais Superiores, ao Procurador-Geral da República e aos cidadãos, na forma e nos casos previstos nesta Constituição. § 1º São de iniciativa privativa do Presidente da República as leis que:

nalidade de Carta Estadual por critério formal de competência. Na decisão final da referida ação, o *caput* do artigo, de redação "As microempresas são isentas de tributos estaduais nos limites definidos pela União, como elemento indicativo dessa categoria",[456] foi declarado parcialmente inconstitucional, dando-lhe interpretação conforme para que, do seu âmbito de incidência, fosse excluído o ICMS, isso porque no caso desse tributo, a concessão desse benefício fiscal depende de prévia celebração de convênio entre os Estados e o Distrito Federal. No caso do parágrafo único, esse foi declarado inconstitucional como um todo.

Posta à parte a discussão de natureza tributária, que não interessa à análise, mas tratando especificamente de limites à autonomia dos Estados-Membros em relação às suas deliberações constitucionais de natureza econômica, as ADIs analisadas até aqui permitem concluir que um dos grandes óbices ao exercício das prerrogativas outorgadas aos Estados-Membros pela competência concorrente, inclusive em Direito Econômico, são as matérias de competência dos Municípios, do Poder Executivo e, no caso de ADI, a novidade da declaração de inconstitucionalidade por violação de Lei Complementar federal recepcionada pela atual Lei Maior, a LC 24/75, que se entende estar respaldada no art. 155, § 2º, inciso XII, alínea "g", posto que o fundamento da inconstitucionalidade foi que "a concessão unilateral de benefícios fiscais relativos ao ICMS sem a prévia celebração de convênio intergovernamental, nos termos do que dispõe a LC nº 24/75, recepcionada inequivocamente consoante jurisprudência da Corte, viola o art. 155, § 2º, XII, *g*, da CF/88".[449]

Em linhas gerais, esse limite às deliberações do Constituinte Decorrente ainda representa uma linha tênue, cujo critério distintivo entre constitucionalidade e inconstitucionalidade, na maioria dos julgamentos de Ações Diretas de Inconstitucionalidade, parece ser ou o grau de relevância ao interesse local da matéria que

---

II - disponham sobre: b) organização administrativa e judiciária, matéria tributária e orçamentária, serviços públicos e pessoal da administração dos Territórios; (Ibidem, art. 61, § 1º, inciso II, alínea "b").
449. Cf. Brasil, ADI 429, p. 8.

está sendo tratada, ou questões formais de vício de iniciativa ou competência. No caso do interesse local enquanto fundamento, se verificarmos as menções a políticas constitucionais que se impõem aos Municípios, verificaremos que nem todas são objeto de Ações Diretas de Inconstitucionalidade. É o caso, por exemplo, do artigo 169, já citado,[450] da Constituição Estadual do Amazonas, que impõe aos Municípios compatibilização das multas administrativas por infração à capacidade financeira das empresas. Esse dispositivo ainda não teve sua constitucionalidade questionada, e continua vigente, apesar da imposição de política relativa à organização da atividade econômica pelo Estado ao Município.

Tratadas das políticas industriais, comerciais e de proteção às microempresas e empresas de pequeno porte, a análise que segue será sobre o tratamento constitucional conferido à tutela do consumidor, nas Constituições Estaduais que optaram por fazê-lo, e foram elas: as Constituições Estaduais do Espírito Santo, do Mato Grosso do Sul, de Pernambuco, do Rio de Janeiro, de Roraima, de Santa Catarina, de São Paulo, de Sergipe e do Tocantins. Algumas dessas Constituições se limitaram a mencionar a responsabilidade do Estado e/ou prever a criação de órgãos para viabilizar a informação, fiscalização, mediação e todos os demais atos garantidores do cumprimento desse papel, e foram as Constituições do Espírito Santo (arts. 10 e 11), de Pernambuco (art. 143), de Roraima (arts. 174 e 174-A), de São Paulo (arts. 175 e 276), de Santa Catarina (art. 150), de Sergipe,[451] com destaque apenas para a inclusão da propaganda de veiculação de orientação ao consumidor como parte da publicidade da administração pública direta e indireta, e a do

---

450. Cf. item 450.
451. Art. 259. O Estado promoverá a defesa do consumidor mediante: IV - veiculação e informes de orientação e defesa do consumidor, como parte integrante da publicidade da administração direta e indireta; (Sergipe. Constituição (1989). *Constituição Estadual de Sergipe*. Sergipe: Assembleia Legislativa, 1989. Disponível em: <http://bit.ly/2vmLZmF>. Acesso em: 07 jun. 2017, art. 259, inciso IV).

Tocantins,[452] que acrescenta apenas política de estímulo ao associativismo mediante linhas de crédito específicas, e tratamento tributário favorecido a cooperativas de consumo, uma nítida tentativa de dividir com a Sociedade Civil o ônus da fiscalização e de todas as demais ações de proteção ao consumidor.

Sobre as Constituições e suas políticas de proteção ao consumidor, merecem destaque as constituições do Mato Grosso do Sul e do Rio de Janeiro. No primeiro caso, a Carta Estadual adota o que ela chama de "política econômica de consumo", que além das diretrizes comuns às demais, tais como fiscalização e aplicação de sanções quanto à qualidade dos serviços, prestação de serviços de atendimento e informação ao consumidor, entre outras, também institui o estímulo ao associativismo de consumo[453] – visto também na Constituição Estadual do Tocantins –

---

452. Art. 109. O Estado, observado o disposto na Constituição Federal, promoverá a defesa do consumidor, mediante os seguintes instrumentos: IV - estímulo ao associativismo mediante linhas de créditos específicos e tratamento tributário favorecido às cooperativas de consumo; (Tocantins, op. cit., art. 109, inciso IV).

453. Art. 247 - A política econômica de consumo será planejada e executada pelo Poder Público, com a participação de empresários e de trabalhadores dos setores da produção, da industrialização, da comercialização, do armazenamento e do transporte e também dos consumidores para, especialmente: I - instituir o sistema estadual de defesa do consumidor, visando à fiscalização, ao controle e à aplicação de sanções, quanto à qualidade dos produtos e dos serviços; à manipulação dos preços no mercado e ao impacto de mercadorias supérfluas ou nocivas e à normalização do abastecimento; II - estimular e incentivar as cooperativas ou outras formas de associativismo de consumo; III - elaborar estudos econômicos e sociais de mercados consumidores, a fim de estabelecer sistemas de planejamento, de acompanhamento e de orientação de consumo capazes de corrigir distorções e promover seu crescimento; IV - propiciar meios que possibilitem ao consumidor o exercício do direito à informação, à escolha e à defesa de seus interesses econômicos, bem como a sua segurança e sua saúde; V - estimular a formação de uma consciência política voltada para a defesa dos interesses do consumidor; VI - prestar atendimento e orientação ao consumidor, através do Programa de Defesa do Consumidor, cujas atribuições e funcionamento serão definidos por lei. (Mato Grosso do Sul. Constituição (1989). *Constituição Estadual do Mato Grosso do Sul*. Mato Grosso do Sul: Assembleia Legislativa, 1989. Disponível em: <http://bit.ly/2Ob7D40>. Acesso em: 05 maio 2017, art. 247).

como diretriz da política estadual, assim como a elaboração de estudos econômico e sociais de mercados consumidores, para correções de distorções e promoção do crescimento do mercado, e estímulo à formação de uma consciência política de defesa dos interesses do consumidor também figuram como ações a serem implementadas pelo Estado.

De modo semelhante, também a Constituição Estadual do Rio de Janeiro trata de políticas protecionistas padrão, como criação de órgãos para desconcentração da atividade estatal de tutela ao consumidor, medidas de desestímulo à propaganda enganosa, responsabilização às empresas, entre outras, mas inova na atribuição do papel de promotor de estudos socioeconômicos de mercado para facilitação das tarefas de planejamento, acompanhamento e orientação de consumo, ao Estado, [454]

---

454. Art. 63. O consumidor tem direito à proteção do Estado. Parágrafo único - A proteção far-se-á, entre outras medidas criadas em lei, através de: I - criação de organismos de defesa do consumidor; II - desestímulo à propaganda enganosa, ao atraso na entrega de mercadorias e ao abuso na fixação de preços; III - responsabilidade das empresas comerciais, industriais e de prestação de serviços pela garantia dos produtos que comercializam, pela segurança e higiene das embalagens, pelo prazo de validade e pela troca dos produtos defeituosos; IV - responsabilização dos administradores de sistemas de consórcio pelo descumprimento dos prazos de entrega das mercadorias adquiridas por seu intermédio; V - obrigatoriedade de informação na embalagem em linguagem compreensível pelo consumidor, sobre a composição do produto, a data da sua fabricação e o prazo de sua validade;VI - determinação para que os consumidores sejam esclarecidos acerca do preço máximo de venda e do montante do imposto a que estão sujeitas as mercadorias comercializadas; VII - autorização às associações, sindicatos e grupos da população para exercer, por solicitação do Estado, o controle e a fiscalização de suprimentos, estocagens, preços e qualidade dos bens e serviços de consumo; VIII - assistência jurídica integral e gratuita ao consumidor, curadorias de proteção no âmbito do Ministério Público e Juizados Especiais de Pequenas Causas, obrigatórios nas cidades com mais de duzentos mil habitantes; IX - estudos socioeconômicos de mercado, a fim de estabelecer sistemas de planejamento, acompanhamento e orientação de consumo capazes de corrigir as distorções e promover seu crescimento; X - atuação do Estado como regulador do abastecimento, impeditiva da retenção de estoques. (Rio de Janeiro, op. cit., art. 63, parágrafo único).

política também encontrada na Carta tocantinense, novamente reflexo das intenções do Constituinte Decorrente de outorga à Sociedade Civil de parcela da responsabilidade pela fiscalização ao cumprimento das normas consumeristas. Além disso, adota como medida protecionista de transferência a esse segmento social a possibilidade de autorização expressa do exercício o controle e a fiscalização de suprimentos, estocagens, preços e qualidade dos bens e serviços de consumo sempre que o Estado solicitar, a associações, sindicatos ou grupos da Sociedade Civil. Por fim, merece destaque a vedação expressa à estocagem, medida historicamente usada pelos fornecedores para controle de preço por oferta e demanda.

Essas foram as políticas adotadas pelos Constituintes Decorrentes para tratamento à tutela do consumidor e, apesar das distinções de tratamento em algumas Constituições, observa-se que nada de especificamente local ou regional foi contemplado. Isso não implica afirmar que a autonomia para legislar na matéria não foi exercida, mas significa que não houve adoção de diretriz socioeconômica embasada em demandas consumeristas locais. De igual modo, as políticas industriais e comerciais limitaram-se a estabelecer normas gerais sobre localização e descentralização de indústrias. Algumas poucas constituições ousaram não reproduzir as diretrizes da Constituição Federal, conforme visto.

Com relação aos limites, merecem destaque, mais uma vez, as matérias de competência municipal respaldadas pelo interesse local, conforme se observou nas Ações Diretas de Inconstitucionalidade tratadas, assim como a necessidade de as Cartas Estaduais observarem em que medida políticas de proteção ao consumidor são matéria de Competência Concorrente por versarem sobre consumo ou Direito Econômico, e em que medida podem estar mais relacionadas ao Direito Comercial, cuja competência é privativa da União.

CONSIDERAÇÕES FINAIS

A República Federativa do Brasil, conforme expressa a própria denominação, se organiza sob a forma de Estado Federal e, como tal, traz em sua organização política característica que representou o pontapé inicial da definição do objeto desse livro, qual seja, a autonomia dos seus entes-federativos, entre os quais estão os Estados-Membros. De mais a mais, o Poder Constituinte Originário brasileiro, a partir da Constituição de 1988, atribui a esses entes Competência Concorrente para legislar em algumas matérias e inclui nesse rol de possibilidades, o Direito Econômico.

Ante o exposto, é possível extrair algumas conclusões em termos de possibilidades: a primeira delas é que os Estados-Membros têm capacidade para autoadministrar-se, autogovernar-se e auto-organizar-se. Dessa última possibilidade decorre uma obrigação que, associada à Competência Concorrente para instituir normas em Direito Econômico, resultam no problema da pesquisa que resultou neste livro: a elaboração das próprias Constituições Estaduais, dentro dos limites jurídicos impostos pela Carta Magna e pelo próprio Sistema Federativo, usufruindo das prerrogativas da sua autonomia, que deve ser exercida inclusive para solucionar problemas locais ou regionais, a partir da instituição de políticas econômicas que aproveitem as potencialidades locais.

Dessa forma, a proposta desse livro foi analisar em que medida os Estados-Membros consideraram aspectos locais ou regionais, para legislar em Direito Econômico, nas suas Cartas Estaduais. Entre as justificativas apresentadas quando da introdução desse trabalho, merecem reiteração o fato de o Brasil configurar um Federalismo de amplitude geográfica continental e de ser caracterizado historicamente pelas imensas disparidades socioeconômicas regionais. Ademais, a ideologia econômica adotada pelo país tem como um dos seus fundamentos a execução de políticas econômicas que garantam igualmente o desenvolvimento social, justamente porque a superação do subdesenvolvimento depende necessariamente da redução das desigualdades regionais e sociais.

Outrossim, a efetividade dessa proposta depende de uma adequação a ser feita pelos Estados-Membros no estabelecimento das suas normas de auto-organização, de modo a exercer as suas prerrogativas outorgadas pela Constituição Federal, respeitando os limites que lhe foram impostos, instituindo políticas econômicas que promovam o desenvolvimento local, consideradas as suas demandas e potencialidades estaduais. Entretanto, a organização da análise precisava seguir algum tipo de sistematização justificada, e foi então que temas de Direito Econômico capazes de contribuir para desenvolvimento estadual foram selecionados e, considerados enquanto áreas de potencial deliberação normativo-constitucional pelos Estados-Membros, foram esses os guias da seleção dos artigos.

O primeiro tema escolhido para o levantamento dos dados foi "política local" e esteve inserido nessa categoria toda e qualquer diretriz constitucional estadual de cuja execução dependesse a disponibilidade de recursos naturais, tais como pesca, extrativismo, turismo, políticas hídricas e minerarias, conforme tratado. Isso porque, para instituição de políticas desenvolvimentistas, os recursos de potencial exploração econômica poderiam e, porque não deveriam ter sido contemplados nas normas constitucionais, de forma norteadora ao legislador ordinário. Nesse sentido, em relação às políticas hídricas e minerarias um número expresso de Constituições Estaduais destacaram dispositivos para tratamento à matéria. Não obstante um número igualmente expressivo ter abordado os temas apenas de forma programática, essas foram as políticas que mais contemplaram potencialidades e demandas locais nas deliberações dos seus Constituintes Decorrentes, a exemplo de artigos sobre transporte hidroviário, questões referentes à energia elétrica, a garimpagem, repasse de recursos provenientes da exploração minerária aos Municípios e mesmo de exploração com fins de priorização do suprimento às demandas locais. Já em relação ao extrativismo, a única Constituição Estadual que explora a temática o faz de forma insuficiente, e apenas no título designado a tratar de disposições finais.

Ainda sobre políticas locais, algumas Constituições Estaduais regulamentaram a pesca considerando demandas sociais do setor através da tutela à pesca artesanal, assim como do estabelecimento do incentivo à comercialização direta enquanto objetivo das ações do Estado direcionadas ao setor. Norma protecionista em relação às condições de sobrevivência da atividade também apareceu na Constituição Estadual do Ceará, que chama a atenção para a ameaça que o setor imobiliário, em ascensão, oferece a manutenção das regiões pesqueiras. Todas essas representam iniciativas estatais de promoção do desenvolvimento econômico local, a partir do aproveitamento dos recursos locais, ao deliberar em sede de auto-organização. De igual modo, desigualdades socioeconômicas foram consideradas no estabelecimento de diretrizes políticas, no caso da Carta cearense.

No que se refere ao turismo, diretrizes estaduais de desenvolvimento regional e local encontraram lugar de destaque na análise, e foram as políticas de apoio ao usufruto de potencialidades ecológicas e naturais, de valorização dos aspectos culturais regionais, como artesanato e folclore, as iniciativas de descentralização da atividade, com previsão de apoio ao turismo regional e municipal, e as políticas de inclusão das camadas economicamente menos favorecidas no acesso aos projetos turísticos dos Estados-Membros. Também nas ações de desenvolvimento do turismo, as discrepâncias sociais foram fundamento do estabelecimento de algumas normas norteadoras da ação do Estado. Reforçando o que se verifica nas demais políticas locais em relação ao aproveitamento de potencialidades locais no estabelecimento de diretrizes de desenvolvimento econômico estadual.

Na sequência foram analisadas as políticas agrícolas, agrárias e fundiárias e o que se observa, em linhas mais gerais, é uma preocupação com a tutela estatal ao pequeno produtor rural e com a produção de gêneros alimentícios, prioridades que ora se justificam pela necessidade de abastecimento interno, e ora pela herança histórica brasileira de produção de gêneros do setor primário da economia. Também nessa seara foram encontradas diretrizes constitucionais estaduais que levam em consideração recursos de exploração econômica em potencial e foi o caso da Carta amazônica, e a sua tutela a importação de juta e malva, condicionando-a a autorização da sua Assembleia Legislativa, como forma de proteção a produção local e de garantia de mercado. Igualmente a Carta maranhense, e a proteção à exploração de babaçu, assegurada especialmente em terras públicas e devolutas, em regime de economia familiar, assegurando, assim, também a manutenção da exploração baseada em conhecimentos tradicionais, hoje objeto de tutela jurídica no Brasil, assim como a tutela ao carvão mineral, com adoção de medidas também de garantia de mercado a produto que constitui parte da base da economia local, e a priorização da exploração agrícola das encostas pré-amazônicas, em relação à exploração florestal.

O terceiro grupo de políticas estaduais constitucionais analisadas foram as políticas urbanas e de infraestrutura e, sobre essas, três subtemas apareceram com alguma frequência e foram eles: assentamentos, habitações populares e transportes. Sobre os assentamentos, aqueles Constituintes Decorrentes que optaram por tratar do tema adotaram essa política enquanto medida estatal de efetivação do direito social à moradia e a condições dignas de habitação, bem como de redução das condições de pobreza e das desigualdades, a partir especialmente da priorização de terras públicas para essas ações. Grosso modo, o que se extrai das políticas constitucionais estaduais voltadas à viabilização de assentamentos é uma alternativa de destinação de patrimônio público para promoção do desenvolvimento social no quesito habitação para população de baixa renda. Habitações populares e transportes são outros dois temas recorrentes entre as políticas urbanas das Constituições Estaduais e, sobre o primeiro, o que se percebe é que a preocupação com a população de baixa renda, que também aparece nas políticas rurais, e que se mantiveram para as urbanas, com a adoção de alternativas de assentamentos nas cidades e com a previsão de construção de moradias populares, fomentadas ou apoiadas pelo Estado.

Sobre o segundo, novamente a preocupação central girou em torno de propostas sociais, dessa vez de inclusão, através de um tratamento diferenciado às políticas tarifárias.

Já normas de orientações ao legislador ordinário e de estabelecimento de diretrizes gerais sobre ciência e tecnologia, essas apareceram tanto em seção ou capítulo próprio quanto dispersas entre as políticas urbanas e rurais nas Constituições Estaduais. Com relação aos artigos sobre o tema relacionados à política rural, a maioria das Cartas que apresentaram esse tipo de iniciativa, trataram da pesquisa e da produção do conhecimento como ferramentas de otimização da produção. Já nas que relacionaram a políticas urbanas, o cerne da proposta foi quase sempre solucionar problemas de engenharia de materiais com fim de promover o barateamento das construções. Quando do tratamento em secção constitucional própria, em geral o que verificou foi uma variação considerável de atribuição de finalidades, assim como de dotação orçamentária para fins de desenvolvimento da área. Além disso, parte dos Estados-Membros estabeleceram diretrizes constitucionais para a produção de conhecimento útil a resolução de problemas locais e a promoção do desenvolvimento regional, algumas delas que visam a atuação direta do Estado, outras que se voltam ao incentivo à produção de ciência e tecnologia pelas empresas.

Na sequência tratou-se das políticas industriais enquanto iniciativas da organização da atividade econômica e, em relação a essas, apenas a Constituição do Rio de Janeiro estabeleceu diretrizes realmente diferenciadas e que se alinham à ideologia nacional de desenvolvimento socioeconômico, com a adoção de medidas intervencionistas para redução de desigualdades, ao associar o papel do Estado de incentivador do desenvolvimento industrial ao de promotor de desenvolvimento social, com priorização para políticas industriais de geração de empregos, elevação de níveis de renda e qualidade de vida e redução de desigualdades regionais. À exceção do Rio de Janeiro, as políticas industriais e comerciais limitaram-se a estabelecer normas gerais sobre localização e descentralização de indústrias. Algumas poucas constituições ousaram não reproduzir as diretrizes da Constituição Federal, conforme visto.

Sobre a tutela ao consumidor, e apesar das distinções de tratamento em algumas Constituições, observa-se que nada de especificamente local ou regional foi contemplado. Isso não implica afirmar que a autonomia para legislar na matéria não foi exercida, mas significa que não houve adoção de diretriz socioeconômica embasada em demandas consumeristas locais e, sobre os óbices que se impõe ao Estado-Membro para legislar sobre a matéria, merecem destaque as matérias de competência municipal respaldadas pelo interesse local, conforme se observou nas Ações Diretas de Inconstitucionalidade tratadas, assim como a necessidade de as Cartas Estaduais observarem em que medida políticas de proteção ao consumidor são matéria de Competência Concorrente por versarem sobre consumo ou Direito Econômico, e em que medida podem estar mais relacionadas ao Direito Comercial, cuja competência é privativa da União.

O que o estudo realizado permite concluir é que, em matéria de Direito Econômico, as Constituições Estaduais estiveram muito aquém das possibilidades que lhe foram outorgadas tanto pela autonomia do sistema federativo, quanto pela competência concorrente para instituir diretrizes econômicas alinhadas à ideologia nacional, constante da Constituição Federal. Conforme exposto, aspectos locais poderiam ter sido contemplados enquanto ferramentas à promoção do desenvolvimento local e regional, de modo a contribuir para o progresso nacional, rumo a superação do subdesenvolvimento, a partir do aproveitamento das potencialidades estaduais e de uma melhor propositura de problemas que lhes são próprios.

Sobre os limites que se impuseram às iniciativas que puderam ser verificadas, de um modo geral, as Ações Diretas de Inconstitucionalidade, cujo objeto foi norma constitucional de política econômica, analisadas, reiteraram os postulados teóricos sobre os limites impostos pelo Ordenamento Jurídico Constitucional brasileiro à autonomia dos Estados-Membros para legislar em Direito Econômico, nas suas respectivas Constituições Estaduais, e se ativeram, na sua maioria, a aspectos formais de vício de iniciativa ou de invasão de competência municipal ou de lei ordinária.

De um modo geral, a autonomia dos Estados-Membros para instituir diretrizes constitucionais de Direito Econômico deve passar necessariamente pela consideração de questões locais, ao mesmo tempo que deve estar alinhada a ideologia econômica nacional, respeitados todos os limites principiológicos e de repartição de competências delimitados pela própria Constituição Federal.

REFERÊNCIAS

ACRE, (1989). **Constituição Estadual do Acre.** Acre: Assembleia Legislativa, 1989. Disponível em: <http://bit.ly/2npfEHr>. Acesso em: 05 maio 2017.

ALAGOAS. Constituição (1989). **Constituição Estadual de Alagoas.** Alagoas: Assembleia Legislativa, 1989. Disponível em: <http://bit.ly/2KHfF2B>. Acesso em: 05 maio 2017.

AMAPÁ. Constituição (1991). **Constituição Estadual do Amapá.** Amapá: Assembleia Legislativa, 1991. Disponível em: <http://bit.ly/2Ooemb7>. Acesso em: 07 jun. 2017.

AMAZONAS. Constituição (1989). **Constituição Estadual do Amazonas.** Amazonas: Assembleia Legislativa, 1989. Disponível em: <http://bit.ly/2M4xE7S>. Acesso em: 07 jun. 2017.

BAHIA, Constituição (1991). **Constituição Estadual da Bahia.** Bahia: Assembleia Legislativa, 1989. Disponível em: <http://bit.ly/2KFHecr>. Acesso em: 05 maio 2017.

BANDEIRA DE MELLO, Oswaldo Aranha. **Natureza Jurídica do Estado Federal.** São Paulo: Prefeitura do Município de São Paulo, 1948.

BERCOVICI, Gilberto. **Desigualdades Regionais, Estado e Constituição.** São Paulo: Max Limonad, 2003.

_____. **Dilemas Do Estado Federal Brasileiro.** Porto Alegre: Livraria do Advogado, 2004.

_____. **Constituição Econômica e Desenvolvimento**: uma leitura a partir da Constituição de 1988. São Paulo: Malheiros, 2005.

_____. O Ainda Indispensável Direito Econômico. In: BENEVIDES, Maria Victoria de Mesquita; BERCOVICI, Gilberto; MELO, Claudineu de (orgs.). **Direitos Humanos, Democracia e República**: Homenagem a Fábio Konder Comparato. São Paulo: Quartier Latin, 2009. p. 503-519.

_____. A Ordem Econômica no Espaço: Reforma urbana e reforma agrária na Constituição de 1988. **Revista dos Tribunais** (São Paulo. Impresso), v. 910, p. 91-102, 2011. p. 92.

_____. Política Econômica e Direito Econômico. **Revista Fórum de Direito Financeiro e Econômico – RFDFE**, Belo Horizonte, ano 1, n. 1, p. 199-219, mar./ago. 2012a.

_____. Ciência e Inovação sob a Constituição de 1988. **Revista dos Tribunais,** São Paulo (Impresso), v. 916, p. 267-294, 2012b.

_____. **Soberania e Constituição**: Para uma crítica do constitucionalismo. São Paulo: Quartier Latin, 2013.

_____. Infraestrutura e desenvolvimento. In: BERCOVICI, Gilberto; VALIM, Rafael (coord.). **Elementos de Direito da Infraestrutura.** São Paulo: Editora Contracorrente, 2015. p. 17-26.

_____. A Ordem Econômica Constitucional e a Política Agrícola. **Revista Fórum de Direito Financeiro e Econômico – RFDFE**, Belo Horizonte, ano 6, n. 10, p. 27-36, set./fev. 2017.

BORGES NETTO, André Luiz. **Competências Legislativas dos Estados-Membros.** São Paulo: Revista dos Tribunais, 1999.

BRASIL. **Decreto nº 1 de 15 de novembro de 1889.** Brasília: Senado: 1889. Disponível em: <http://bit.ly/2ONzWH6>. Acesso em: 30 jul. 2017.

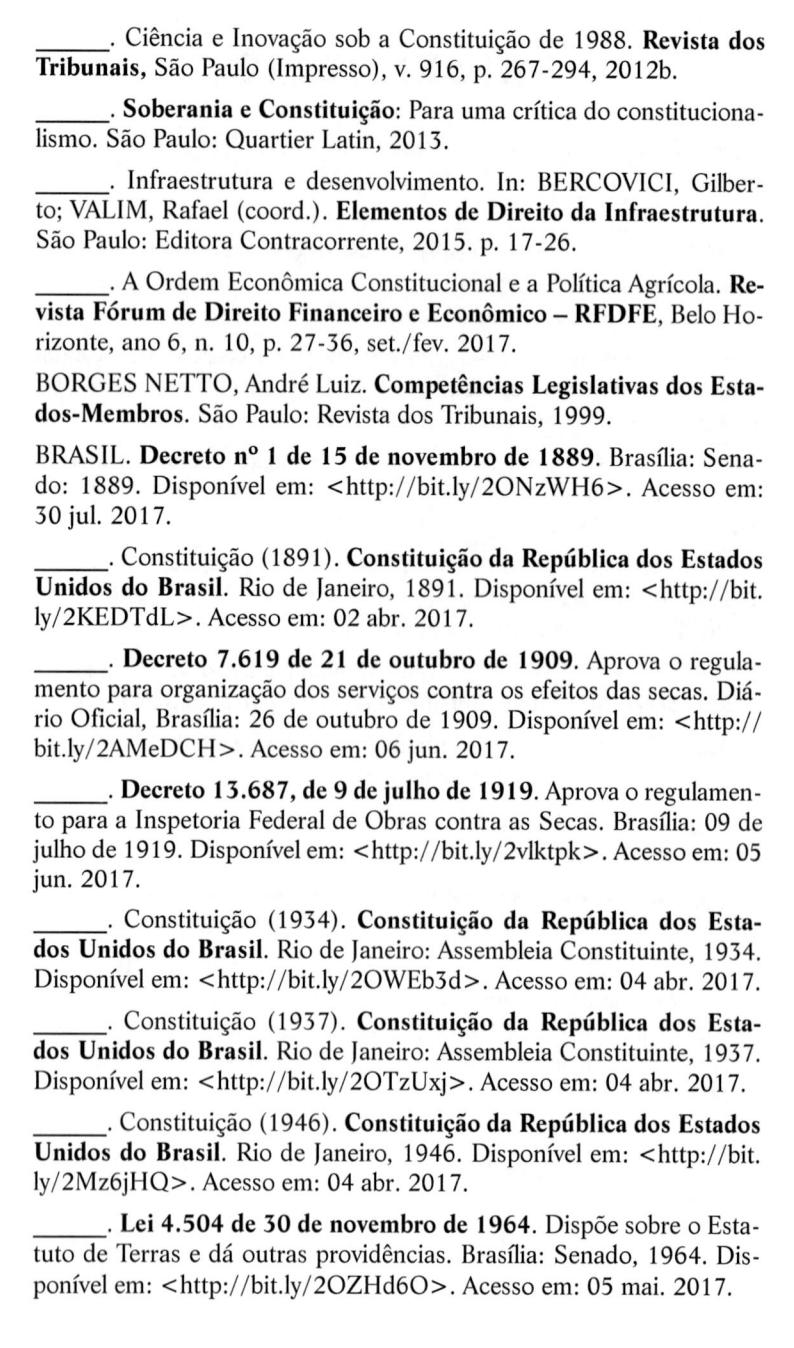

_____. Constituição (1891). **Constituição da República dos Estados Unidos do Brasil.** Rio de Janeiro, 1891. Disponível em: <http://bit.ly/2KEDTdL>. Acesso em: 02 abr. 2017.

_____. **Decreto 7.619 de 21 de outubro de 1909.** Aprova o regulamento para organização dos serviços contra os efeitos das secas. Diário Oficial, Brasília: 26 de outubro de 1909. Disponível em: <http://bit.ly/2AMeDCH>. Acesso em: 06 jun. 2017.

_____. **Decreto 13.687, de 9 de julho de 1919.** Aprova o regulamento para a Inspetoria Federal de Obras contra as Secas. Brasília: 09 de julho de 1919. Disponível em: <http://bit.ly/2vlktpk>. Acesso em: 05 jun. 2017.

_____. Constituição (1934). **Constituição da República dos Estados Unidos do Brasil.** Rio de Janeiro: Assembleia Constituinte, 1934. Disponível em: <http://bit.ly/2OWEb3d>. Acesso em: 04 abr. 2017.

_____. Constituição (1937). **Constituição da República dos Estados Unidos do Brasil.** Rio de Janeiro: Assembleia Constituinte, 1937. Disponível em: <http://bit.ly/2OTzUxj>. Acesso em: 04 abr. 2017.

_____. Constituição (1946). **Constituição da República dos Estados Unidos do Brasil.** Rio de Janeiro, 1946. Disponível em: <http://bit.ly/2Mz6jHQ>. Acesso em: 04 abr. 2017.

_____. **Lei 4.504 de 30 de novembro de 1964.** Dispõe sobre o Estatuto de Terras e dá outras providências. Brasília: Senado, 1964. Disponível em: <http://bit.ly/2OZHd6O>. Acesso em: 05 mai. 2017.

_____. Constituição (1967). **Constituição da República dos Estados Unidos do Brasil.** Brasília, 1967. Disponível em: <http://bit.ly/2nlRNrU>. Acesso em: 04 abr. 2017.

_____. **Decreto nº 1 de 15 de novembro de 1889.** Brasília: Senado, 1889.

_____. **Decreto nº 802, de 4 de outubro de 1890.** Brasília: Senado, 1890.

_____. Constituição (1988). **Constituição da República Federativa.** Brasília, Senado, 1988. Disponível em: <http://bit.ly/2x9BRkB>. Acesso em: 06 fev. 2017.

_____. **Lei 8666, de 21 de junho de 1993.** Regulamenta o art. 37, inciso XXI, da Constituição Federal, institui normas para licitações e contratos da Administração Pública e dá outras providências. Brasília: Senado, 1993. Disponível em: <http://bit.ly/2nnrCBi>. Acesso em: 10 jul. 2017.

_____. Constituição (1988). **Emenda Constitucional nº 85**, de 26 de fevereiro de 2015. Altera e adiciona dispositivos na Constituição Federal para atualizar o tratamento das atividades de ciência, tecnologia e inovação. Disponível em: <http://bit.ly/2MfJU5m>. Acesso em: 20 jul. 2017.

_____. **Câmara dos Deputados.** Disponível em: <http://bit.ly/2vDoXXK>. Acesso em: 05 abr. 2017.

_____. **Departamento Nacional de Obras Contra as Secas.** Disponível em: <http://bit.ly/2Oe31ug>. Acesso em: 10 abr. 2017.

_____. Supremo Tribunal Federal. **ADIN 192-2.** Relator: Min. Moreira Alves. Brasília: 04 de dezembro de 1992. Disponível em: <http://bit.ly/2OTRcuj>. Acesso em: 10 jul. 2017.

_____. Supremo Tribunal Federal. **ADIN 280-5.** Relator: Min. Francisco Rezek. Brasília: 17 de junho de 1994. Disponível em: <http://bit.ly/2KGnyoO>. Acesso em: 10 jul. 2017.

_____. Supremo Tribunal Federal. **ADI 106-0.** Relator: Min. Carlos Velloso. Brasília, 10 de outubro de 2002. Disponível em: <http://bit.ly/2nmW26L>. Acesso em: 01 jul. 2017.

_____. Supremo Tribunal Federal. **ADIN 403-4.** Relator: Min. Ilmar Galvão. Brasília: 01 de julho de 2002. Disponível em: <http://bit.ly/2npieND>. Acesso em: 12 jul. 2017.

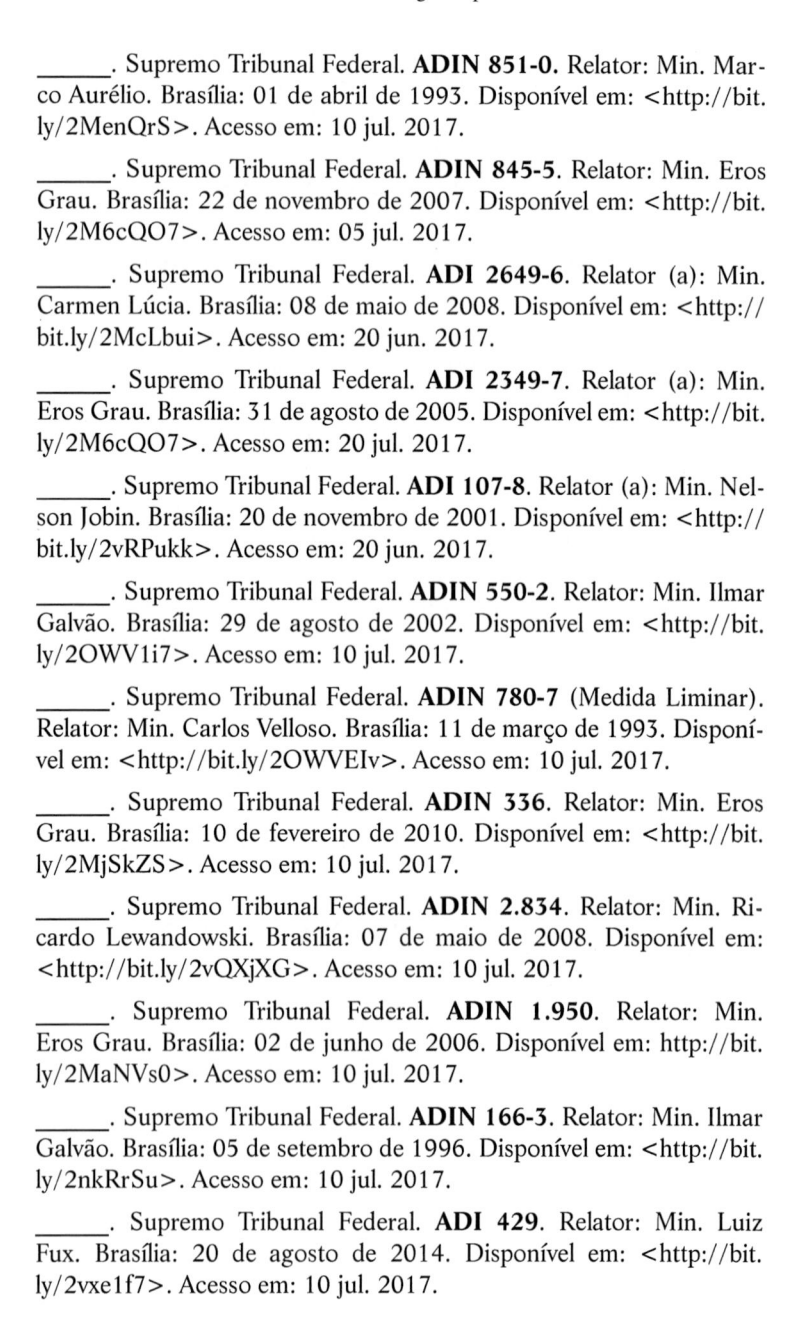

_____. Supremo Tribunal Federal. **ADIN 851-0**. Relator: Min. Marco Aurélio. Brasília: 01 de abril de 1993. Disponível em: <http://bit.ly/2MenQrS>. Acesso em: 10 jul. 2017.

_____. Supremo Tribunal Federal. **ADIN 845-5**. Relator: Min. Eros Grau. Brasília: 22 de novembro de 2007. Disponível em: <http://bit.ly/2M6cQO7>. Acesso em: 05 jul. 2017.

_____. Supremo Tribunal Federal. **ADI 2649-6**. Relator (a): Min. Carmen Lúcia. Brasília: 08 de maio de 2008. Disponível em: <http://bit.ly/2McLbui>. Acesso em: 20 jun. 2017.

_____. Supremo Tribunal Federal. **ADI 2349-7**. Relator (a): Min. Eros Grau. Brasília: 31 de agosto de 2005. Disponível em: <http://bit.ly/2M6cQO7>. Acesso em: 20 jul. 2017.

_____. Supremo Tribunal Federal. **ADI 107-8**. Relator (a): Min. Nelson Jobin. Brasília: 20 de novembro de 2001. Disponível em: <http://bit.ly/2vRPukk>. Acesso em: 20 jun. 2017.

_____. Supremo Tribunal Federal. **ADIN 550-2**. Relator: Min. Ilmar Galvão. Brasília: 29 de agosto de 2002. Disponível em: <http://bit.ly/2OWV1i7>. Acesso em: 10 jul. 2017.

_____. Supremo Tribunal Federal. **ADIN 780-7** (Medida Liminar). Relator: Min. Carlos Velloso. Brasília: 11 de março de 1993. Disponível em: <http://bit.ly/2OWVEIv>. Acesso em: 10 jul. 2017.

_____. Supremo Tribunal Federal. **ADIN 336**. Relator: Min. Eros Grau. Brasília: 10 de fevereiro de 2010. Disponível em: <http://bit.ly/2MjSkZS>. Acesso em: 10 jul. 2017.

_____. Supremo Tribunal Federal. **ADIN 2.834**. Relator: Min. Ricardo Lewandowski. Brasília: 07 de maio de 2008. Disponível em: <http://bit.ly/2vQXjXG>. Acesso em: 10 jul. 2017.

_____. Supremo Tribunal Federal. **ADIN 1.950**. Relator: Min. Eros Grau. Brasília: 02 de junho de 2006. Disponível em: http://bit.ly/2MaNVs0>. Acesso em: 10 jul. 2017.

_____. Supremo Tribunal Federal. **ADIN 166-3**. Relator: Min. Ilmar Galvão. Brasília: 05 de setembro de 1996. Disponível em: <http://bit.ly/2nkRrSu>. Acesso em: 10 jul. 2017.

_____. Supremo Tribunal Federal. **ADI 429**. Relator: Min. Luiz Fux. Brasília: 20 de agosto de 2014. Disponível em: <http://bit.ly/2vxe1f7>. Acesso em: 10 jul. 2017.

CEARÁ. Constituição (1989). **Constituição do Estado do Ceará.** Ceará: Assembleia Legislativa, 1989. Disponível em: <http://bit.ly/2OWBuOT>. Acesso em: 05 mai. 2017.

CLARK, Giovani. **O Município em Face do Direito Econômico.** Belo Horizonte: Del Rey, 2001.

COMPARATO, Fabio Konder. **O Indispensável Direito Econômico.** In: _____. Ensaios e Pareceres de Direito Empresarial. Rio de Janeiro: Forense, 1978.

ESPÍRITO SANTO. Constituição (1989) **Constituição Estadual do Espírito Santo.** Espírito Santo: Assembleia Legislativa, 1989. Disponível em: <http://bit.ly/2Mg3rmi>. Acesso em: 05 mai. 2017.

FERRARI, Sergio. **Constituição Estadual e Federação.** Rio de Janeiro: Lumen Juris, 2003.

FERRAZ, Anna Cândida. **Poder Constituinte do Estado-Membro.** São Paulo: Revista dos Tribunais, 1979.

GRAU, Eros Roberto. **A Ordem Econômica na Constituição de 1988**: interpretação e crítica. 18. ed. atual. São Paulo: Malheiros, 2017.

GOIÁS. Constituição (1988) **Constituição Estadual de Goiás.** Goiás: Assembleia Legislativa, 1989. Disponível em: <http://bit.ly/2nkQNV4>. Acesso em: 05 mai. 2017.

HORTA, Raul Machado. **A Autonomia do Estado-Membro no Direito Constitucional Brasileiro.** Belo Horizonte: Santa Maria, 1964.

_____. **Estudos de Direito Constitucional.** Belo Horizonte: Del Rey, 1995.

_____. Organização Constitucional do federalismo. **Rev. de Informação Legislativa**, Brasília, a. 22. n° 87. jul./set. 1985.

IVO, Gabriel. **Constituição Estadual**: competência para elaboração da Constituição do Estado-Membro. São Paulo: Max Limonad, 1997.

MARANHÃO. Constituição (1989) **Constituição Estadual do Maranhão.** Maranhão: Assembleia Legislativa, 1989. Disponível em: <http://bit.ly/2MuvDPj>. Acesso em: 04 abr. 2017.

MARQUES, Benedito Ferreira; MARQUES, Carla Regina Silva. **Direito Agrário Brasileiro.** São Paulo: Atlas, 2017.

MATO GROSSO. Constituição (1989). **Constituição do Estado do Mato Grosso.** Mato Grosso: Assembleia Legislativa, 1989. Disponível em: <http://bit.ly/2OWv9mD>. Acesso em: 05 mai. 2017.

MATO GROSSO DO SUL. Constituição (1989). **Constituição Estadual do Mato Grosso do Sul.** Mato Grosso do Sul: Assembleia Legislativa, 1989. Disponível em: <http://bit.ly/2vqPecL>. Acesso em: 05 mai. 2017.

MINAS GERAIS. Constituição (1989). **Constituição do Estado de Minas Gerais.** Minas Gerais: Assembleia Legislativa, 1989. Disponível em: <http://bit.ly/2MzWrxt>. Acesso em: 05 jun. 2017.

PARÁ Constituição (1989). **Constituição Estadual do Pará.** Pará: Assembleia Legislativa, 1989. Disponível em: <http://bit.ly/2OWdage>. Acesso em: 04 abr. 2017.

PARAÍBA. Constituição (1989). **Constituição Estadual da Paraíba.** Paraíba: Assembleia Legislativa, 1989. Disponível em: <http://bit.ly/2vxm4bR>. Acesso em: 06 jul. 2017.

PARANÁ. Constituição (1989). **Constituição Estadual do Paraná.** Paraná: Assembleia Legislativa, 1989. Disponível em: <http://bit.ly/2M6uotl>. Acesso em: 02 abr. 2017.

PERNAMBUCO. Constituição (1989). **Constituição do Estado de Pernambuco.** Pernambuco: Assembleia Legislativa, 1989 Disponível em: <http://bit.ly/2vSHOOT>. Acesso em: 10 jul. 2017.

_____. Constituição (1989). **Emenda Constitucional n° 16**, de 4 de junho de 1999. Adapta a Constituição do Estado as modificações introduzidas pelas Emendas nº. 19 e 20 à Constituição da República, e dá outras providências. Disponível em: <http://bit.ly/2OpsS27>. Acesso em: 10 jul. 2017.

PIAUÍ. Constituição (1989) **Constituição Estadual do Piauí.** Piauí: Assembleia Legislativa, 1989. Disponível em: <http://bit.ly/2OV9M55>. Acesso em: 05 mai. 2017.

RIO DE JANEIRO. Constituição (1989). **Constituição Estadual do Rio de Janeiro.** Rio de Janeiro: Assembleia Legislativa, 1989. Disponível em: <http://bit.ly/2ATBvQJ>. Acesso em: 05 mai. 2017.

RIO GRANDE DO NORTE. Constituição (1989). **Constituição do Estado do Rio Grande do Norte.** Rio Grande do Norte: Assembleia Legislativa, 1989 Disponível em: <http://bit.ly/2ASqG1y>. Acesso em: 06 jun. 2017.

RIO GRANDE DO SUL. Constituição (1989). **Constituição Estadual do Rio Grande do Sul.** Rio Grande do Sul: Assembleia Legislativa, 1989. Disponível em: <http://bit.ly/2OPJwJz>. Acesso em: 05 mai. 2017.

RONDÔNIA. Constituição (1989). **Constituição Estadual de Rondônia**. Rondônia: Assembleia Legislativa, 1989. Disponível em: <http://bit.ly/2OWyaDG>. Acesso em: 07 jun. 2017.

RORAIMA. Constituição (1991). **Constituição Estadual de Roraima**. Roraima: Assembleia Legislativa, 1991. Disponível em: <http://bit.ly/2MuttiF>. Acesso em: 06 jun. 2017.

SANTA CATARINA, Constituição (1989) **Constituição Estadual de Santa Catarina**. Santa Catarina: Assembleia Legislativa, 1989. Disponível em: <http://bit.ly/2nuKI8R>. Acesso em: 04 mar. 2017.

SÃO PAULO. Constituição (1989). **Constituição Estadual de São Paulo**. São Paulo: Assembleia Legislativa, 1989. Disponível em: <http://bit.ly/2M3KgNo>. Acesso em: 05 mai. 2017.

SERGIPE. Constituição (1989). **Constituição Estadual de Sergipe**. Sergipe: Assembleia Legislativa, 1989.

SOLDI, Rodrigo. **Planejamento, Desenvolvimento Regional e o Papel do Estado**: estudo comparativo entre o Estado brasileiro e o Estado italiano. 2013. 451f. Tese (Doutorado em Direito Político e Econômico) – Universidade Presbiteriana Mackenzie, São Paulo.

SOUZA, Washington Peluso Albino de. **Primeiras Linhas de Direito Econômico**. 6. ed. São Paulo: LTr, 2016.

TOCANTINS. Constituição (1989). **Constituição Estadual de Tocantins**. Tocantins: Assembleia Legislativa, 1989. Disponível em: <http://bit.ly/2vt6ZIy>. Acesso em: 08 jul. 2017.

TRIGUEIRO, Oswald. **Direito Constitucional Estadual**. Rio de Janeiro: Forense, 1980.

Título	Constituições Estaduais e a Ordem Econômica: Autonomia e Limites dos Estados
Autora	Fernanda Gurgel Raposo
Coordenação Editorial	Simone Silva
Assistência Editorial	Carla Lima
	Paloma Almeida
Capa	Matheus de Alexandro
Projeto Gráfico	Larissa Costa Vaz
Assistência Gráfica	Bruno Balota
Preparação	Renata Moreno
Revisão	Márcia Santos
Formato	14x21cm
Número de Páginas	240
Tipografia	Life BT
Papel	Alta Alvura Alcalino 75g/m²
1ª Edição	Setembro de 2018

Caro Leitor,

Esperamos que esta obra tenha correspondido às suas expectativas.

Compartilhe conosco suas dúvidas e sugestões escrevendo para:

atendimento@editorialpaco.com.br

Conheça outros títulos em

www.pacolivros.com.br

Publique Obra Acadêmica pela Paco Editorial

Teses e dissertações
Trabalhos relevantes que representam contribuições significativas para suas áreas temáticas.

Grupos de estudo
Resultados de estudos e discussões de grupos de pesquisas de todas as áreas temáticas. Livros resultantes de eventos acadêmicos e institucionais.

Capítulo de livro
Livros organizados pela editora dos quais o pesquisador participa com a publicação de capítulos.

Saiba mais em

w.editorialpaco.com.br/publique-na-paco/

PACO EDITORIAL

Av. Carlos Salles Block, 658
Ed. Altos do Anhangabaú – 2º Andar, Sala 21
Anhangabaú - Jundiaí-SP - 13208-100
11 4521-6315 | 2449-0740
contato@editorialpaco.com.br